믿음의 삶

랄프 W. 네이버 원저
안희묵 편저

요단

믿음의 삶

제1판 1쇄 발행 2007년 5월 15일
제1판 8쇄 발행 2012년 3월 20일
제2판 1쇄 발행 2012년 3월 26일
제2판 14쇄 발행 2026년 2월 6일

원저자 랄프 W. 네이버
편저자 안희묵
발행인 김용성

펴낸곳 요단출판사
등 록 1973. 8. 23. 제13-10호
주 소 07238) 서울특별시 영등포구 국회대로76길 10
기 획 (02)2643-7390
보 급 (02)2643-7290 Fax (02)2643-1877

값 16,000원
ISBN 978-89-350-1417-0 03230

Orignally published in English under the title:
Survival Kit for New Christian, by Ralph W. Neighbour

믿음의 삶

훈련 기간 : ______ 년 ___ 월 ___ 일부터 ___ 월 ___ 일까지

리 더 : ______________________

훈련자 : ______________________

파트너 : ______________________

믿음의 삶을 시작하는 이들에게

「믿음의 삶」은

- 예수님을 믿는다는 것의 의미가 무엇인지 알게 하기 위해 만들어졌습니다.
- 하나님이 왜 우리를 구원하셨는지 대답하기 위해 만들어졌습니다.
- 무엇을 우리 삶의 기준으로 삼고 살아야 하는지 알도록 만들어졌습니다.
- 예수님을 믿는 사람은 어떻게 살아야 하는지 가르쳐주기 위해 만들어졌습니다.
- 왜 예수님을 믿어도 갈등이 생기는지 설명하기 위해 만들어졌습니다.
- 왜 교회에 다녀야 하며 교회의 축복은 무엇인지 배우도록 만들어졌습니다.
- 하나님이 우리를 향해 어떤 계획이 있으신지 깨닫도록 만들어졌습니다.
- 하나님은 누구시며 어떤 분이신지 배우도록 만들어졌습니다.
- 성령님은 누구시며 우리와 무슨 관계인지 배우도록 만들어졌습니다.
- 기도는 어떻게 하며 기도의 능력은 무엇인지 경험하도록 만들어졌습니다.
- 하나님 나라가 무엇인지 설명하기 위해 만들어졌습니다.
- 어떻게 하면 우리가 의미 있고 행복한 삶을 살 수 있는지 발견하도록 만들어졌습니다.

목사의 아들로 태어나 믿음과 세상이라는 현실의 틈바구니에서 많이 힘들어하다가 예수님을 만난 후 예수님을 믿는다는 것이 무엇이며, 하나님은 왜 나 같은 사람을 독생자 예수 그리스도까지 희생해서 구원하셨는지 고민하면서 만든 교재입니다. 「믿음의 삶」을 통하여 예수님을 믿는다는 것이 얼마나 감격스러운 것이며 행복한 일인지를 사람들이 발견하게 되기를 원합니다. 이 책을 만드는 동안 훌륭한 사람들의 가르침과 탁월한 다른 교재들을 많이 참고했습니다. 바라기는 여러분이 모두 「믿음의 삶」을 통해 지금도 살아서 역사하시는 하나님을 삶의 현장 속에서 경험하기를 기대합니다.

특별히 「믿음의 삶」은 단순한 성경지식의 전달을 목적으로 한 것이 아니라 각 개인의 가치관과 인격이 변하여 예수님 안에서의 축복된 삶을 적용하며 배워가도록 만들어진 것입니다. 그래서 이 교재는 매일 한 과씩 일주일에 다섯 번의 공부를 통해 훈련하도록 디자인되었습니다. 학습하는 것이 익숙하지 않은 분들은 힘들겠지만 이 교재가 요구하는 대로 충실히 훈련하면 말씀 속에서 역사하시는 하나님의 능력이 여러분에게 새로운 세계를 보는 눈을 열어주실 줄 믿습니다. 모쪼록 「믿음의 삶」을 통해 그리스도 안의 풍성함을 경험하기 바랍니다. 또한 「믿음의 삶」을 공부하는 동안 복음의 능력과 신비가 여러분을 날마다 감동시키기를 기대합니다. 죄 많은 나를 사랑하사 십자가에 피 흘려 돌아가신 주님의 십자가 앞에 이 책을 내놓습니다. 오직 은혜로만! 오직 믿음으로만! 여호와 닛시!

2007년 안희묵 목사

C.O.N.T.E.N.T.S

서 론

「믿음의 삶」을 공부하는 당신은 아마도 예수님을 믿기로 결심한 뒤 하나님에 대해 알아가기를 원하는 열망을 가지고 성경공부를 시작했을 것입니다. 또한 어떤 이는 교회는 오래 다녔지만 믿음에 대해서 말씀을 체계적으로 공부하기를 원하는 마음을 가지고 양육훈련을 시작했을 것입니다. 어떤 이유에서든지 하나님의 말씀을 배우기 시작한 것은 정말 중요하고도 귀한 결정을 한 것입니다.

요한계시록 1:3을 보면 "이 예언의 말씀을 읽는 자와 듣는 자와 그 가운데에 기록한 것을 지키는 자는 복이 있나니 때가 가까움이라"는 말씀이 있습니다. 우리의 신앙은 말씀에 기초하고 있습니다. 말씀을 통해 우리의 구원을 확신하는 것이며, 말씀을 통해 우리의 믿음이 성장하고, 말씀을 통해 예수님 안의 축복을 발견하게 되는 것입니다. 또한 말씀은 우리 믿는 자들로 하여금 하나님이 주신 풍성한 삶(요한복음 10:10)을 알아가도록 나침반의 역할을 해줍니다. 그래서 디모데후서 3:16에서는 이렇게 말씀합니다. "모든 성경은 하나님의 감동으로 된 것으로 교훈과 책망과 바르게 함과 의로 교육하기에 유익하니." 이렇게 하나님의 말씀은 예수님을 구주로 영접한 사람들이 하나님의 자녀답게 살아가고 성장하는 법을 알려주며 하나님 자녀의 축복이 얼마나 엄청난 것인지를 가르쳐줍니다.

이제 당신은 「믿음의 삶」을 출발하면서 말씀 안에 감추어진 보화를 탐험하는 탐험가의 설레는 마음으로 양육훈련을 시작하기를 바랍니다. 만일 당신이 열려진 마음과 기대하는 마음으로 공부를 시작한다면, 말씀 속에서 역사하시는 살아계신 성령님이 진리이신 예수님을 당신의 삶 속에서 경험하도록 하실 것입니다. 「믿음의 삶」은 예수님을 구주로 영접하고 하나님의 자녀가 된 사람들이 영적으로 성장하기 위해 알아야 할 신앙의 기본 진리들을 가르쳐 주는 안내자가 될 것입니다. 뿐만 아니라 예수 그리스도가 구주되심을 인정하는 축복된 삶을 살 수 있도록 지속적으로 도전하고 도와주는 격려자가 될 것입니다.

「믿음의 삶」을 시작하기 전에 예수님이 우리의 구주 되신다는 것에 대한 의미가 무엇인지 다시 한 번 생각해 보십시오. **〈구〉란 나를 죄악과 죽음에서 구원하신 구원자라는 말이며, 〈주〉란 내가 주인 되어 살아왔던 과거의 삶을 청산하고 오직 예수님만이 내 인생의 주인 되신다는 뜻입니다.** 따라서 당신이 예수님을 믿는다고 결심한 내용에는 다음과 같은 사실과 고백이 담겨 있습니다.

……지금까지 당신은 자기를 주장하며 자기 중심적인 삶을 살아왔으나
……하나님은 그러한 삶을 살도록 당신을 창조하시지 않았으며
……당신의 인생에 보다 위대한 목적이 있으므로
……예수 그리스도를 구주로 모셔 들일 때에 그 목적을 발견하게 됩니다.

그러므로 당신은 예수님을 구주로 영접하는 그 순간부터, 당신의 인생에 대해 하나님이 얼마나 아름답고 위대한 일을 계획하고 준비하셨는가를 알고 그 축복을 누리며 살아야 할 즐거운 의무와 책임이 있는 것입니다.

성경말씀은 당신이 예수님을 구주로 영접하는 순간 다시 태어났다고 설명합니다(요한복음 3:3). 첫 번째 탄생은 육의 몸을 입고 세상에 들어온 것입니다. 그러나 두 번째 탄생은 영적인 사람이 되어 영의 세계에 들어온 것입니다. 따라서 한 번 태어난 사람은 육적으로 죽고 영적으로도 죽어 결국 두 번의 죽음을 경험하게 됩

니다. 그러나 두 번 태어난 사람은 한 번도 죽지 않습니다. 왜냐하면 성경말씀은 육신이 죽는 것을 잠을 자는 것으로 설명하고 있기 때문입니다. 잠을 잔다는 것은 아침에 다시 일어나는 것을 의미합니다. 마찬가지로 믿는 자들은 주님이 재림하실 때 썩지 아니할 몸으로 부활해서 영원히 살 것입니다. 이런 성경말씀에 대해서 당신은 어떻게 생각하십니까?

아마도 당신은 이 모든 것이 너무나 엄청난 사실이기 때문에 믿어지지 않을 것입니다. 한편으론 황당하기도 할 것입니다. 그러나 유치원 아이가 어른의 세계를 이해할 수 없듯이 당신도 지금은 이해할 수가 없을 것입니다. 그렇기 때문에 당신은 말씀을 배워야 하는 것입니다. 유치원 아이가 어른의 세계를 이해하지 못한다고 해서 그것이 틀린 것이 아니듯 당신이 믿지 못하고 이해하지 못한다고 해서 말씀이 틀린 것은 아닙니다. 지금 당신은 영적으로 갓 태어난 아이와 같습니다. 알고 싶은 것도 많고 의문 나는 것도 많을 것입니다. 앞으로 당신은 이런 것들에 대해서 공부해 나갈 것입니다. 물론 이것은 한꺼번에 되지 않습니다. 마치 어린아이가 단번에 어른이 되지 않듯이 말입니다. 지금까지 당신은 자기 중심적인 생활을 해왔습니다. 그렇기 때문에 예수님이 다스리시는 믿음의 삶의 패턴을 익히려면 시간이 걸립니다. 그리고 육적인 삶의 습관과 새롭게 배우는 영적인 삶의 태도가 서로 잡아당겨 갈등이 생길 것입니다. 마치 한국에서 미국으로 이민가면 처음에 문화충격을 경험하듯이 말입니다.

당신은 지금까지 당신을 창조하신 하나님과 전혀 관계없이 살아왔습니다. 그렇기 때문에 하나님 나라의 시민으로서 하나님의 자녀답게 살아가는 삶을 시작하는 것은 여러 가지로 힘들 것입니다. 그러나 염려하지 마십시오. 예수님을 구주로 영접한 순간 당신 속에 임재하신 성령님이 당신을 도우십니다. 당신은 영적인 사람이 되었기 때문입니다. 이제 「믿음의 삶」을 공부하면서 당신을 위해 준비된 생명과 풍성한 삶을 발견하기 바랍니다. 왜냐하면 예수님은 당신이 그렇게 살도록 하기 위해서 오셨기 때문입니다. "도둑이 오는 것은 도둑질하고 죽이고 멸망시키려는 것뿐이요 내가 온 것은 양으로 생명을 얻게 하고 더 풍성히 얻게 하려는 것이라"(요한복음 10:10).

바라건대 「믿음의 삶」을 통해 당신을 구원하신 하나님 아버지가 얼마나 엄청난 분이며 위대한 분인지를 경험하기를 바랍니다. 또한 「믿음의 삶」을 통해 당신이 지금까지 알지 못했던 하나님의 놀라운 계획들을 발견해서 예수님을 믿는 것이 얼마나 황홀하고 감격스러운 일인가 깨닫기를 바랍니다. 자, 이제 당신의 마음속에 「믿음의 삶」을 끝까지 배워보겠다는 결심을 하십시오. 도중에 결코 포기하지 마십시오. 당신은 지금 상상할 수 없는 보물섬 탐험을 시작한 것입니다.

기억하십시오. "물고기가 물을 떠나서 행복할 수 없듯이 하나님의 자녀인 당신이 하나님을 떠나서는 결코 행복할 수 없습니다. 예수님을 만난 것이 당신 인생에 가장 큰 축복입니다. 왜냐하면 예수님을 만나면 인생의 방황은 끝나고 꿈은 현실이 되기 때문입니다." 이런 확신을 가지고 「믿음의 삶」을 출발해 봅시다.

1단원 황홀한 구원

1단원 암송구절: 고린도후서 5:17, 빌립보서 1:6

황홀한 구원

첫째 날 : 구원은 새로운 삶의 출발입니다.

구원은 영적으로 새롭게 태어나는 것입니다.

우리가 어머니의 뱃속으로부터 세상에 태어난 것을 출생이라고 하듯이, **예수 그리스도를 개인의 구주로 믿고 영접하여 하나님의 자녀로 새롭게 태어나는 것을 영적 출생, 중생, 혹은 거듭남(Born Again, Regeneration)이라고 말하며, 이것을 구원이라고 합니다.** 구원은 교회에 다니거나, 성경을 많이 알고 있거나, 혹은 독실한 그리스도인의 가정에서 자라났다고 해서 얻어지는 것이 아니며 오직 믿음으로만 가능한 것입니다. 다음의 성경구절들을 찾아서 믿음의 결과들을 보십시오.

1. 요한복음 5:24
2. 요한복음 1:12
3. 요한복음 3:16
4. 로마서 10:8-10

그런즉 누구든지 그리스도 안에 있으면 새로운 피조물이라 이전 것은 지나갔으니 보라 새 것이 되었도다 (고린도후서 5:17)

너희 안에서 착한 일을 시작하신 이가 그리스도 예수의 날까지 이루실 줄을 우리는 확신하노라 (빌립보서 1:6)

내가 진실로 진실로 너희에게 이르노니 내 말을 듣고 또 나 보내신 이를 믿는 자는 영생을 얻었고 심판에 이르지 아니하나니 사망에서 생명으로 옮겼느니라 (요한복음 5:24)

영접하는 자 곧 그 이름을 믿는 자들에게는 하나님의 자녀가 되는 권세를 주셨으니 (요한복음 1:12)

하나님이 세상을 이처럼 사랑하사 독생자를 주셨으니 이는 그를 믿는 자마다 멸망하지 않고 영생을 얻게 하려 하심이라 (요한복음 3:16)

그러면 무엇을 말하느냐 말씀이 네게 가까워 네 입에 있으며 네 마음에 있다 하였으니 곧 우리가 전파하는 믿음의 말씀이라 네가 만일 네 입으로 예수를 주로 시인하며 또 하나님께서 그를 죽은 자 가운데서 살리신 것을 네 마음에 믿으면 구원을 받으리라 사람이 마음으로 믿어 의에 이르고 입으로 시인하여 구원에 이르느니라 (로마서 10:8-10)

따라서 당신이 구원을 얻으려면 이미 경험한 대로 예수 그리스도를 당신 자신의 구주로 믿는 이 한 가지밖에는 다른 길이 없습니다. 사도행전 4:12에 보면 "다른 이로써는 구원을 받을 수 없나니 천하 사람 중에 구원을 받을 만한 다른 이름을 우리에게 주신 일이 없음이라 하였더라"고 선언하고 있습니다. 또 요한복음 14:6에 보면 "예수께서 이르시되 내가 곧 길이요 진리요 생명이니 나로 말미암지 않고는 아버지께로 올 자가 없느니라"고 말합니다. 왜냐하면 **예수 그리스도만이 구원에 이르는 참 길이요, 유일한 길이기 때문입니다.** 그러므로 요한복음 1:12의 말씀처럼 예수 그리스도를 구주로 믿고 영접한 자만이 하나님의 자녀로서 새로운 삶의 길을 가게 됩니다. 우리는 육신이 태어나 자라고 노쇠하여 죽는 것을 일생이라고 합니다. 이와 똑같이 영적인 삶에도 일생이 있습니다. 그러나 이 영적 출생은 시작은 있으나 끝이 없고 영원으로 이어지는 놀라운 특징을 가지고 있습니다. 당신은 이제 예수 그리스도를 구주로 믿는 믿음의 결과로 영원히 사는 영생을 소유하게 된 것입니다. 지금까지 육에 속한 존재와는 분명히 다른 새로운 존재가 되었습니다. 하나님은 우리가 보다 나은 사람(Better Person)이 되기를 원하시는 것이 아니라, 새 사람(New Person)이 되기를 기대하십니다.

하나님은 우리가 보다 나은 사람(Better Person)이 되기를 원하시는 것이 아니라, 새 사람(New Person)이 되기를 기대하십니다.

"그런즉 누구든지 그리스도 안에 있으면 새로운 피조물이라 이전 것은 지나갔으니 보라 새 것이 되었도다"(고린도후서 5:17)

그러나 이렇게 새로운 존재가 된 것이 완성은 아닙니다. 끝이 아니라는 뜻입니다. 결혼이 시작이지 끝이 아닌 것처럼 하나님의 자녀가 되는 것은 끝이 아니라 이제 시작이라는 의미입니다. 당신이 예수 그리스도를 믿었다면 이제부터 비로소 하나님 자녀로서의 삶을 시작하는 것입니다. 하나님의 자녀로서 변화된 당신의 모습을 한번 공부해 보십시오.

당신은 육적인 존재에서 영적인 존재로 변화되었습니다.

새 생명(새로운 피조물)

이전				새 것
요한복음 8:44	(　　　)	호적	(　　　)	요한일서 3:2
로마서 6:17	(　　　)	신분	(　　　)	로마서 6:22
에베소서 2:2	(　　　)	인도	(　　　)	갈라디아서 5:18
에베소서 2:1	(　　　)	상태	(　　　)	에베소서 2:5

원래 하나님이 사람을 만드셨을 때에는 그 코에 생기를 불어넣어 생령으로 만드셨습니다. 그러나 인간이 타락함으로 말미암아 하나님의 신은 인간을 떠나고 인간은 단지 흙으로 만들어진 육체덩어리에 불과하게 되었습니다(창세기 6:3). 그런데 요엘 2:28에 보면 하나님은 말세에 사람들에게 하나님의 영을 보내 주셔서 우리를 다시 영적인 존재로 만들어주신다고 약속하셨습니다. 그리고 이 약속대로 오순절에 성령님이 이 땅에 오셨고 누구든지 예수 그리스도를 믿는 자마다 하나님의 영이 임하여 영적인 존재가 되는 축복을 허락하셨습니다(요한복음 10:34-35). 로마서 8:9을 찾아보십시오.

"만일 너희 속에 하나님의 영이 거하시면 너희가 육신에 있지 아니하고 영에 있나니 누구든지 (　　　　　　)이 없으면 그리스도의 사람이 아니라"

이제 당신은 존재 자체가 완전히 바뀌었습니다. 죽으면 썩고 마는 육적인 존재에서 죽음을 초월하는 영적인 존재로 다시 태어나게 된 것입니다. 당신은 어쩌면 그런 변화를 실감 나게 느끼지 못할지도 모릅니다. 그러나 그런 느낌에 관계없이 당신에게는 놀라운 변화, 새 생명의 탄생이 이루어진 것입니다. 그러므로 하나님의 자녀로 새로운 삶을 출발한 당신은 이제 엄청난 구원의 감격을 누리며 살아야 합니다. 구원받는다는 것이 얼마나 황홀한 일인가를 경험하십시오.

여호와께서 이르시되 나의 영이 영원히 사람과 함께 하지 아니하리니 이는 그들이 육신이 됨이라 그러나 그들의 날은 백이십 년이 되리라 하시니라 (창세기 6:3)

그 후에 내가 내 영을 만민에게 부어 주리니 너희 자녀들이 장래 일을 말할 것이며 너희 늙은이는 꿈을 꾸며 너희 젊은이는 이상을 볼 것이며 (요엘 2:28)

예수께서 이르시되 너희 율법에 기록된 바 내가 너희를 신이라 하였노라 하지 아니하였느냐 성경은 폐하지 못하나니 하나님의 말씀을 받은 사람들을 신이라 하셨거든 (요한복음 10:34-35)

만일 너희 속에 하나님의 영이 거하시면 너희가 육신에 있지 아니하고 영에 있나니 누구든지 그리스도의 영이 없으면 그리스도의 사람이 아니라 (로마서 8:9)

말씀 묵상

당신이 오직 믿음으로 구원을 받고 새로운 존재가 되었다는 이 엄청난 사실이 당신의 삶에 어떤 변화를 가져왔습니까? 단지 교회에 출석하는 것 외에 별로 변화된 것이 없다면 그 이유는 무엇이라고 생각하는지 구체적으로 써보십시오.

둘째 날: 구원의 확신이 있습니까?

구원은 우리의 기분이나 감정이나 느낌이 아닌 믿음으로 확신하는 것입니다.

아무리 해도 모자람이 없고 후회할 것이 없는 확인은 구원 사건의 확인입니다. 당신은 구원의 체험이 없거나, 아니면 구원받은 것에 대하여 의심하고 있지는 않습니까? 새로 예수님을 믿기로 작정한 사람들 중에서 '내가 구원을 받았다면 왜 기쁨이 없는가?', '왜 감정의 변화는 생기지 않는가?', '남들에게 있는 것이 내게 없다면 내가 받은 구원은 잘못된 것이 아닌가?' 하고 걱정을 하는 사람이 있기 마련입니다. 그러나 '내가 구원받을 때 이렇게 느꼈다', '눈물이 솟구쳤다' 등의 체험은 모든 사람에게 똑같이 찾아오는 표준적인 증거는 아니며, 사람의 개성에 따라, 당시의 환경에 따라 여러 가지로 다를 수 있습니다.

혹은 오랫동안 교회에 출석을 하면서도 아직 구원의 확신이 없어서 고민하거나 또는 자기가 아는 성경지식이나 여러 가지의 경험을 가지고 '나는 구원받(았)겠지'라는 식의 막연한 희망을 갖고 있지는 않습니까? 어떻게 당신은 당신이 구원받은 것을 확신할 수 있습니까? 지금 공부를 중단하고 21페이지에 있는 '구원의 확신 점검표'를 한번 해보십시오. 만일 당신이 모두 다 '예' 하고 대답했다면 당신은 당신이 그렇게 생각하든 안하든 확실히 구원받았습니다(그러나 한 문제라도 '예'라고 대답하지 않았다면 반드시 당신의 리더와 개인적으로 상담을 하십시오. 절대로 그냥 넘어가지 마십시오. 구원의 확신은 당신의 생명이 걸린 문제입니다). 그러면 당신이 구원받은 줄 어떻게 확신할 수 있습니까?

예수께서 이르시되 가라 네 아들이 살아 있다 하시니 그 사람이 예수께서 하신 말씀을 믿고 가더니 (요한복음 4:50)

요한복음 4:50에서 신하가 아들의 회복을 확신한 근거는 무엇입니까?

그의 아버지가 예수께서 네 아들이 살아 있다 말씀하신 그 때인 줄 알고 자기와 그 온 집안이 다 믿으니라 (요한복음 4:53)

신하는 예수님의 말씀을 들을 때, 자신의 감정 변화를 중요시하지 않았습니다. 바로 예수님이 하신 말씀의 진실성을 신뢰했던 것입니다. 그러나 아들이 회복됨으로 말미암아 큰 기쁨이 생겼으리라는 것은 쉽게 추측할 수 있습니다(요한복음 4:53 참고). 이 경우 아들이 회복된 사실(Fact), 예수님의 말씀을 믿음(Faith), 회복된 것에 대한 기쁨(Feeling)이 있었습니다. 즉 신하가 기뻤기 때문에 아들이 회복된 것이 아니라, 예수님의 말씀을 믿고 사실로 받아들였기 때문에 기쁨이 찾아온 것입니다. 이와 마찬가지로 한 개인의 구원에 있어서도, 구원받은 기쁨은 구원받은 사실에 뒤따라 생기는 법이지, 어떤 감정의 변화가 있으니까 구원받은 것을 확신하는 것은 아닙니다. 구원의 확신을 위한 순서를 다시 한 번 생각해 봅시다.

내가 진실로 진실로 너희에게 이르노니 내 말을 듣고 또 나 보내신 이를 믿는 자는 영생을 얻었고 심판에 이르지 아니하나니 사망에서 생명으로 옮겼느니라 (요한복음 5:24)

내가 그들에게 영생을 주노니 영원히 멸망하지 아니할 것이요 또 그들을 내 손에서 빼앗을 자가 없느니라 (요한복음 10:28)

사실(Fact): 요한복음 5:24, 10:28 – 말씀이 약속한 사실
믿음(Faith): 구원받고 영생 있음을 믿음 – 말씀에 근거한 믿음
느낌(Feeling): 행복, 기쁨, 감사, 찬양, 만족 – 믿음의 결과

한 인간이 자신의 출생 사실과 출생일 등을 조금도 의심 없이 받아들이는 것은 감정이나 느낌 때문이 아닙니다. 그것은 그가 부모의 말을 의심 없이 믿고 호적에 기록된 사실을 그대로 받아들이기 때문입니다. 따라서 구원은 하나님의 말씀을 순수하게 사실로 받아드리고 믿는 믿음을 통해서 확인할 수 있습니다. 구원은 인간의 이성과 논리에 있는 것이 아니라 믿음에 있는 것입니다. 진정한 구원의 기쁨은 사실(Fact), 믿음(Faith), 느낌(Feeling)의 순서를 떠나서는 생기지 않습니다.

진정한 구원의 기쁨은 사실(Fact), 믿음(Faith), 느낌(Feeling)의 순서를 떠나서는 생기지 않습니다.

구원의 확신 점검표

1. 당신은 예수님을 믿고 그분의 몸인 교회에 소속되었습니다. 다시 한 번 묻습니다. 당신은 예수님이 당신의 구주되심을 믿습니까?
   □ 예 □ 아니요 □ 모름

2. 예수 그리스도가 지금 당신 안에 계십니까?
   □ 예 □ 아니요 □ 모름

3. 당신은 죄 용서함을 받았다고 확신합니까?
   □ 예 □ 아니요 □ 모름

4. 당신은 하나님의 자녀가 되었습니까?
   □ 예 □ 아니요 □ 모름

5. 당신은 영생을 얻었습니까? □ 예 □ 아니요 □ 모름

6. 당신은 구원을 받았습니까? □ 예 □ 아니요 □ 모름

7. 오늘 밤에 당신이 죽게 된다면 하나님 나라에 갈 수 있다는 확신이 있습니까? □ 예 □ 아니요 □ 모름

8. 당신은 성령님을 받았습니까? □ 예 □ 아니요 □ 모름

9. 당신은 거듭났습니까? □ 예 □ 아니요 □ 모름

10. 당신은 멸망의 심판을 받지 않을 것을 확신합니까?
    □ 예 □ 아니요 □ 모름

※ 혹시 모르면 다음의 성경구절들을 참고하십시오.
요한계시록 3:20, 로마서 8:1, 골로새서 1:12-14, 요한복음 1:12, 요한일서 5:11-13, 요한복음 5:24, 사도행전 16:31, 에베소서 2:8-9, 누가복음 23:42-43, 고린도전서 12:3, 요한복음 3:3-5, 디도서 3:5, 요한복음 3:18

말씀 묵상

어느 사형수가 죽기 며칠 전 대통령의 특사를 받았다고 가정합시다. 이 경우 사실, 믿음, 느낌은 어떻게 적용되는지 말해 보십시오. 그에게는 두 가지 가능성(그 특사령을 의심하며 그대로 감옥에 남아 있든가, 믿고 밖으로 나오든가)이 있습니다.

셋째 날: 변할 수 없는 구원(칭의)

구원은 한번 성취되고 마는 일이 아니라 영원히 계속될 새로운 삶을 의미합니다.

어떤 그리스도인이 그의 오래된 친구에게 "거듭난다는 것이 구원의 마지막이다"라고 말했습니다. 그가 "마지막"이라고 말한 것은 이제 하나님의 자녀가 되고 영적인 존재가 되어 영원한 하나님의 나라에 들어갈 자격이 생겼으니 더 이상 염려할 것이 없다는 의미였습니다. 그러자 그의 친구는 "마지막"이라는 말을 보통 흔히 쓰는 끝이라는 말로 받아들이고 그의 의견에 반대했습니다. 그는 큰소리로 "구원이 마지막이라고? 그것은 첫 단계의 마지막임에 틀림없어" 하고 외쳤습니다. 우리는 구원받고 하나님의 자녀가 되었습니다. 믿기만 하면 한 번 얻은 구원은 결코 잃어버리지 않습니다. 그러나 구원은 한 번 성취하면 끝나는 일이 아니라 다른 종류의 삶을 의미하기 때문에, 구원은 과거에 이미 이루어진 완성을 의미하는 동시에 새로운 삶의 시작을 의미합니다.

구원은 과거에 이미 이루어진 완성을 의미하는 동시에 새로운 삶의 시작을 의미합니다.

많은 사람이 '이제 나는 구원받았으니 됐다!'라고 생각합니다. 구원받는 것이 최종적인 목적이라고 생각합니다. 천국행 티켓은 확보했다고 생각하고 현실에 안주하며 살아갑니다. 그리고 단지 교회에 정기적으로 다니는 것으로 만족합니다. 그러나 이것은 구원 안에 포함되어 있는 세 가지 단계에 대해 잘 모르기 때문입니다. 우리가 구원을 받았다는 것은 완성으로서의 시작을 의미합니다. 하나님의 자녀로서 영적인 존재로 새로운 삶을 시작한다는 말입니다. 구원은 새로운 방식의 삶이고 인생이지, 일회용 사업이나 성취해야 할 일이 아닙니다. 따라서 구원은 우리 삶의 현장이며 현실입니다.

구원 속에는 세 가지 단계가 포함되어 있습니다.

빌립보서 1:6을 찾아서 읽어보십시오. 아마도 당신은 세 가지 구원의 단계에 대하여 발견하게 될 것입니다.

과거구원의 단계: 너희 안에서 착한 일(구원)을 시작하신 이가( )
현재구원의 단계: 그리스도 예수의 날까지( )
미래구원의 단계: 이루실 줄을( ) 우리는 확신하노라

구원에는 이 세 가지 단계가 있습니다. 이것을 신학적인 용어로 "칭의, 성화, 영화"라고 하는데 한 구원 속에 이 세 단계의 구원이 포함되어 있는 것입니다. [여러분이 이해하기 쉽도록 구원의 단계가 이루어진 때를 따라서 과거구원(칭의), 현재구원(성화), 미래구원(영화)이라고 설명하고 있습니다.] 그러면 변할 수 없는 과거구원은 언제 일어납니까?

에베소서 2:1-10을 찾아서 읽어보십시오.

"허물로 죽은 우리를 ( )"(5절)
"함께 ( ) 그리스도 예수 안에서 함께 ( )"(6절)
"너희는 그 은혜에 인하여 믿음으로 말미암아 ( )"(8절)

우리가 믿는 순간 결코 변할 수 없는 구원을 받았습니다.

요한복음 5:24에서도 이렇게 변할 수 없는 과거구원에 대하여 설명합니다. "내 말을 듣고 또 나 보내신 이를 믿는 자는 영생을 얻었고(과거완료)……." 믿는 순간 우리는 구원을 얻게 됩니다. 그리고 이 권리는 누구도 우리에게서 빼앗거나 없애버릴 수 없습니다.

너희 안에서 착한 일을 시작하신 이가 그리스도 예수의 날까지 이루실 줄을 우리는 확신하노라
(빌립보서 1:6)

구원에는 이 세 가지 단계가 있습니다. 이것을 신학적인 용어로 "칭의, 성화, 영화"라고 하는데 한 구원 속에 이 세 단계의 구원이 포함되어 있는 것입니다.

그는 허물과 죄로 죽었던 너희를 살리셨도다 그 때에 너희는 그 가운데서 행하여 이 세상 풍조를 따르고 공중의 권세 잡은 자를 따랐으니 곧 지금 불순종의 아들들 가운데서 역사하는 영이라 전에는 우리도 다 그 가운데서 우리 육체의 욕심을 따라 지내며 육체와 마음의 원하는 것을 하여 다른 이들과 같이 본질상 진노의 자녀이었더니 긍휼이 풍성하신 하나님이 우리를 사랑하신 그 큰 사랑을 인하여 허물로 죽은 우리를 그리스도와 함께 살리셨고 (너희는 은혜로 구원을 받은 것이라) 또 함께 일으키사 그리스도 예수 안에서 함께 하늘에 앉히시니 이는 그리스도 예수 안에서 우리에게 자비하심으로써 그 은혜의 지극히 풍성함을 오는 여러 세대에 나타내려 하심이라 너희는 그 은혜에 의하여 믿음으로 말미암아 구원을 받았으니 이것은 너희에게서 난 것이 아니요 하나님의 선물이라 행위에서 난 것이 아니니 이는 누구든지 자랑하지 못하게 함이라 우리는 그가 만드신 바라 그리스도 예수 안에서 선한 일을 위하여 지으심을 받은 자니 이 일은 하나님이 전에 예비하사 우리로 그 가운데서 행하게 하려 하심이니라
(에베소서 2:1-10)

로마서 8:35-39을 찾아서 읽고 자신의 말로 간단히 적으십시오.

그러면 우리가 예수님을 믿는 순간에(과거구원) 어떤 일들이 일어나게 되며 우리는 어떤 권리들을 갖게 됩니까? (별색으로 표시된 성경 구절은 꼭 찾아보십시오)

1) 의인이 됩니다.
(로마서 3:24-26, 로마서 6:7, 고린도전서 6:11)
2) 거룩한 자가 됩니다.
(사도행전 20:32, 고린도전서 1:2, 고린도전서 6:11)
3) 하나님 나라가 임하게 됩니다.
(골로새서 1:13, 마태복음 12:28)
4) 성령님이 우리 속에 내재하시게 됩니다.
(고린도전서 3:16, 로마서 8:9)
5) 하나님의 영광과 기업을 상속받을 당당한 하나님의 상속자가 됩니다(로마서 8:17).

우리가 구원받는 것은 전적으로 하나님의 은혜를 믿는 믿음으로만 가능합니다.

이 권리는 누구도 우리에게서 빼앗거나 없애버릴 수 없습니다. 우리가 믿는 순간 하나님은 우리를 의롭다고 인정하시고 하나님의 자녀로서 축복된 삶을 살아가도록 하십니다. 우리는 자주 우리가 받은

누가 우리를 그리스도의 사랑에서 끊으리요 환난이나 곤고나 박해나 기근이나 적신이나 위험이나 칼이랴 기록된 바 우리가 종일 주를 위하여 죽임을 당하게 되며 도살 당할 양 같이 여김을 받았나이다 함과 같으니라 그러나 이 모든 일에 우리를 사랑하시는 이로 말미암아 우리가 넉넉히 이기느니라 내가 확신하노니 사망이나 생명이나 천사들이나 권세자들이나 현재 일이나 장래 일이나 능력이나 높음이나 깊음이나 다른 어떤 피조물이라도 우리를 우리 주 그리스도 예수 안에 있는 하나님의 사랑에서 끊을 수 없으리라 (로마서 8:35-39)

그리스도 예수 안에 있는 속량으로 말미암아 하나님의 은혜로 값없이 의롭다 하심을 얻은 자 되었느니라 이 예수를 하나님이 그의 피로써 믿음으로 말미암는 화목제물로 세우셨으니 이는 하나님께서 길이 참으시는 중에 전에 지은 죄를 간과하심으로 자기의 의로우심을 나타내려 하심이니 곧 이때에 자기의 의로우심을 나타내사 자기도 의로우시며 또한 예수 믿는 자를 의롭다 하려 하심이라 (로마서 3:24-26)

지금 내가 여러분을 주와 및 그 은혜의 말씀에 부탁하노니 그 말씀이 여러분을 능히 든든히 세우사 거룩하게 하심을 입은 모든 자 가운데 기업이 있게 하시리라 (사도행전 20:32)

그가 우리를 흑암의 권세에서 건져내사 그의 사랑의 아들의 나라로 옮기셨으니 (골로새서 1:13)

자녀이면 또한 상속자 곧 하나님의 상속자요 그리스도와 함께 한 상속자니 우리가 그와 함께 영광을 받기 위하여 고난도 함께 받아야 할 것이니라 (로마서 8:17)

모든 사람이 죄를 범하였으매 하나님의 영광에 이르지 못하더니 (로마서 3:23)

하나님의 자녀처럼 사는 것과 자녀가 되는 것은 다른 것입니다.

구원에 대해서 의심합니다. 우리의 기분이나 감정, 그리고 느낌에 의해서 판단합니다. 그러나 구원은 이런 것들에 기초하지 않습니다. 오직 말씀을 믿는 믿음에 기초하는 것입니다. 우리는 본래 죄인이었지만(로마서 3:23) 이제는 하나님이 의롭다고 봐주시는 의인이 된 것입니다. 이것을 칭의라고 합니다. 사실은 의롭지 않은데 의롭다고 말씀하시고 인정해 주시는 것입니다.

그러므로 우리는 이제 누가 물어도 의인이라고 당당하게 말할 수 있어야 합니다. 내 노력이나 공로 때문이 아니라 오직 하나님의 은혜 때문에 말입니다. 따라서 우리가 구원을 생각할 때마다 나같이 더럽고 추악한 죄인이 어떻게 의인이 되었는지 정말 황홀해질 뿐입니다. 이제 여러분은 결코 흔들리지 말아야 합니다. 여러분의 생각이나 감정 때문에 의인이 된 것이 아니라 하나님의 은혜를 믿는 믿음 때문에 구원받은 의인이 된 것입니다. 하나님의 자녀처럼 살지 못한다고 자녀 됨을 의심하지 마십시오. 많은 그리스도인들이 말씀을 믿고 하나님의 자녀가 되었음에도 불구하고, 자신의 모습 때문에 구원받지 못했다는 영적인 두려움에 빠져 있습니다.

그러나 구원은 우리의 행위와 공로와는 관계없이 이루어진 것입니다. 로마서 5:8에 있는 것처럼 구원은 '우리가 아직 죄인 되었을 때에 그리스도께서 우리를 위하여 죽으심으로 하나님께서 우리에 대한 자기의 사랑을 확증' 하신 사건입니다. 우리가 구원을 얻는 것은 이 사실을 믿는 믿음에 근거한 것입니다. 비록 지금 내가 하나님의 자녀처럼, 의인처럼 살지 못하고 있다 할지라도 내가 믿음으로 얻은 구원에는 아무런 영향력을 발휘하지 못합니다. 하나님의 자녀처럼 사는 것과 자녀가 되는 것은 다른 것입니다. 우리의 연약함에도 불구하고 있는 모습 그대로 받아주시고 용서해 주시는 주님의 긍휼과 은혜에 감사하면서 하나님의 자녀다운 삶을 살아가야 하겠습니다.

말씀 묵상

당신은 어떤 때 구원의 확신이 흔들리며 의심이 듭니까? 오늘 공부를 통해 새롭게 깨달은 것은 무엇인지 서로 나눠보십시오.

말씀 적용

나의 연약함과 죄악 된 모습에도 불구하고 믿음만으로 구원해 주신 하나님의 은혜에 어떻게 감사를 표현해야 할지 이번 주 동안 적용할 것을 말해 보십시오.

넷째 날: 미래가 더 영광스러운 구원(영화)

성령님이 변할 수 없는 구원의 보증이 되십니다.

그 안에서 너희도 진리의 말씀 곧 너희의 구원의 복음을 듣고 그 안에서 또한 믿어 약속의 성령으로 인치심을 받았으니 이는 우리 기업의 보증이 되사 그 얻으신 것을 속량하시고 그의 영광을 찬송하게 하려 하심이라
(에베소서 1:13-14)

현재구원은 다음에 공부하도록 하고 먼저 미래구원에 대하여 알아봅시다. 미래구원은 구원이 완성되는 마지막 사건입니다. 우리가 구원받은 것을 어떻게 확인할 수 있습니까? 에베소서 1:13-14을 읽어보십시오. 13절에 뭐라고 되어 있습니까? "그 안에서 너희도 진리의 말씀 곧 너희의 구원의 복음을 듣고 그 안에서 또한 믿어 약속의 성령님으로 인치심을 받았으니"라고 되어 있습니다. 복음을 듣고 믿으면 성령님이 구원받았음을 확인하고 인치시는 것입니다. 인친다는 것은 도장을 찍는다는 의미입니다. 믿는 자는 성령님이 구원받았음을 확인하고 도장을 찍어주십니다. 사람이 아니라 성령님이 확인해 주십니다.

또 14절에는 뭐라고 되어 있습니까? 당신이 구원을 받는 순간에(과거구원) 임재하신 성령님은 마치 보증(Guarantee)과 같다고 설명을 합니다. 단지 도장만 찍어 확인하시는 것이 아니라 우리 안에 내재하심으로 우리가 구원받았음을 보증하시는 것입니다. 뿐만 아니라 미래구원 때에 얻을 모든 영광을 위해서도 성령님이 친히 보증이 되십니다. 그러므로 과거구원에 약속된 모든 축복들은 미래구원의 때에 그 실체가 밝히 드러나고 완성된다고 성령님이 보증하십니다.

우리 주 예수 그리스도의 아버지 하나님을 찬송하리로다 그의 많으신 긍휼대로 예수 그리스도를 죽은 자 가운데서 부활하게 하심으로 말미암아 우리를 거듭나게 하사 산 소망이 있게 하시며 썩지 않고 더럽지 않고 쇠하지 아니하는 유업을 잇게 하시나니 곧 너희를 위하여 하늘에 간직하신 것이라 너희는 말세에 나타내기로 예비하신 구원을 얻기 위하여 믿음으로 말미암아 하나님의 능력으로 보호하심을 받았느니라
(베드로전서 1:3-5)

자 이제 베드로전서 1:3-5을 주의 깊게 읽어보십시오. 이 성경구절은 과거구원과 미래구원을 말합니다. 당신을 위해서 이미 행하신 일과 미래에 남아 있는 구원의 부분을 말합니다. 특별히 5절에서는 미래구원에 대하여 뭐라고 설명합니까? "여러분은 마지막 때에 나타나기로 준비되어 있는 구원을 얻기 위하여 믿음을 통하여 하나님의

권능으로 보호를 받고 있습니다"(표준새번역). 변할 수 없는 구원에 대해 확신을 갖고 살아가는 이들은 하나님의 권능으로 보호를 받고 있다는 것입니다. 왜냐하면 성령님이 보증이 되어 주시기 때문입니다. 그러므로 한번 구원을 받은 사람은 결코 구원을 잃어버리지 않습니다. 그가 믿음을 포기하지 않는 한 말입니다.

한번 구원을 받은 사람은 결코 구원을 잃어버리지 않습니다. 그가 믿음을 포기하지 않는 한 말입니다.

영광스러운 미래구원을 사모하십시오.

먼저 베드로전서 1:6-9을 읽으십시오. 이 성경구절은 몇 가지 구원을 말하고 있습니까? 아마도 당신은 세 가지 구원의 단계를 다 말하고 있다는 것을 발견하였을 것입니다. 8절에서는 예수님에 대한 당신의 믿음을 이야기하고 있으며 당신이 육안으로서는 결코 볼 수 없는 믿음에 대하여 설명하고 있습니다. 그것은 "과거구원"과 연결이 되어 있습니다. 그리고 당신이 현재 순수한 믿음을 지키고 증명하기 위해서 애쓰는 당신의 "현재구원"과 관계가 있습니다. 또 당신의 믿음의 결과를 시험하는 그 날, 당신의 믿음에 찬송과 존귀와 영광을 받을 미래의 일을 이야기합니다. 바로 이것은 "미래구원"과 연관되어 있는 것입니다.

그러므로 너희가 이제 여러 가지 시험으로 말미암아 잠깐 근심하게 되지 않을 수 없으나 오히려 크게 기뻐하는도다 너희 믿음의 확실함은 불로 연단하여도 없어질 금보다 더 귀하여 예수 그리스도께서 나타나실 때에 칭찬과 영광과 존귀를 얻게 할 것이니라 예수를 너희가 보지 못하였으나 사랑하는도다 이제도 보지 못하나 믿고 말할 수 없는 영광스러운 즐거움으로 기뻐하니 믿음의 결국 곧 영혼의 구원을 받음이라 (베드로전서 1:6-9)

그러면 7절에서는 미래구원을 언제 받을 것이라고 말하고 있습니까?

____

미래구원의 때에는 어떤 일들이 일어납니까?

1) 우리의 구원이 완성됩니다(마태복음 24:13).
2) 완전한 의인으로 변화됩니다(로마서 8:30, 마태복음 13:43).
3) 하나님의 거룩함에 참여하게 됩니다(요한계시록 22:11).

그러나 끝까지 견디는 자는 구원을 얻으리라 (마태복음 24:13)

또 미리 정하신 그들을 또한 부르시고 부르신 그들을 또한 의롭다 하시고 의롭다 하신 그들을 또한 영화롭게 하셨느니라 (로마서 8:30)

4) 주를 섬긴 삶에 대한 상과 위로를 받습니다(요한계시록 22:12, 요한계시록 7:15-17).

5) 하나님 나라가 완성됩니다(요한계시록 11:15).

주님이 재림하는 날, 새 하늘과 새 땅이 되어 영원한 하나님의 나라가 이루어질 때 더 큰 구원의 감격이 우리에게 경험되어질 것입니다.

"미래구원"은 너무도 영광스런 것이기 때문에 초대교인들은 그것을 **"축복된 소망"**이라고 불렀습니다. 주님이 재림하시는 날, 새 하늘과 새 땅이 되어 영원한 하나님의 나라가 이루어질 때 더 큰 구원의 감격이 우리에게 경험되어질 것입니다. 미래를 소망하며 사십시오. 뒤를 돌아보지 마시고 오직 우리의 주인이시며 만왕의 왕이신 예수님만을 바라보는 삶을 사십시오.

말씀 묵상

오늘 공부한 것 중에서 특별히 당신에게 은혜가 된 말씀은 무엇입니까?

말씀 적용

그 말씀을 당신의 생활 속에서 어떻게 적용할 수 있습니까?

미래에 경험되어질 더 큰 구원의 감격을 기대하며 하나님께 드리는 당신의 기도문을 작성해 보십시오.

다섯째 날: 현재가 아름다운 구원(성화)

현재구원의 삶은 주님과 동행하는 것이기에 더욱더 기쁜 것입니다.

그러므로 나의 사랑하는 자들아 너희가 나 있을 때뿐 아니라 더욱 지금 나 없을 때에도 항상 복종하여 두렵고 떨림으로 너희 구원을 이루라 (빌립보서 2:12)

먼저 빌립보서 2:12을 찾아서 아래의 빈칸을 채워보십시오.

"그러므로 나의 사랑하는 자들아 너희가 (

) 항상 복종하여 두렵고 떨

림으로 너희 구원을 이루라"

이 구절은 무엇에 대하여 말합니까? 현재구원에 대하여 설명하고 있는 것입니다. 그러면 현재구원은 무엇을 의미한다고 생각하십니까? 로마서 5:11에서는 현재 이루어져 가는 구원을 이렇게 설명합니다. "우리를 하나님과 화해하게 해주신 우리 주 예수 그리스도의 덕분으로 우리는 지금 하나님을 섬기는 기쁨을 누리게 되었습니다"(공동번역). 다시 말하면 하나님을 섬기며 기쁨으로 살아가는 현재 우리의 삶이 이루어져 가는 구원의 과정인 것입니다. 매일매일 우리 안에 내재하신 그리스도와 함께 걷고, 주님의 영광을 위해서 사는 생활이 바로 현재구원인 것입니다. 따라서 주님과 함께 동행하는 현재의 우리의 삶은 아름다운 구원의 과정입니다. 계속하여 다음 구절을 읽어보십시오(빌립보서 2:13-15). 몇 가지의 명령이 이어집니까? 아래에 당신의 말로 정리하여 써보십시오.

너희 안에서 행하시는 이는 하나님이시니 자기의 기쁘신 뜻을 위하여 너희에게 소원을 두고 행하게 하시나니 모든 일을 원망과 시비가 없이 하라 이는 너희가 흠이 없고 순전하여 어그러지고 거스르는 세대 가운데서 하나님의 흠 없는 자녀로 세상에서 그들 가운데 빛들로 나타내며 (빌립보서 2:13-15)

13절: ____________________

14절: ____________________

15절: ____________________

하나님은 우리 인생을 하나님 나라 방식으로 구조조정하기를 원하십니다.

13절에 보면 하나님은 현재구원의 과정 동안 하나님의 뜻을 당신에게 행하기 원하신다고 말씀하고 있습니다. 이제 우리의 주인 되신 하나님이 우리 인생의 주도권을 갖고 우리의 행복한 삶을 책임지시겠다는 것입니다. 우리나라는 수년 전에 경제위기를 맞아서 IMF라는 기관의 경제 통치를 받았습니다. 우리 실력으로는 안 되니 IMF가 지시하고 시키는 대로 하라는 것입니다. 그래서 그 와중에 구조조정으로 온 나라가 몸살을 앓았습니다. 그러나 그 결과로 지금은 다시 경제가 회복되었습니다. 마찬가지로 하나님도 우리에게 이렇게 말씀하십니다. "그동안 너희가 주인 되어 파멸과 지옥을 향해 달려가도록 방치하고 각종 죄악으로 망쳐놓은 너의 인생을 내가 회복시키겠다. 그러므로 이제 내 뜻대로 살아라." 물론 하나님의 뜻대로 사는 것은 쉽지 않습니다. 왜냐하면 우리 인생에 불필요하고 하나님 나라의 방식에 맞지 않는 것을 구조조정해야 하는 아픔이 있기 때문입니다. 그러나 한 가지 분명한 것은 그것은 바로 나를 위한 것이라는 것입니다. 하나님의 뜻에 순종하면 우리는 축복된 삶을 경험하게 될 것이며 현재에서 더욱 아름답고 행복한 구원의 감격을 누리게 될 것입니다.

하나님의 뜻에 순종하면 우리는 축복된 삶을 경험하게 될 것이며 현재에서 더욱 아름답고 행복한 구원의 감격을 누리게 될 것입니다.

따라서 현재구원은 우리를 향한 하나님의 뜻을 이루어가는 과정이며, 최종적인 완성을 향해 훈련하는 기간입니다. 그러므로 모든 신자가 현재구원 동안 어떻게 하나님의 뜻에 참여해야 하는가는 대단히 중요한 문제입니다. 그리고 그것을 정확히 깨닫는 것이 현재구원을 이루어가는 열쇠입니다. 그러면 당신을 향한 하나님의 뜻은 무엇입니까?

시대정신을 따라가지 말고 시대정신을 고치는 하나님의 자녀로 성장하십시오.

이는 너희가 흠이 없고 순전하여 어그러지고 거스르는 세대 가운데서 하나님의 흠 없는 자녀로 세상에서 그들 가운데 빛들로 나타내며 (빌립보서 2:15)

오직 너희를 부르신 거룩한 이처럼 너희도 모든 행실에 거룩한 자가 되라 기록되었으되 내가 거룩하니 너희도 거룩할지어다 하셨느니라 (베드로전서 1:15-16)

당신은 당신의 생애에 구원이 이루어졌고, 지금 이루어지고 있고, 또 이루어질 것이라는 사실을 확실히 알아야 합니다.

빌립보서 2:15을 다시 한 번 살펴보십시오. 이 말씀은 우리가 현재 구원의 과정 동안 어떻게 살아야 되는지를 설명하고 있습니다. 비록 세상은 어그러지고 거스리는 세대지만 우리는 그 가운데서 온전하여 흠 없는 하나님의 자녀로서 세상 가운데서 빛들로 나타나야 합니다. 시대정신을 따라가는 자가 아니라 시대정신을 고치는 자가 되도록 우리에게 말씀하고 계신 것입니다. 다시 말하면, 베드로전서 1:15-16에서 설명하는 것과 같이 우리를 부르신 하나님처럼 거룩하게, 의롭게 살라는 것입니다. **날마다 죄로부터 자신을 멀리하고 하나님의 자녀처럼 흠 없이 살도록 훈련하라는 것입니다.** 이것이 우리가 이루어야 할 현재구원입니다.

이제 당신은 당신의 생애에 구원이 이루어졌고, 지금 이루어지고 있고, 또 이루어질 것이라는 사실을 확실히 알아야 합니다. 하나님의 구원은 당신이 당신의 죄를 회개하고 주님을 구주로 모셔들이는 그 순간부터 시작됩니다〈과거구원〉. 그리고 당신 안에 내재하시는 성령님이 당신을 죄에서 자유하게 해주어 의인답게, 하나님의 자녀답게 거룩해지도록 하십니다〈현재구원〉. 그리고 그리스도가 재림하셔서 당신 안에 있는 죄의 속성인 옛 사람으로부터 당신을 완전히 구원해 주실 때 구원은 영광스럽게 완성될 것입니다〈미래구원〉. 이제 이번 주에 배운 내용을 총정리해 봅시다. 정확하게 말해서 구원이란 무엇입니까? 한 가지 예를 들어보겠습니다.

당신이 호숫가에 서 있다고 상상을 해보십시오. 당신은 한 사람이 물에 빠져 있는 것을 보았습니다. 그는 혼자 힘으로 물 위에 계속 떠 있을 수가 없습니다. 만약 어떤 사람이 그를 도와주지 않는다면 그는 곧 죽어버리고 말 것입니다. 무엇이 그 사람을 죽게 만듭니까? 물입니다. 그는 물에 빠져 죽어버리고 말 것입니다. 그를 구원하려면 물 밖으로 건져내야 합니다.

구원이란 말 속에는 당신의 생명을 빼앗아가려고 위협하는 그 무엇으로부터 구출해 낸다는 의미가 포함되어 있습니다. 당신을 죽이려고 하는 요소는 무엇입니까? 골로새서 1:14에는 그 요소를 죄라고 설명하고 있습니다. 당신은 죄라는 호수에 빠져 있습니다. **당신이 구원받기 위해서는 죄의 권세로부터 구출되어야 합니다.**

그 아들 안에서 우리가 속량 곧 죄 사함을 얻었도다
(골로새서 1:14)

당신을 죄에서 구출하십시오.

그러면 죄란 무엇입니까? 죄는 하나님을 떠나 당신 자신을 당신의 인생의 왕으로 올려놓는 것입니다(**이사야 53:6, 요한복음 5:44**). 죄의 문제는 바로 나입니다(영어로 죄를 의미하는 단어인 'SIN'의 중간에 나를 의미하는 'I'가 들어있는 것을 기억하십시오). 자기 주장이 죄입니다. 내가 주인 되어 사는 것이 죄입니다. 그러므로 만약 당신의 인생을 당신이 소유하고, 당신이 다스리고, 당신이 이끌어나간다면 당신은 멸망에 처해 있는 것입니다. 죄의 삯은 사망이기 때문입니다(로마서 6:23). 그렇기 때문에 구원은 내 주장을 포기하고 하나님 주장을 받아들이는 것이며 나의 생각대로 인생을 살아가는 것이 아니라 하나님의 생각과 하나님의 말씀에 순종하며 살아가는 것입니다. 따라서 믿음은 곧 순종이고, 순종은 곧 믿음입니다. 믿기 위해 순종하고 순종하기 위해 믿어야 합니다. 구원이라는 것은 단순히 교회에 나가는 것만을 의미하는 것이 아니며 생명보험 계약서에 서명하는 것도 아닙니다. **구원이란 당신 자신을 죄로부터 구출하시는 하나님의 일입니다.** 하나님의 말씀을 믿고 순종하십시오. 그것이 행복입니다.

우리는 다 양 같아서 그릇 행하여 각기 제 길로 갔거늘 여호와께서는 우리 모두의 죄악을 그에게 담당시키셨도다
(이사야 53:6)

너희가 서로 영광을 취하고 유일하신 하나님께로부터 오는 영광은 구하지 아니하니 어찌 나를 믿을 수 있느냐 (요한복음 5:44)

자기 주장이 죄입니다. 내가 주인 되어 사는 것이 죄입니다.

죄의 삯은 사망이요 하나님의 은사는 그리스도 예수 우리 주 안에 있는 영생이니라
(로마서 6:23)

하나님은 당신의 과거와 현재 그리고 미래를 관통해 구원하십니다.

첫째로 당신이 하나님을 알지 못하는 죄인이었을 때 이미 하나님은 죄인의 상태로부터 당신을 구출하셨습니다〈과거구원〉(로마서 5:8). 둘째로 그 후에 매일 매일의 삶의 과정에서 하나님은 당신이 죄로부터 해방되도록 인도하십니다〈현재구원〉. 그리고 마지막으로 당신을 영원히 죄로부터 자유롭게 해주시며 하나님이 계신 영광의 자리, 거룩의 자리, 의로운 자리에 함께하도록 하실 것입니다〈미래구원〉. 이렇게 당신의 과거, 현재, 미래를 관통해서 모든 죄를 해결하고 구원해 주시는 하나님이 바로 당신의 아버지입니다. 그러므로 당신은 하나님의 자녀답게 살아가는 삶을 통해 하나님의 명예를 높이고 자신의 행복을 가꾸는 지혜로운 삶을 살아야 합니다.

우리가 아직 죄인 되었을 때에 그리스도께서 우리를 위하여 죽으심으로 하나님께서 우리에 대한 자기의 사랑을 확증하셨느니라 (로마서 5:8)

말씀 묵상

이번 주 공부를 통해 당신은 무엇을 새롭게 배웠습니까? 또 당신에게 확신을 주거나 도전이 되었던 내용은 무엇입니까? 함께 나눠보십시오.

말씀 적용

당신이 구원받은 하나님의 자녀답게 온전하고 흠없이 살아가기 위해 믿음으로 구조조정해야 할 인생의 문제는 무엇인지를 구체적으로 말해 보십시오.

2단원 허상의 껍데기들 : 지성, 전통, 경험

2단원 암송구절: 골로새서 2:6-7, 고린도전서 2:14

허상의 껍데기들 : 지성, 전통, 경험

그러므로 너희가 그리스도 예수를 주로 받았으니 그 안에서 행하되 그 안에 뿌리를 박으며 세움을 받아 교훈을 받은 대로 믿음에 굳게 서서 감사함을 넘치게 하라 (골로새서 2:6-7)

육에 속한 사람은 하나님의 성령의 일들을 받지 아니하나니 이는 그것들이 그에게는 어리석게 보임이요, 또 그는 그것들을 알 수도 없나니 그러한 일은 영적으로 분별되기 때문이라 (고린도전서 2:14)

첫째 날: 껍데기 세 개와 알맹이 한 개

사람마다 어떤 결정을 내리는 자신만의 기준과 원칙이 있습니다.

골로새서 2:1-4, 8, 20-23을 읽으십시오. 누구에게나 자신이 무엇을 결정하든지 그 결정을 하게 만드는 어떤 기준과 원칙 같은 것이 있습니다. (전문적인 용어로는 패러다임이라고도 하는데 패러다임이란 사물을 보는 방식과 가치관을 의미하며 특별히 그 사람이 살아온 환경과 밀접한 관계가 있습니다.) 그리고 그 기준과 원칙은 확실히 무엇이다고 정확하게 말할 수는 없지만 그 사람이 살아가는 동안 무엇을 결정하든지 그 결정 과정에 굉장한 영향을 줍니다. 그리고 사람마다 조금씩은 다 다르겠지만 이것들을 크게 분류해 보면 지성, 경험, 전통 등으로 나눌 수 있습니다. 사람들은 어떤 결정을 내릴 때마다 이 세 가지 중에서 한 가지나 아니면 세 가지가 다 포함된 어떤 자신만의 기준과 원칙을 사용해서 결정을 내리곤 합니다.

내가 너희와 라오디게아에 있는 자들과 무릇 내 육신의 얼굴을 보지 못한 자들을 위하여 얼마나 힘쓰는지를 너희가 알기를 원하노니 이는 그들로 마음에 위안을 받고 사랑 안에서 연합하여 확실한 이해의 모든 풍성함과 하나님의 비밀인 그리스도를 깨닫게 하려 함이니 그 안에는 지혜와 지식의 모든 보화가 감추어져 있느니라 내가 이것을 말함은 아무도 교묘한 말로 너희를 속이지 못하게 하려 함이니 (골로새서 2:1-4)

누가 철학과 헛된 속임수로 너희를 사로잡을까 주의하라 이것은 사람의 전통과 세상의 초등학문을 따름이요 그리스도를 따름이 아니니라 (골로새서 2:8)

너희가 세상의 초등학문에서 그리스도와 함께 죽었거든 어찌하여 세상에 사는 것과 같이 규례에 순종하느냐 곧 붙잡지도 말고 맛보지도 말고 만지지도 말라 하는 것이니 이 모든 것은 한때 쓰이고는 없어지리라 사람의 명령과 가르침을 따르느냐 이런 것들은 자의적 숭배와 겸손과 몸을 괴롭게 하는 데는 지혜 있는 모양이나 오직 육체 따르는 것을 금하는 데는 조금도 유익이 없느니라 (골로새서2:20-23)

그런데 이 세상에 있는 모든 종교와 종교적 제도도 앞의 세 가지 요소들 중 하나 혹은 그 이상의 것들 위에 기초하고 있습니다. 석가모니는 자신의 고행 경험을 통해 깨달은 기준과 원칙을 가지고 불교를 창시했습니다. 공자는 세상의 많은 학문과 이성적인 깨달음을 통한 기준과 원칙을 가지고 사람이 마땅히 행할 삶의 윤리들을 가르쳤습니다. 그러면 우리는 어떤 기준과 원칙들을 가지고 살아가야 하며 무엇에 근거해 결정해야 합니까? 이번 주에는 사람들이 잘못 의지하고 있는 허상의 껍데기와 그림자들에 대해서 알아보고, 다음 주에는 우리가 가져야 할 삶의 유일한 기준과 원칙에 대해서 살펴보도록 하겠습니다.

아래에 세 가지 허상의 껍데기와 유일한 우리 인생의 길라잡이에 대해서 요약정리해 놓았습니다. 읽어본 후 그것이 무엇인지 빈칸에 써넣으십시오.

＊인간의 내적인 요소

( ) 1. 옳은지 그른지 선한지 악한지 인간 자신의 이성적 능력으로 결정할 수 있다.

( ) 2. 인간의 감각과 감정 그리고 느낌으로 진리가 무엇인지 결정지을 수 있다.

＊인간의 외적인 요소

( ) 3. 인간은 그들 조상에게 중요했던 것들로 신앙의 내용을 형성한다.

( ) 4. 하나님이 궁극적이고 온전한 지식 즉 진리를 기록된 문자로 계시하셨다.

당신은 다음과 같은 순서로 써넣었어야 합니다. 지성, 경험, 전통, 성경. 사도 바울은 사람들이 가지고 있는 잘못된 허상의 껍데기들에 대해 몇 가지 교훈의 말을 하고 있습니다. 그는 전도 여행을 하는 가운데 인생의 참된 기준과 원칙이 되는 요소에 근거하지 아니하고 잘못된 다른 요소들에 근거하고 있는 많은 사람들을 만났습니다. 바울서신의 여러 부분이 그러한 잘못된 견해들을 반박하기 위해 쓰여졌습니다. 골로새서 2:1-4을 읽으십시오. 3절에서 바울은 골로새 교인들에게 "그리스도 안에는 지혜와 지식의 모든 보화가 감추어져 있다"고 말했습니다. 그러면서 바울 사도는 성도들에게 "그리스도 안에 감추어져 있는 지혜와 지식의 모든 보화를 알게 되기를 바란다"고 했는데 그렇게 한 이유는 무엇입니까? 4절에서 답을 찾아보십시오.

내가 너희와 라오디게아에 있는 자들과 무릇 내 육신의 얼굴을 보지 못한 자들을 위하여 얼마나 힘쓰는지를 너희가 알기를 원하노니 이는 그들로 마음에 위안을 받고 사랑 안에서 연합하여 확실한 이해의 모든 풍성함과 하나님의 비밀인 그리스도를 깨닫게 하려 함이니 그 안에는 지혜와 지식의 모든 보화가 감추어져 있느니라 내가 이것을 말함은 아무도 교모한 말로 너희를 속이지 못하게 하려 함이니
(골로새서 2:1-4)

허상의 껍데기에 속지 마십시오.

당신은 옳지 않은 인생의 요소들에 속임을 당하거나 미혹되지 않도록 조심하십시오. 그러려면 골로새서 2:8에 기록된 내용을 알 필요가 있습니다.

"여러분은 실속 없고 기만적인 철학에 사로잡히지 않도록 주의하십시오. 이것은 전통적으로 전해 내려오는 사람의 가르침이나 이 세상의 초보적인 원리에 근거한 것이지 그리스도에 근거한 것이 아닙니다"(현대인의 성경)

우리가 이 땅을 살아가면서 무엇인가를 선택하고 결정을 내리는데 영향을 주는 많은 요소들은 초보적인 것들이며 우리를 속이는 원리들입니다. 사실 인생을 살면서 우리가 선택하고 결정한 문제들 중 어리석고 후회스러운 것들이 얼마나 많습니까? 저도 신학교에 다닐 때 몇 번인가를 그만두려고 한 적이 있었습니다. 그러나 그 때 저의 이성적이며 감정적인 판단으로 그만두었다면 지금쯤 제 모습이 어떤 모습으로 변해 있을지 모르는 일입니다. 저의 신학대학원 동기 중에

나이가 꽤 많이 들어서 입학하신 분들이 몇 분 계셨습니다. 그분들의 한결같은 고백은 젊었을 때 하나님이 부르셨는데 자기 이성과 경험에 의지해 하나님의 뜻과는 다른 결정을 내렸다가 후회하고 이제야 하나님의 부르심에 순종했다는 것입니다. 이처럼 우리가 내린 결정이 최상의 결정인 것 같아도 지나고 보면 대부분이 실망스러운 것을 발견할 수 있습니다.

누가 철학과 헛된 속임수로 너희를 사로잡을까 주의하라 이것은 사람의 전통과 세상의 초등학문을 따름이요 그리스도를 따름이 아니니라 (골로새서 2:8)

세상에는 이렇게 우리가 어리석은 결정을 내리도록 하는 수많은 요인들이 있습니다. 그러나 골로새서 2:8에서는 그 중에서 가장 중요한 세 가지를 말해 주고 있습니다. 그 내용을 항목별로 적어보십시오.

지성: ____________________

전통: ____________________

경험: ____________________

여기에서 철학과 헛된 속임수는 지성을, 사람의 전통은 전통을 의미하는 것입니다. 그러나 세상의 초등학문이 권위의 요소로서 경험을 의미하는지는 확실하지 않습니다. 어찌 되었든 사도 바울은 이와 같이 그릇된 요소들에 의해 신자들이 "사로잡힌다"고 했는데 그 의미가 무엇이겠습니까?(4절을 다시 한 번 보십시오.) 그것은 속이는 것입니다. 다시 말해서 우리가 착각하고 오해하게 만드는 것입니다. 당신은 이러한 거짓된 사상에 빠져서 참 진리를 이해하지 못하는 사람들을 많이 보아왔을 것입니다. 어떤 이는 자신의 경험을 믿고, 어떤 이는 자신의 똑똑한 지성을 믿고, 어떤 이는 자신이 지금까지 속해왔던 전통을 자기 생활의 최종적인 권위로 생각하고 있습니다. 어쩌면 당신도 그중에 한 사람이었을지도 모릅니다.

내가 이것을 말함은 아무도 교묘한 말로 너희를 속이지 못하게 하려 함이니 (골로새서 2:4)

진리는 오직 하나뿐입니다.

제가 신학대학원에서 강의를 하면서 재미있는 실험을 한 가지 했습니다. 모두에게 눈을 감으라고 한 뒤 북쪽이 어느 쪽인지를 손가락으로 가리켜보라고 했습니다. 그리고 그 상태에서 눈을 뜨라고 한 뒤 서로를 쳐다보도록 했습니다. 그러자 그 강의실에 있던 50여 명의 사람들이 가리킨 북쪽이 모두 다 달랐습니다. 북쪽은 오직 한 방향임에도 불구하고 그 강의실에 있던 사람들이 나름대로 자신의 이성과 경험과 생각을 사용해서 지목한 북쪽은 모두가 달랐던 것입니다. 마찬가지로 우리가 아무리 옳다고 해도 그것이 절대 진리는 아닙니다. 나침반이 가리키는 방향만이 오직 변하지 않는 북쪽인 것입니다. 그런데 제가 이렇게 말했다고 합시다. "자, 가장 많은 사람들이 선택한 곳을 북쪽으로 결정하겠습니다." 이 말이 맞습니까? 아닙니다. 대다수의 사람들이 지목했다고 해서 그곳이 북쪽은 아닌 것입니다. 그런데 세상에서는 이렇게 대다수의 사람들이 생각하는 것을 상식이라고 말합니다. 그리고 그 상식에서 벗어나면 틀린 것이라고 비난하고 정죄합니다. 그래서 사람들은 자신들의 이성과 경험과 전통에 근거한 상식적인 생각으로 판단하는 것이 진리인 양 주장하며 살아가고 있습니다. 그러나 진리는 오직 하나밖에 없습니다. 요한복음 14:6에 있는 것처럼 예수 그리스도입니다. 예수 그리스도와 예수님의 말씀만이 진리입니다. 그 외의 모든 것은 사람들을 속이는 허상의 껍데기일 뿐입니다.

골로새서 2:20-23을 읽으십시오. "사람의 명령과 가르침을 따르는"(골로새서 2:22) 생활에 대해 바울은 결국 어떻게 된다고 확실히 말했습니까?

또한 20절 상반부에서는 어떤 사실을 선포하고 있습니까? 사도 바

예수께서 이르시되 내가 곧 길이요 진리요 생명이니 나로 말미암지 않고는 아버지께로 올 자가 없느니라 (요한복음 14:6)

너희가 세상의 초등학문에서 그리스도와 함께 죽었거든 어찌하여 세상에 사는 것과 같이 규례에 순종하느냐 (곧 붙잡지도 말고 맛보지도 말고 만지지도 말라 하는 것이니 이 모든 것은 한때 쓰이고는 없어지리라) 사람의 명령과 가르침을 따르느냐 이런 것들은 자의적 숭배와 겸손과 몸을 괴롭게 하는 데는 지혜 있는 모양이나 오직 육체 따르는 것을 금하는 데는 조금도 유익이 없느니라 (골로새서 2:20-23)

울은 "그리스도와 함께 죽었거든"이라고 선포하면서 구원받은 하나님의 자녀들은 더 이상 인간의 표준에 의해서 살아가서는 안 된다고 말합니다. 23절에 보면 "이런 규정은 제멋대로의 예배와 과장된 겸손과 부질없는 금욕주의 따위로 현명한 것처럼 보이지만 실상 육체의 욕망을 제어하는 데는 조금도 힘이 없습니다"(공동번역)라고 말하고 있습니다.

물론 하나님이 당신에게 지성을 주셨습니다. 그리고 하나님은 당신이 그것을 사용하기를 기대하십니다. 또한 하나님은 당신에게 경험도 주셨습니다. 참으로 의미 있고 값진 경험들이 있을 수 있습니다. 그리고 지난 수세기 동안 변함없이 지켜져 내려오는 전통들이 있습니다. 특히 성경에 기초한 전통들은 가치가 있는 것입니다. 하지만 지성도, 경험도, 전통도 구원을 얻고 하나님을 믿는 데 있어서 최종적인 권위가 될 수는 없습니다. 왜냐하면 이 모든 것은 인간들에게서 나온 것이기 때문입니다. 다만 하나님은 이런 모든 것들을 진리이신 예수 그리스도와 그분의 말씀을 알아가는 데 사용하기를 원하십니다. 허상의 껍데기를 의지하지 마시고 참된 인생의 길라잡이인 말씀을 붙드십시오.

하나님은 이런 모든 것들을 진리이신 예수 그리스도와 그분의 말씀을 알아가는 데 사용하기를 원하십니다.

말씀 묵상

솔직히 지금까지 살아오는 동안 당신이 결정을 내리는 데 중요한 요소가 되었던 것은 무엇이었습니까? 전통, 지성, 경험, 성경, 이 네 가지 중에서 생각해 보고 만약 성경이 아니라면 왜 그랬는지 그 이유를 구체적으로 써보십시오.

말씀 적용

현재 당신이 결정을 내려야만 하는 어떤 것이 있다면, 허상의 껍데기로 지칭된 세 가지 요소에 근거해 결정을 내리면 어떤 결정을 내려야 하는지, 또 성경 말씀에 근거해 결정을 내리면 어떤 결정을 내려야 하는지 자신의 생각을 써보고 사람들과 토론해 보십시오.

둘째 날: 지성! 이성! 논리!

가로 20센티미터, 세로 30센티미터의 머리, 그리고 아이큐 150도 안 되는 지성에 내 운명을 맡기겠습니까?

그러므로 너희가 그리스도 예수를 주로 받았으니 그 안에서 행하되 그 안에 뿌리를 박으며 세움을 받아 교훈을 받은 대로 믿음에 굳게 서서 감사함을 넘치게 하라 (골로새서 2:6-7)

금주의 암송은 골로새서 2:6-7입니다. 외우기 시작하셨습니까? 그러면 지난주의 암송은 무엇입니까? 암송은 끊임없는 반복만이 비결입니다. 당신이 힘들 때 암송구절은 많은 힘을 줄 것입니다. 자 지금까지의 암송구절을 모두 다 한번 외우고 시작해 봅시다.

많은 사람들이 그들의 지성을 마지막 권위로 삼아 모든 일을 결정하고 있습니다. "내 논리에 맞으면, 그것을 믿겠다!"는 것입니다. 이런 사람들은 자기 자신의 이성적 판단을 하나님으로 삼아 살아갑니다. 자신의 판단만이 인생의 결정을 내리는 중요한 방식이 됩니다. 이런 사람들은 자신의 지성이 진리와 거짓, 선과 악 그리고 옳은 것과 그른 것을 가려내는 최종적인 판단을 내릴 수 있는 능력을 가지고 있다고 믿는 자기 본위의 사고방식을 가지고 있습니다. 그러나 인류 역사는 인간이 계속하여 졸속한 판단을 내려왔다는 사실을 증언하고 있습니다. 물론 항상 잘못된 판단을 내린다는 말은 아니고, 올바른 결정을 내릴 때도 있으나 그런 일은 많지 않다는 말입니다. 지금까지 지구상의 역사를 통해서 볼 때 이렇게 말하는 사람들이 많이 있었습니다. "나는 하나님이 선한 분이라는 것을 이해할 수가 없다. 하나님이 선한 분이라는데 왜 이런 일들이……." 또한 "하나님이 하시는 일을 믿는 것은 이성적인 것이 아니야!"라고 말했습니다. 그러나 사실 아이큐 150도 안 되는 제한된 지성을 가지고 우주를 만드신 하나님을 평가하고 판단한다는 것은 유치원생이 부모를 판단하는 것과 같이 어리석은 일입니다.

예수님도 지상 사역을 하시는 동안 이와 같은 경우를 당하신 적이 있었습니다. 마가복음 12:18-25을 읽어보십시오. 사두개파는 예수님 당시에 유대교의 중요한 종파 중 하나였습니다. 18절에 의하면 사두개인들은 죽은 자의 부활을 믿지 않았습니다. 그들은 예수님께 죽은 자의 부활에 대한 이성적 의혹을 뒷받침하기 위해 긴 이야기를 늘어놓았습니다. 그러나 그 이야기는 자신들의 지성에 기초한 것이었습니다. 마가복음 12:24에서 예수님은 사두개인들의 이런 논리적인 질문에 대하여 어떻게 대답하셨습니까?

사두개인들은 오해했습니다. 왜냐하면 그들은 성경도, 하나님의 능력도 이해하지 못했기 때문입니다. 여러분도 사두개인 같은 수많은 의문들을 가지고 있지는 않습니까? 저도 하나님이 왜 이성적으로 하나님과 말씀에 대해서 이해할 수 있는 방안을 우리에게 주시지 않고 믿음으로만 구원을 얻게 하셨는지 궁금했습니다. 그러나 요즘 새로 나오는 신형 핸드폰이나 전자제품의 기능도 제대로 이해하지 못하는 우리에게, 우주를 창조하신 하나님을 우리의 지성으로 이해해야 구원을 얻을 수 있다고 했다면, 지구상에서 구원을 얻을 수 있는 사람은 아무도 없을 것입니다. 그러므로 말씀을 믿음으로 구원 얻을 수 있도록 배려하신 하나님의 계획은 정말로 은혜 그 자체입니다. 여러분의 지성을 의지하지 마십시오. 의심하지 마십시오. 믿는 것이 축복이고 은혜입니다.

열린 마음으로 진리를 찾는 자 되십시오.

당신은 사두개인들이 예수님께 왔을 때 정말 진리를 찾고자 하는 마음이 있었다고 생각하십니까? 예(　　), 아니요(　　). 그들은 자신들의 이성과 지성, 그리고 논리를 믿고 떠들던 변사(옛날 서양엔 어떤 주제들을 가지고 옳고 그른 것에 대해 논쟁하는 것을 그들의 직업으로 삼는

부활이 없다 하는 사두개인들이 예수께 와서 물어 이르되 선생님이여 모세가 우리에게 써 주기를 어떤 사람의 형이 자식이 없이 아내를 두고 죽으면 그 동생이 그 아내를 취하여 형을 위하여 상속자를 세울지니라 하였나이다 칠 형제가 있었는데 맏이가 아내를 취하였다가 상속자가 없이 죽고 둘째도 그 여자를 취하였다가 상속자가 없이 죽고 셋째도 그렇게 하여 일곱이 다 상속자가 없었고 최후에 여자도 죽었나이다 일곱 사람이 다 그를 아내로 취하였으니 부활 때 곧 그들이 살아날 때에 그 중의 누구의 아내가 되리이까 예수께서 이르시되 너희가 성경도 하나님의 능력도 알지 못하므로 오해함이 아니냐 사람이 죽은 자 가운데서 살아날 때에는 장가도 아니 가고 시집도 아니 가고 하늘에 있는 천사들과 같으니라

(마가복음 12:18-25)

사람들이 있었다)처럼 진심으로 진리를 찾는 사람들이 아니었습니다. 그들은 자기가 옳다고 믿는 것에 대해 다른 사람들과 변론하거나 논쟁하는 사람들입니다. 바울은 고린도전서 1:20에서 말하길 "하나님께서 이 세상의 지혜를 미련하게 하셨다"고 했습니다.

바울은 세상의 지혜를 주장하는 당시의 두 큰 부류의 사람들에 대해 다음과 같이 말했습니다. "유대인은 표적을 구하고 헬라인은 지혜를 찾으나 우리는 십자가에 못 박힌 그리스도를 전하니 유대인에게는 거리끼는 것이요 이방인에게는 미련한 것이로되 오직 부르심을 받은 자들에게는 유대인이나 헬라인이나 그리스도는 하나님의 능력이요 하나님의 지혜니라 하나님의 어리석음이 사람보다 지혜롭고 하나님의 약하심이 사람보다 강하니라"(고린도전서 1:22-25). 기독교 진리가 지성을 전혀 무시하는 것은 아닙니다. 오히려 지성 이상의 것입니다. 사도 바울은 그가 살던 시대에 가장 똑똑하고 높은 학문을 쌓은 사람들 중 하나였습니다. 이런 그가 고린도전서 2:7-8에서 말하기를 만약 이 세대의 관원이 참 지혜를 알았더라면 큰 죄악을 범하지 않았을 것이라고 했습니다. 바울은 인간에게 너무 지혜가 많다고 말하지 않았습니다. 반대로 지혜가 없다고 했습니다. 왜냐하면 만약 그들에게 참 지혜가 충분히 있었다면 그들은 예수 그리스도를 십자가에 못 박지 않았을 것이기 때문입니다.

오직 은밀한 가운데 있는 하나님의 지혜를 말하는 것으로서 곧 감추어졌던 것인데 하나님이 우리의 영광을 위하여 만세 전에 미리 정하신 것이라 이 지혜는 이 세대의 통치자들이 한 사람도 알지 못하였나니 만일 알았더라면 영광의 주를 십자가에 못 박지 아니하였으리라

(고린도전서 2:7-8)

"육에 속한 사람은 하나님의 성령의 일들을 받지 아니하나니 이는 그것들이 그에게는 어리석게 보임이요, 또 그는 그것들을 알 수도 없나니 그러한 일은 영적으로 분별되기 때문이라"(고린도전서 2:14)는 말씀에 의하면 사람은 지성으로 하나님을 발견할 수가 없고 하나님의 영을 받은 자만이 발견할 수가 있다고 합니다. 성령님이 당신의 눈과 귀와 마음을 여셔서 참 진리이신 예수님을 발견할 수 있도록 하십시오. 당신의 이성적인 편견을 버리고 하나님을 알 수 있도록 겸손히 하나님께 구하십시오. 마음을 열어 하나님의 영이 당신에게 깨닫는 은혜를 주시도록 간구하십시오. 당신의 지성을 의지하지 마십시오.

말씀 묵상

오늘 공부를 통해 은혜받거나 깨달은 말씀은 무엇입니까?

말씀 적용

그 말씀을 당신의 생활 속에서 어떻게 적용할 수 있습니까?

셋째 날: 경험! 환상! 감명!

기적의 경험보다 중요한 것은 하나님의 말씀과 뜻입니다.

요즘같이 문명이 고도로 발달한 시대에도 사람들은 무당에게 점을 치러 다니고 예언자를 찾아다닙니다. 영적인 경험이 있는 사람들에게 자신들 미래를 묻고 있는 것입니다. 이처럼 인간들은 오래 전부터 그들의 여러 가지 경험들을 토대로 종교생활을 해왔습니다. 경험을 자신들의 권위의 요소로 삼으며 그 경험을 다른 사람들에게 나누어 주기 위해 애써왔습니다. 그래서 경험을 가지지 못한 사람은 초보자 신세를 면할 수 없었으며 영적인 수준 미달자나 열등생 대우를 받았습니다. 그러나 경험으로 진리에 대한 문제를 평가하는 것은 매우 심각한 것입니다. 만일 어떤 사람이 당신에게 하나님께로부터 받은 환상을 보았다고 말한다면 그의 말이 진실인지 어떻게 알 수 있습니까? 영적인 경험에 권위의 기초를 두는 것은 아주 위험한 것입니다. 물론 말씀이 기록되기 전엔 하나님도 꿈으로 환상으로 자신의 뜻을 계시하셨습니다. 그러나 완전한 계시이신 예수님이 이 땅에 오신 뒤에는 하나님이 인간에게 자신을 계시하시기 위한 더 좋은 길을 마련하셨습니다. 예수님이 이 땅에 계시는 동안 분명하고도 확실하게 말씀을 하고 가셨기 때문입니다. 그리고 우리는 예수님이 직접 말씀하신 것을 하나님의 영으로 감동을 받은 사도들이 쓴 성경을 통해 하나님의 뜻을 분별하게 되었을 뿐만 아니라 인간들의 모든 경험들도 분별할 수 있게 된 것입니다. 당신은 좋은 예를 구약의 신명기 13:1-4에서 찾아볼 수 있습니다. 지금 찾아서 요약해 보십시오.

너희 중에 선지자나 꿈 꾸는 자가 일어나서 이적과 기사를 네게 보이고 그가 네게 말한 그 이적과 기사가 이루어지고 너희가 알지 못하던 다른 신들을 우리가 따라 섬기자고 말할지라도 너는 그 선지자나 꿈 꾸는 자의 말을 청종하지 말라 이는 너희의 하나님 여호와께서 너희가 마음을 다하고 뜻을 다하여 너희의 하나님 여호와를 사랑하는 여부를 알려 하사 너희를 시험하심이니라 너희는 너희의 하나님 여호와를 따르며 그를 경외하며 그의 명령을 지키며 그의 목소리를 청종하며 그를 섬기며 그를 의지하며
(신명기 13:1-4)

이 말씀이 주는 교훈은 분명합니다. 어떤 사람이 당신에게 이적과 기사를 보여준다 해도, 또는 그의 예언이 맞는 것같이 보인다 해도

그가 하나님을 향한 당신의 온전한 헌신과 믿음을 무너뜨리려 한다면 당신은 그의 말을 절대로 들어서는 안 됩니다. 오늘날 수많은 곳에서 이적과 기사와 여러 가지의 표적들을 자랑합니다. 그러나 마태복음 7:21 이하에 보면 비록 주의 이름으로 기적과 능력을 행한다고 하더라도 주님의 뜻대로 행하지 않고 주님을 기쁘시게 하는 열매를 맺지 않는다면 불법이라고 선언하셨습니다. 물론 기적과 이적을 행하는 것이 잘못되었다는 것은 아닙니다. 하나님은 과거에도 이런 능력을 보이셨고 현재에도 보이십니다. 그러나 분명한 것은 말씀보다도 이러한 경험적인 것들을 신앙과 믿음의 최종 권위로 삼는다면 그것은 분명 잘못된 것입니다. 오직 주의 뜻이 담긴 말씀만이 최종적인 권위가 되기 때문입니다.

나더러 주여 주여 하는 자마다 다 천국에 들어갈 것이 아니요 다만 하늘에 계신 내 아버지의 뜻대로 행하는 자라야 들어가리라 (마태복음 7:21)

또한 신명기 13:3은 경험을 믿음의 요소로 삼는 것이 왜 종종 설득력 있는 것처럼 보이는지에 대한 이유를 설명해 주고 있습니다. 그 이유가 무엇인지 적어보십시오.

너는 그 선지자나 꿈 꾸는 자의 말을 청종하지 말라 이는 너희의 하나님 여호와께서 너희가 마음을 다하고 뜻을 다하여 너희의 하나님 여호와를 사랑하는 여부를 알려 하사 너희를 시험하심이니라 (신명기 13:3)

하나님은 하나님을 향해 당신이 가지고 있는 믿음의 진실을 시험하시기 위해서 선지자나 꿈꾸는 자 혹은 기적 행하는 자를 사용하실 수도 있습니다. 그러나 그 시험이 결코 당신이 감당할 수 없을 만큼 어렵지는 않습니다. 앞으로 배우겠지만 말씀만 확실히 안다면 우리가 감당치 못할 시험은 없습니다(고린도전서 10:13).

사람이 감당할 시험 밖에는 너희가 당한 것이 없나니 오직 하나님은 미쁘사 너희가 감당하지 못할 시험 당함을 허락하지 아니하시고 시험 당할 즈음에 또한 피할 길을 내사 너희로 능히 감당하게 하시느니라 (고린도전서 10:13)

어떤 경험도 예수 그리스도와 말씀을 뛰어넘을 수는 없습니다.

자, 이제 경험을 신앙적인 권위의 요소로 삼으려는 사람들에 의해 제기되는 문제들을 다시 한 번 생각해 봅시다. 골로새서 2:18-19을 읽으십시오. 사도 바울이 특별히 언급한 문제는 무엇이었습니까? 경

아무도 꾸며낸 겸손과 천사 숭배를 이유로 너희를 정죄하지 못하게 하라 그가 그 본 것에 의지하여 그 육신의 생각을 따라 헛되이 과장하고 머리를 붙들지 아니하는지라 온 몸이 머리로 말미암아 마디와 힘줄로 공급함을 받고 연합하여 하나님이 자라게 하시므로 자라느니라 (골로새서 2:18-19)

험을 강조하는 그들은 자신들의 본 것을 의지하며 그 육체의 마음을 좇아 헛되이 과장한다고 했습니다. 골로새 교회의 어떤 사람들은 환상을 본 체험을 했습니다. 그 결과 그들은 천사숭배와 다른 그릇된 종교관습에 나머지 모든 성도들도 참여하도록 권유했습니다. 그러나 19절에 의하면 경험을 신앙의 권위로 삼은 사람들이 신앙의 근본이신 예수님을 붙들지 아니하는 실수를 했다고 말씀합니다. 인간의 어느 경험도 그리스도와 말씀을 뛰어넘을 수는 없습니다. 사도 바울은 경험을 권위로 삼고 있는 사람들에 대해 그들이 교회의 머리이신 그리스도를 굳게 붙잡고 있지 않다고 아주 강하게 말했습니다. 왜냐하면 경험은 교회 안에서 성도들을 단합하지 못하게 하는 경향이 있기 때문입니다. 도리어 경험은 사람들을 분리시킵니다. 경험을 가진 사람들이 경험을 가지지 못한 사람들을 업신여기는 경향이 있기 때문입니다. 그러나 그리스도는 "특별한 경험"을 강조하지 않으십니다. 왜냐하면 어떤 경험보다도 하나님의 말씀이 능력이기 때문입니다. 예수님이 시험을 당하실 때도 말씀으로 사탄을 물리치셨습니다.

그러므로 앞으로 만약 당신에게 말씀보다 여러 가지 신비적인 경험을 구하도록 촉구하는 사람이 있다면 주의하십시오. 교회에서 정상적으로 말씀을 배우고 그 말씀대로 살기를 추구하는 것보다 신비스러운 체험이나 경험을 좇아다니는 사람들을 주의하십시오. 하나님은 날마다 하나님과 동행하면서 얻는 축복을 당신이 경험하기를 원하십니다. 당신의 감정이나 경험보다 오직 하나님의 말씀을 의지하고 구하십시오.

말씀 묵상

오늘 말씀을 공부하고 도전받거나 느낀 점이 있으면 말해 보십시오.

말씀 적용

도전받은 내용을 당신의 삶 속에서 구체적으로 적용해 보십시오.

넷째 날: 전통!

잘못된 전통이 죽어야 믿음이 삽니다.

"이건 전통이야! 우리는 항상 이렇게 해왔어! 우리는 결코 바꿀 수 없어!"

몇 년 전에 「공자가 죽어야 나라가 산다」라는 책이 베스트셀러가 된 적이 있습니다. 500년 동안 지배했던 유교적인 전통과 사고방식이 우리나라를 망쳤다는 것입니다. 사실 그렇습니다. 좋은 전통들도 있지만 죽은 전통들이 살아있는 사람들의 발목을 잡아 망하게 합니다. 그러면 어떻게 전통들이 형성되었습니까? 전통은 과거에 어떤 사람들에 의해 특별한 교훈이나 관습, 혹은 의식이 계속 반복되도록 결정되었습니다. 그 사람들에게는 그 교훈과 관습 그리고 의식이 매우 중요했을 것입니다. 그래서 그런 전통들이 보존되어야만 했으며 결코 잊혀져서는 안 되는 것이었습니다. 그러나 많은 경우에 있어서, 교훈이나 관습 그리고 의식의 중심이 되는 깊은 의미는 사라져 버리고 단지 그 형식과 껍데기만 남았습니다. 그래서 여러 사람들에게 아무런 도움도 되지 못하는 죽어버린 형식이 되고 말았습니다. 그런 형식들은 더 이상 참된 마음으로 지켜지지 않습니다. 그 결과 전통은 그 본래의 의미를 잊어버리고 전통의 껍데기 속에 사람들만 가두어 버리고 말았습니다. 마치 감옥처럼 말입니다. 혹시 당신도 당신이 모르는 사이에 전통의 감옥에 갇혀 있지는 않았습니까?

말씀과 전통이 대결할 때 …

마태복음 15:1-9을 읽으십시오. 예수님 당시의 종교 지도자들(바리새인과 사두개인)이 왜 예수님의 제자들을 비난했습니까? 유대 율법의 전통을 깨뜨렸다고 비난했습니다. 예수님의 제자들은 식사를 하기 전에 관습으로 손을 씻는 것을 행하지 않으므로 전통을 깨뜨렸습니다. 바리새인들과 서기관들은 이것을 비난했습니다. 그러나 예수님은 그 종교 지도자들이 보다 더 중요한 문제를 알지 못하고 있다고 말씀하셨습니다. 예수님이 그들에게 그들이 범하고 있다고 꾸짖으신 것은 십계명 중 어느 계명입니까? 바로 부모를 공경하라는 계명입니다. 마태복음 15:6에서 예수님은 네 가지 권위의 요소들 중 어느 것 두 가지가 서로 대립되고 있다고 말씀하셨습니까?

____________________ 대 ____________________

성경과 전통, 이 둘이 대립될 때 당신은 그리스도인으로서 분명한 선택을 해야 합니다. 예수님이 마태복음 15:8-9에서 말씀하신 것을 자신의 말로 요약해 보십시오.

____

그 때에 바리새인과 서기관들이 예루살렘으로부터 예수께 나아와 이르되 당신의 제자들이 어찌하여 장로들의 전통을 범하나이까 떡 먹을 때에 손을 씻지 아니하나이다 대답하여 이르시되 너희는 어찌하여 너희의 전통으로 하나님의 계명을 범하느냐 하나님이 이르셨으되 네 부모를 공경하라 하시고 또 아버지나 어머니를 비방하는 자는 반드시 죽임을 당하리라 하셨거늘 너희는 이르되 누구든지 아버지에게나 어머니에게 말하기를 내가 드려 유익하게 할 것이 하나님께 드림이 되었다고 하기만 하면 그 부모를 공경할 것이 없다 하여 너희의 전통으로 하나님의 말씀을 폐하는도다 외식하는 자들아 이사야가 너희에 관하여 잘 예언하였도다 일렀으되 이 백성이 입술로는 나를 공경하되 마음은 내게서 멀도다 사람의 계명으로 교훈을 삼아 가르치니 나를 헛되이 경배하는도다 하였느니라 하시고

(마태복음 15:1-9)

그리스도인은 시대정신을 따르지 않고 예수님의 피로 시대정신을 고치는 자입니다.

어떤 사람들은 하나님을 마음으로 섬기는 대신 말로만 섬깁니다. 그들은 하나님이 주신 진리를 인간이 만든 교리로 대치시킵니다. 베드로전서 1:18-19을 읽어보십시오.

"너희가 알거니와 너희 조상이 물려 준 헛된 행실에서 대속함을 받은 것은 은이나 금 같이 없어질 것으로 된 것이 아니요 오직 흠 없고 점 없는 어린 양

같은 그리스도의 보배로운 피로 된 것이니라"

이 말씀에 의하면 전통은 우리에게 구원을 가져다주지 않습니다. 왜냐하면 전통은 마음이 아니라 외적인 표현의 문제이며, 인간의 전통이 종종 하나님의 말씀과 대립되기 때문입니다. 우리가 구원받은 것은 유전의 망령된 행실에서가 아니라 예수님의 보배로운 피로 말미암은 것입니다. 그러므로 당신이 구원받은 것은 단지 전통적인 교회의 활동에 참여했기 때문이 아니라 예수님의 피로 말미암은 것이라는 사실을 확실히 깨달아야만 합니다. 이제 당신은 종교적인 전통에 사로잡혀 있는 사람, 삶의 참된 의미를 상실하고 있는 사람, 의미 없고 헛되며 쓸데없는 전통에 매여 있는 사람들을 생각해 보십시오. 그들이 그리스도의 피로 구원받아야 될 필요를 생각해 보십시오. 그리고 당신 주변의 인물들 중에서 그런 사람들의 이름을 아래에 적어 보십시오. 그리고 이제부터 R. T. 시간에 그들을 위해 기도하십시오.

R. T.란 Relationship Time의 약자로 "하나님과 교제하는 시간"을 의미하는 약어입니다.

무엇보다도 당신은 기독교적 전통이 말씀보다 더 권위 있는 요소가 아니라는 것을 기억하십시오. 예수님의 피는 사람의 전통을 뛰어넘습니다. 오직 믿음으로 새로운 전통을 만들어가십시오. **"진정한 보수란? 변하지 말아야 할 것을 지키기 위해 변해야 할 것을 과감하게 변화시키는 것입니다"**(일본수상 오부치). 우리는 변하지 말아야 할 예수 그리스도 진리의 말씀과 복음을 지키고 전하기 위해 이 시대의 변화에 따라 바꿔야 할 전통은 과감히 버리고 고치고 변화시켜야 합니다. 그리스도인은 시대정신을 따르는 자가 아니라 시대정신을 고치는 자입니다. 그리스도의 제자는 예수 그리스도의 이름으로 세상을 변화시켜 하나님 나라로 만드는 영적인 군사입니다. 오직 말씀으로! 오직 예수님의 이름으로!

그리스도인은 시대정신을 따르는 자가 아니라 시대정신을 고치는 자입니다.

말씀 묵상

오늘 말씀을 통해 도전받거나 느낀 것은 무엇입니까? 또 지금까지 당신의 신앙생활 가운데서 의미가 상실된 채 습관적으로 껍데기만 유지되어 왔던 신앙의 전통들이 있다면 무엇인지 솔직하게 말해 보십시오.

말씀 적용

묵상한 말씀을 당신의 삶에서 어떻게 구체적으로 적용할 것인지 말해 보십시오.

다섯째 날: 지성! 경험! 전통!

진짜 같은 거짓말들

지성, 경험, 전통…… 이런 것들이 단독으로 또는 함께 어울려 여러분이 결정하도록 하는 권위의 요소를 이루고 있을 때 하나님으로부터 오는 진리를 깨달을 수 없고 결국 최선의 길을 걷지 못하게 됩니다. 이 모든 것은 인간적인 결과이며 산물입니다. 이것들은 결국 모든 사람을 막다른 골목으로 인도할 뿐입니다. 그리고 "모든 종교는 다 같은 하나님께로 인도한다"는 말은 터무니없는 거짓말입니다. 그렇게 말하는 사람 치고 "모든 종교"를 다 공부한 사람은 하나도 없습니다. 왜냐하면 어떤 종교는 "전능하신 존재"를 무시하고 있고, 또 "전능하신 하나님"을 배웠다면 다른 종교를 인정할 수 없기 때문입니다. 사도행전 4:12을 읽고 요약해 보십시오.

다른 이로써는 구원을 받을 수 없나니 천하 사람 중에 구원을 받을 만한 다른 이름을 우리에게 주신 일이 없음이라 하였더라
(사도행전 4:12)

많은 사람이 자신이 믿고 있는 그럴 듯한 많은 이야기들을 하며 신앙이 깊지 않은 사람들의 믿음을 흔들 것입니다. 그러나 그들을 주의 깊게 살펴보십시오. 인간의 생각이 진리에 대한 최종적인 판단기준이 될 수 없습니다. 혹 그들이 경험에 근거하고 있는 것은 아닌지 살펴보십시오. 인간의 활동이 진리의 최종적인 권위가 될 수는 없습니다. 혹 그들이 전통에 근거하고 있지는 않습니까? 인간의 지나간 지성과 경험이 현재의 것보다 더 믿을 만한 것은 아닙니다. 이것들은 모두 진짜 같은 거짓말들입니다.

디모데전서 1:3-7을 읽으십시오. 4절에 의하면, 인간이 만든 교훈은 무엇으로 이끈다고 했습니까?

내가 마게도냐로 갈 때에 너를 권하여 에베소에 머물라 한 것은 어떤 사람들을 명하여 다른 교훈을 가르치지 말며 신화와 끝없는 족보에 몰두하지 말게 하려 함이라 이런 것은 믿음 안에 있는 하나님의 경륜을 이룸보다 도리어 변론을 내는 것이라 이 교훈의 목적은 청결한 마음과 선한 양심과 거짓이 없는 믿음에서 나오는 사랑이거늘 사람들이 이에서 벗어나 헛된 말에 빠져 율법의 선생이 되려 하나 자기가 말하는 것이나 자기가 확증하는 것도 깨닫지 못하는도다
(디모데전서 1:3-7)

진짜와 가짜의 차이를 구별하십시오.

인간이 만든 교훈은 그리스도인 당신을 강하게 하기는커녕 의문과 변론과 헛된 논쟁을 일으킬 뿐입니다. 반면에 하나님으로 말미암는 참된 교훈은 무엇으로 인도합니까? 디모데전서 1:5을 읽고 대답해 보십시오.

"이 교훈의 목적은 청결한 마음과 선한 양심과 거짓이 없는 (   )에서 나오는 (   )이거늘"

7절을 보십시오. 여기에 무엇의 선생이 되었기에 그릇된 선생이라고 말합니까? 율법의 선생이 되었기에 그릇된 선생이라고 말합니다. "율법의 선생"은 잘못되었음에도 불구하고 신약시대에 존경받는 위치에 있었습니다. 마찬가지로 오늘날도 부적당한 권위들을 가르침으로 존경과 영광을 받기 원하는 사람들이 많이 있습니다.

디모데전서 6:20-21을 읽으십시오. 사도 바울은 젊은 동역자 디모데에게 하나님으로 말미암은 진리를 어떻게 하라고 말했습니까?

바울은 디모데에게 그릇된 거짓교사들과 변론하지 말라고 부탁을 했습니다. 오늘날 어떤 기독교인들은 잘못된 사람들과 변론을 합니다. 그러나 사도 바울은 잘못된 그들에게 몇 번 권고해서 듣지 않거든 변론하지 말라고 합니다. 이들은 진리를 찾는 사람들이 아니기 때문입니다. 디모데후서 2:15-19에는 디모데에 대한 바울의 훈계가 좀 더 자세히 기록이 되어 있습니다. 15절에 언급된 것은 네 가지 권위의 요소들 중 어떤 것입니까? 바로 지성입니다. 사도 바울과 함께 일했던 후메내오와 빌레도도 성경진리를 떠나 다른 권위의 요소를 따라가 버렸습니다. 그리고 16-18절을 통해서 볼 때 그것은 바로

디모데야 망령되고 헛된 말과 거짓된 지식의 반론을 피함으로 네게 부탁한 것을 지키라 이것을 따르는 사람들이 있어 믿음에서 벗어났느니라 은혜가 너희와 함께 있을지어다
(디모데전서 6:20-21)

너는 진리의 말씀을 옳게 분별하며 부끄러울 것이 없는 일꾼으로 인정된 자로 자신을 하나님 앞에 드리기를 힘쓰라 망령되고 헛된 말을 버리라 그들은 경건하지 아니함에 점점 나아가나니 그들의 말은 악성 종양이 퍼져나감과 같은데 그 중에 후메내오와 빌레도가 있느니라 진리에 관하여는 그들이 그릇되었도다 부활이 이미 지나갔다 함으로 어떤 사람들의 믿음을 무너뜨리느니라 그러나 하나님의 견고한 터는 섰으니 인침이 있어 일렀으되 주께서 자기 백성을 아신다 하며 또 주의 이름을 부르는 자마다 불의에서 떠날지어다 하였느니라
(디모데후서 2:15-19)

그들의 지성 때문이었습니다. 말씀보다는 오히려 자신들의 이성을 더 신뢰했던 것입니다. 그들의 영향으로 어떤 사람들의 믿음이 무너진 것 같습니다(디모데후서 2:18). 그러나 그럼에도 불구하고 참된 교훈의 터는 여전히 서 있는 것을 알 수 있습니다(디모데후서2:19).

비록 여러 가지의 거짓되고 잘못된 권위들이 사람들을 믿음에서 떠나도록 유혹하지만 참된 권위인 성경말씀은 모든 사람이 신뢰하고 성장하도록 돕는 유일한 권위가 됩니다. 다음 주간에는 바로 이 참되고 유일한 권위인 성경에 대하여 배우도록 하겠습니다. 말씀만이 우리가 믿고 신뢰할 수 있는 삶의 유일한 길라잡이이기 때문입니다.

말씀 묵상

당신이 가장 신뢰하고 있었던 권위의 요소는 세 가지 중 어떤 것이었으며, 그 이유는 무엇이었습니까? 이번 주 말씀을 공부하면서 당신이 느끼거나 배운 것을 말해 보십시오.

말씀 적용

묵상한 말씀을 앞으로 당신의 삶에서 구체적으로 적용한다면 어떻게 하겠습니까?

3단원 인생 길라잡이 : 성경

3단원 암송구절: 디모데후서 3:16-17, 베드로후서 1:20-21

인생 길라잡이 : 성경

첫째 날: 기적의 책 - 거룩한 성경

성경은 사실입니다.

지난주 우리는 세 가지 허상의 껍데기들에 대하여 배웠습니다. 이번 주는 우리가 유일하게 신뢰할 수 있는 참된 인생의 길라잡이인 성경에 대하여 집중적으로 배우게 될 것입니다. 사실 우리가 성경에 대하여 많이 알고 배우는 것은 대단히 중요합니다. 왜냐하면 우리 그리스도인들의 신앙의 근본은 성경이며, 이 성경을 근거로 해서 우리의 믿음이 세워진 것이기 때문입니다. 따라서 성경이 확실하지 않으면 성경에 근거한 우리의 믿음도 불완전한 것이며 우리는 여전히 의심 가운데 있을 수밖에 없습니다. 그러므로 성경의 권위가 우리 안에 확실하게 인정이 된다면 우리의 이성과 경험과 전통이 주는 교훈과는 관계없이 성경말씀대로 믿어야 하며 성경말씀대로 살아야 합니다.

먼저 고린도전서 15:3-7을 읽으십시오. 바울은 예수 그리스도의

모든 성경은 하나님의 감동으로 된 것으로 교훈과 책망과 바르게 함과 의로 교육하기에 유익하니 이는 하나님의 사람으로 온전하게 하며 모든 선한 일을 행할 능력을 갖추게 하려 함이라

(디모데후서 3:16-17)

먼저 알 것은 성경의 모든 예언은 사사로이 풀 것이 아니니 예언은 언제든지 사람의 뜻으로 낸 것이 아니요 오직 성령의 감동하심을 받은 사람들이 하나님께 받아 말한 것임이라

(베드로후서 1:20-21)

내가 받은 것을 먼저 너희에게 전하였노니 이는 성경대로 그리스도께서 우리 죄를 위하여 죽으시고 장사 지낸 바 되셨다가 성경대로 사흘 만에 다시 살아나사 게바에게 보이시고 후에 열두 제자에게와 그 후에 오백여 형제에게 일시에 보이셨나니 그 중에 지금까지 대다수는 살아 있고 어떤 사람은 잠들었으며 그 후에 야고보에게 보이셨으며 그 후에 모든 사도에게와

(고린도전서 15:3-7)

죽음과 돌아가심, 그리고 부활을 이야기하면서 두 번씩이나 근거가 되는 권위를 언급했습니다. 무슨 권위의 요소를 말했습니까? 찾아서 써보십시오.

성경만이 유일한 권위입니다.

누구보다도 여러 가지 기적과 능력을 행하며, 환상을 보며, 지식과 이성의 능력이 탁월했던 바울도 그런 것에 권위를 두지 않고 오직 성경에 권위를 두었던 것을 알 수 있습니다. 왜냐하면 성경이야말로 그리스도인들에게 유일하며 참된 권위가 되기 때문입니다. 디모데후서 3:14-17을 읽으십시오. 먼저 15절을 보십시오. 디모데는 언제부터 성경을 배웠습니까? 어려서부터였습니다. 어려서부터 성경을 배웠기 때문에 디모데는 성경이 그에게 무엇을 줄 수 있음을 알았습니까?

그러나 너는 배우고 확신한 일에 거하라 너는 네가 누구에게서 배운 것을 알며 또 어려서부터 성경을 알았나니 성경은 능히 너로 하여금 그리스도 예수 안에 있는 믿음으로 말미암아 구원에 이르는 지혜가 있게 하느니라 모든 성경은 하나님의 감동으로 된 것으로 교훈과 책망과 바르게 함과 의로 교육하기에 유익하니 이는 하나님의 사람으로 온전하게 하며 모든 선한 일을 행할 능력을 갖추게 하려 함이라
(디모데후서 3:14-17)

그러면 당신은 "믿음으로 말미암아 구원에 이르도록" 알게 해주는 것이 성경 외에 다른 책에 있다고 생각하십니까? 물론 없습니다. 그래서 디모데후서 3:14에 보면 사도 바울은 젊은 디모데에게 어디에 거하라고 말했습니까?

그러면 당신은 배우는 것과 확신하는 것의 차이는 무엇이라고 생각하십니까? 말 그대로 배우는 것은 정말로 그런가 하여 말씀을 연구하고 공부하는 것을 말합니다. 그러나 확신하는 것은 그 말씀이 사실임을 믿고 그대로 사는 것을 의미합니다. 확신한다고 하면서도 그 말씀대로 살지 못하는 것은 사실 믿지 않는다는 말입니다.

여기에 한 가지 재미있는 이야기가 있습니다. 어떤 사람이 그랜드 캐니언에 구경을 갔습니다. 너무나 놀라운 하나님의 창조 솜씨를 감탄 하다가 그만 미끄러져서 아래로 떨어졌습니다. 한참을 떨어지다가 간신히 나뭇가지를 잡고서 매달렸습니다. 밑은 낭떠러지라 떨어지면 틀림없이 죽을 수밖에 없었습니다. 그래서 소리쳤습니다. "사람 살려요. 누구 그 위에 아무도 없습니까?" 그런데 갑자기 하나님의 음성이 들렸습니다. "난 하나님이다. 넌 나를 믿느냐?" 그러자 나뭇가지를 붙잡고 있는 그 사람이 말했습니다. "믿고 말고요. 하나님, 저 좀 살려주세요!" 그러자 하나님이 이렇게 말씀하셨습니다. "네가 잡고 있는 그 나뭇가지를 놓아라. 그러면 내가 너를 살려주겠다." 그러자 그 사람은 다시 외쳤습니다. "거기 그 위에 누구 다른 사람 없습니까?"

이 이야기를 통해 당신은 무엇을 느꼈습니까? 그 사람은 하나님을 믿는다고 하면서도 하나님의 말씀을 신뢰하며 확신하지 못했습니다. 사실 얼마나 많은 사람이 이 같은 믿음의 삶을 살고 있습니까? 어떤 사람들은 하나님을 믿는다고 하면서도 하나님의 말씀을 배울 생각조차 하지 않습니다. 도대체 무엇을 알고서 하나님을 믿는다고 하는지 모르겠습니다. 참으로 대단한(?) 사람들입니다. 하나님은 우리가 모르고 믿는 것을 원하지 않으시고 알고 확실하게 믿는 것을 원하십니다. 그리고 배운 다음에 이 말씀을 확신하고 그 믿음의 확신 가운데서 살기를 원하십니다. 그래서 디모데후서 3:14에 보면 사도 바울은 배우고 확실한 일에 거하라고 권면합니다. 베뢰아 사람들은 어떻게 했습니까? 사도행전 17:11을 읽고 적어보십시오.

베뢰아에 있는 사람들은 데살로니가에 있는 사람들보다 더 너그러워서 간절한 마음으로 말씀을 받고 이것이 그러한가 하여 날마다 성경을 상고하므로
(사도행전 17:11)

____

____

그러면 우리는 확신 가운데 살기 위해서 어떻게 해야 합니까? 먼저 확신의 근거가 되는 성경에 대하여 알아야만 합니다. 성경이 어떤 책

인지를 확실히 알아야 성경에 모든 권위를 두고 성경말씀을 확신하며 살 수가 있습니다.

위대한 책 성경이 만들어진 과정

성경은 약 1,500년간 40여 명의 저자들에 의해서 쓰여진 책입니다. 크게 나누어 예수님 전의 책을 구약이라고 하고, 예수님 후의 책을 신약이라고 하는데 구약 39권, 신약 27권 총 66권으로 되어 있습니다. 구약은 역사를 통해 계속 사람들에게 말과 혹은 문서로 내려오다가 주전 5세기경에 모세 오경이 그리고 선지서와 문학서는 주전 2세기경에 각각 정경으로 확립되었습니다. 신약은 초기 예수님의 제자들과 사도들이 살아 있을 때에는 그 내용들이 말로 전해져 내려오다가 주후 4세기경에 지금의 성경이 정경으로 채택되었습니다. 이 성경은 많은 것 중에서 골라서 결정한 것이 아니라 처음부터 성경으로 사용되던 것을 공식적으로 인정한 것입니다.

신구약 성경을 쓴 사람들의 직업을 보면 왕, 어부, 세관원, 선지자, 의사, 예수님의 제자, 민족지도자, 포로, 농부 등 각계각층입니다. 그리고 성경이 쓰여진 기간은 이들 성경 저자들이 살았던 주전 1300여 년 전부터 주후 70년까지 약 1,500년 정도의 기간에 걸쳐서 쓰여졌습니다. 또한 구약은 히브리어, 신약은 헬라어 그리고 약간은 아람어 등 세 언어로 쓰여졌습니다.

그러므로 이렇게 오랫동안 다른 시대와 환경 속에서, 그리고 다른 언어로, 다양한 직업을 가진 사람들이 썼는데도 한 권으로 만들어지고, 또 그 내용이 한 가지 주제를 말하는 것은 하나님만이 하실 수 있는 기적입니다. 그리고 또 이렇게 쓰여진 성경책이 없어지지 않고 쓰여진 뒤 2,000년이 지난 지금까지 존재하는 것 자체가 성경에 말씀하신 하나님은 살아계시며 그분의 말씀인 성경은 진리요, 기적임을 증거하는 것입니다. 역사상 최고의 베스트셀러 또한 성경입니다. 프랑스 철학자 볼테르는 자기가 살던 시대에 성경은 앞으로 70년 뒤에 없어질 것이라고 예언했습니다. 그러나 아이러니하게도 그의 집은 후에 성경을 발행하는 성서공회가 되었습니다. 그러므로 오히려 성경책을 부인하는 자가 어리석은 자입니다. 성경은 진리이며 사실이기에, 지구 역사상 가장 많이 읽히고 가장 많은 사람들에게 영향력을 주었으며 가장 많은 사람들에게 팔리게 된 것입니다.

위에서 말한 대로 성경의 저자는 사람들입니다. 그러면 그들의 마음대로 성경을 썼을까요? 베드로후서 1:21을 찾아보십시오. 뭐라고 되어 있습니까? "오직 성령의 감동하심을 받은 사람들이 하나님께 받아 말한 것임이라"고 되어 있습니다. 디모데후서 3:16을 찾아 읽어보십시오. 이 구절은 당신이 이번 주 동안 외워야 할 암송구절입니다. 여기에서 성경은 어떻게 쓰여졌다고 말합니까?

예언은 언제든지 사람의 뜻으로 낸 것이 아니요 오직 성령의 감동하심을 받은 사람들이 하나님께 받아 말한 것임이라
(베드로후서 1:21)

모든 성경은 하나님의 감동으로 된 것으로 교훈과 책망과 바르게 함과 의로 교육하기에 유익하니
(디모데후서 3:16)

하나님의 감동으로 쓰여진 책 성경

그러면 당신은 성경을 묘사할 때 쓰인 "감동"이라는 말의 의미를 알고 있습니까? 영어로 "감동"(Inspiration)이라는 말은 "호흡"(Respiration)이라는 말과 어원이 같습니다. 호흡이란 "숨을 쉬는 것, 숨을 부여받은 것"이라는 의미입니다. 이렇게 볼 때 감동이라는 말은 숨이 불어넣어진 혹은 숨을 들이마신 상태를 의미합니다. 디모데후서 3:16을 볼 때 "감동"이란 "하나님의 숨이 깃들여진'(God-breathed)이라는 뜻을 지닙니다. 다시 말하면, 성경은 하나님의 직접적인 작품이라는 것을 알 수 있습니다. 하나님은 자신의 진리를 성경책 기록자들의 마음에 불어넣어 주셨습니다. 그래서 하나님의 뜻대

로 감동이 되어서 기록한 것입니다. 그렇기 때문에 성경은 하나님의 의도대로 인간이 구원받아야 할 이유와 방법에 대해서 일관성 있게 말씀해 주고 있습니다. 성경은 단지 진리를 포함하고 있는 책이 아닙니다. 성경 자체가 진리입니다. 성경은 하나님의 진리를 담고 있는 최고의 책입니다. 다른 모든 권위의 요소들이 당신에게 도움이 될지는 몰라도 (그것이 지성이든, 경험이든 혹 전통이든 간에) 그것은 본질적인 것이 아닙니다. 이 모든 요소들은 항상 성경의 권위 아래 종속되어야만 합니다. 성경만이 유일한 삶의 기준이고 표준이기 때문입니다.

디모데는 어렸을 때부터 성경을 공부했습니다. 당신은 아마도 어려서부터 지금까지 성경을 공부하지 않았을지도 모릅니다. 그러나 오늘보다 더 빨리 공부를 시작할 수는 없습니다. 당신의 남은 여생 동안을 하나님의 거룩하신 성경말씀을 읽고 공부하며 확신 가운데 거하도록 삶을 재조정하지 않겠습니까? 기억하십시오. 하루에 성경을 세 장만 읽으면 1년에 신구약 성경을 한 번 통독할 수 있습니다. 신구약 성경은 모두 66권에 1,189장입니다.

말씀 묵상

오늘 공부한 내용 중 그랜드캐니언 이야기 속에서 그 사람이 하나님의 말씀을 외면하고 다른 사람의 도움을 구하는 것을 볼 때 그 사람에게 있어서 문제점은 무엇인지 그 이유를 좀 더 깊이 생각해보십시오. 그리고 당신도 그 사람과 같이 하나님의 말씀을 확신하지 못한 채 예수님을 믿고 있다면 그 이유는 무엇인지 말해 보십시오.

당신이 생각하는 성경책에 대한 정의와 평가를 말해 보십시오. 성경은 당신에게 어떤 책입니까?

말씀 적용

오늘 공부를 통해 깨달은 말씀을 가지고 당신의 삶 속에서 어떻게 구체적으로 적용할 것인지 말해 보십시오.

둘째 날: 놀라운 책 – 거룩한 성경

베들레헴 에브라다야 너는 유다 족속 중에 작을지라도 이스라엘을 다스릴 자가 네게서 내게로 나올 것이라 그의 근본은 상고에, 영원에 있느니라

(미가서 5:2)

헤롯 왕 때에 예수께서 유대 베들레헴에서 나시매 동방으로부터 박사들이 예루살렘에 이르러 말하되 유대인의 왕으로 나신 이가 어디 계시냐 우리가 동방에서 그의 별을 보고 그에게 경배하러 왔노라 하니 헤롯 왕과 온 예루살렘이 듣고 소동한지라 왕이 모든 대제사장과 백성의 서기관들을 모아 그리스도가 어디서 나겠느냐 물으니 이르되 유대 베들레헴이오니 이는 선지자로 이렇게 기록된 바 또 유대 땅 베들레헴아 너는 유대 고을 중에서 가장 작지 아니하도다 네게서 한 다스리는 자가 나와서 내 백성 이스라엘의 목자가 되리라

(마태복음 2:1-6)

그가 찔림은 우리의 허물 때문이요 그가 상함은 우리의 죄악 때문이라 그가 징계를 받으므로 우리는 평화를 누리고 그가 채찍에 맞으므로 우리는 나음을 받았도다 (이사야 53:5)

그가 곤욕을 당하여 괴로울 때에도 그의 입을 열지 아니하였음이여 마치 도수장으로 끌려 가는 어린 양과 털 깎는 자 앞에서 잠잠한 양 같이 그의 입을 열지 아니하였도다 (이사야 53:7)

그는 강포를 행하지 아니하였고 그의 입에 거짓이 없었으나 그의 무덤이 악인들과 함께 있었으며 그가 죽은 후에 부자와 함께 있었도다 (이사야 53:9)

예언의 책 성경

성경! 그것은 놀라운 책입니다. 성경에는 기록자가 그것을 기록할 때 아직 일어나지 않은 일들에 대하여 말한 것이 거의 대부분입니다. 왕들과 왕국의 장래에 대한 예언들, 예수 그리스도의 탄생과 죽음 그리고 사역 등 이 모든 것이 성경의 구석구석에서 발견됩니다. 예를 들면, 미가서 5:2에서 선지자 미가(예수님이 탄생하시기 740년 전의 사람)는 예수님이 이스라엘의 베들레헴에서 태어나신다고 예언했습니다. 그리고 마태복음 2:1-6에 보면, 예수님은 이 예언대로 정확히 베들레헴에서 태어나셨습니다. 예수님의 어머니 마리아는 나사렛에서 살고 있었습니다. 로마 황제의 명령에 따라 그녀는 베들레헴까지 여행을 했고 바로 그곳에서 예수님이 태어나셨습니다. 마리아가 예수님을 임신하셨을 때조차도 그런 일이 일어나리라고는 생각하지 못했습니다.

그러면 놀라운 예언의 말씀인 이사야 53:5, 7, 9을 읽어보십시오. 그리고 그것을 신약의 구절들과 연결해 보십시오. 당신은 이렇게 해본 후에 아마도 깊은 감동과 확신을 더하게 될 것입니다. 편의상 제가 이사야 53:5, 7, 9을 다음과 같이 나누겠습니다. 해당 번호를 신약의 구절들 앞의 괄호 안에 넣어보십시오.

1. 그가 찔림은 우리의 허물 때문이요
2. 그가 상함은 우리의 죄악 때문이라
3. 그가 징계를 받으므로 우리는 평화를 누리고
4. 그가 채찍에 맞으므로 우리가 나음을 받았도다
5. 그가 곤욕을 당하여 괴로울 때에도

6. 그의 입을 열지 아니하였음이여
7. 그는 강포를 행하지 아니하였고
8. 그의 입에 거짓이 없었으나
9. 그의 무덤이……부자와 함께 있었도다

신약의 구절들을 읽고 그 앞의 빈칸에 위의 이사야 구절들과 비교하여 해당 번호를 써넣으십시오. 이것을 통해 예수님의 고난, 십자가의 죽음 그리고 장사 등에 대한 예언이 얼마나 정확하게 이루어졌는지 보십시오. 한 구절씩 찾아서 비교해 보면서 그 모든 고난은 바로 당신 때문이라는 것을 기억하십시오.

1.( ) 요한복음 19:34　5.( ) 요한복음 20:25-27
2.( ) 요한복음 19:1　6.( ) 마태복음 27:28-31
3.( ) 마태복음 27:14　7.( ) 마태복음 27:38-44
4.( ) 마태복음 27:57-60　8.( ) 요한복음 19:4

해답을 맞추어보십시오. 1=1, 2=4, 3=6, 4=9, 5=3, 6=2, 7=5, 8=7

이사야 53장의 말씀이 예수님 탄생 수백 년 전에 쓰여졌다는 것이 놀랍지 않습니까? 그 당시 사람들에게는 십자가 처형 방법이 전혀 알려져 있지 않았습니다. 그런데도 예수님의 수난에 대하여 너무나 자세하고 정확하게 예언을 했습니다. "그의 무덤이 부자와 함께"(예수님을 장사지낸 부자 아리마대 요셉의 무덤에) 장사 될 것까지 어떻게 알았겠습니까? 하나님의 성령이 아니시고는 선지자에게 이런 사실들을 알려주실 분이 어디 있겠습니까? 어쩌면 당신은 이런 성경구절이 오래된 것이라고 믿지 못할지도 모르겠습니다. 자! 그럼 현대에 이루어진 말씀을 한번 찾아볼까요? 구약의 에스겔 38:21-22, 39:28 등 많은 구절에서 흩어진 이스라엘 민족들이 다시 돌아와 나라를 회복하리라고 예언하는데 1946년 전까지는 누구도 이 사실을 믿지 않

주 여호와의 말씀이니라 내가 내 모든 산 중에서 그를 칠 칼을 부르리니 각 사람이 칼로 그 형제를 칠 것이며 내가 또 전염병과 피로 그를 심판하며 쏟아지는 폭우와 큰 우박덩이와 불과 유황으로 그와 그 모든 무리와 그와 함께 있는 많은 백성에게 비를 내리듯 하리라 (에스겔 38:21-22)

전에는 내가 그들이 사로잡혀 여러 나라에 이르게 하였거니와 후에는 내가 그들을 모아 고국 땅으로 돌아오게 하고 그 한 사람도 이방에 남기지 아니하리니 그들이 내가 여호와 자기들의 하나님인 줄을 알리라
(에스겔 39:28)

았습니다. 그러나 성경대로 이스라엘은 약 1,900년 만에 다시 돌아와 나라를 건설했습니다. 그리고 이것은 주님이 다시 재림하시는 징조가 될 것이라고 예수님이 직접 말씀하고 계십니다. 그러면 당신은 이 놀라운 책, 성경에 대하여 얼마나 알고 계십니까? 좀 더 공부해야 할 필요를 느끼지 않습니까? 둘째 날 끝에 나와 있는 몇 개의 질문들에 답해 보십시오.

성경은 반드시 이루어집니다.

내 아버지 집에 거할 곳이 많도다 그렇지 않으면 너희에게 일렀으리라 내가 너희를 위하여 거처를 예비하러 가노니 가서 너희를 위하여 거처를 예비하면 내가 다시 와서 너희를 내게로 영접하여 나 있는 곳에 너희도 있게 하리라 (요한복음 14:2-3)

요한복음 14:2-3을 읽으십시오. 우리 주님이 장래의 일을 말씀하신 것입니다. 예수님의 이 예언은 두 가지 사실을 포함하고 있습니다. 무엇인지 적어보십시오.

1) ______________________________

2) ______________________________

당신은 이 예언이 장차 이루어질 약속이라고 어떻게 믿을 수 있습니까? 물론 지금까지 성경의 예언이 다 이루어졌기 때문입니다. 하나라도 예언이 맞지 않은 것이 없습니다. 그래서 위의 두 가지 예언도 이루어질 것이라는 확신을 가질 수 있습니다. 성경은 예언의 책입니다. 하나님이 성경의 모든 예언들을 하나도 남김없이 정확하게 다 이루십니다. 하나님의 말씀은 정말로 놀랍습니다. 말씀을 믿고 그 말씀대로 사십시오. 세상적인 사고방식으로 이해를 해도 성경을 반드시 믿어야 합니다. 만일 하나님이 세상을 심판하실 것이고, 믿는 자는 천국에 가게 되고, 믿지 않는 자는 지옥에 가게 된다는 성경의 말씀이 사실이라면 그 사실을 믿은 자는 탁월한 선택을 한 지혜로운 사람이지만, 믿지 않는 자는 정말로 어리석은 사람입니다. 그의 전 인생을 멸망으로 몰아넣은 것이기 때문입니다. 그러나 만일 성경에 쓰여 있는 것이 사실이 아니어서 천국과 지옥이 없어도 그렇게 믿는 우리는 아무런 손해가 없습니다. 이 땅을 사는 동안 그 소망 때문에 즐겁고 죽음에 대한 불안감 없이 희망 속에 살았으니 오히려 유익한 삶을 살았다고 할 수 있을 것입니다. 그러나 그 사실을 믿지 않고 살았던 자는 죽은 후에 아무것도 잃을 것은 없을지 모르나 이 땅을 사는 동안 늘 죽음의 불안과 두려움 속에서 살았기에 그 시간을 손해본 것입니다. 그러므로 이렇게 상식적으로 생각을 해보아도 성경의 예언과 말씀을 믿고서 성경대로 사는 것이 정말로 지혜롭고 탁월한 선택임을 알 수 있습니다. 그러면 이 놀라운 성경책이 어떻게 구성되었는지 공부해 봅시다.

아래의 질문들에 대한 대답을 적어보십시오.

1. 모세에 의해 쓰여 진 다섯 권의 책 모세 오경은 무엇입니까?
   (구약의 맨 처음 다섯 권)

2. 하나님이 자기가 택하신 이스라엘과 그 백성을 다루신 역사를 기록한 역사서는 무엇입니까? (모세오경 다음의 열두 권)

3. 하나님의 위대하심과 인간을 다루시는 하나님을 시와 노래로 묘사한 시문학서는 무엇입니까? (역사서 다음의 다섯 권)

4. 예언의 분량이 많아 대예언서라고 불리며 주전 750-550년경에 쓰여진 다섯 권의 책은 무엇입니까? (시문학서 다음의 다섯 권)

5. 구약의 마지막 열두 권으로 소예언서라고 불리며 주전 750-400년경에 쓰여진 것은 무엇입니까?

6. 사복음서라고 하며 예수님의 생애와 사역에 대하여 기록한 네 권의 책은 무엇입니까?

7. 예수님의 부활 후 초대교회의 역사를 다룬 책은 사도행전입니다. 그러면 서신서라고 불리는 그 뒤의 책들은 무엇이 있으며 몇 권이나 됩니까?

8. 앞으로 될 일들에 대한 일을 기록한 신약의 마지막 책은 무엇입니까?

말씀 묵상

오늘 공부를 통해 은혜받거나 깨달은 내용을 말해 보십시오.

말씀 적용

구약과 신약의 책 목록과 순서를 외워보십시오.
(성경의 맨 앞장에 있습니다.)

셋째 날: 구원의 책 – 거룩한 성경

성경은 생명을 주는 기적의 책입니다.

성경은 단순한 책이 아닙니다. 그것은 단지 그리스도인들에게 교양과 지식을 더하기 위하여 주어진 도덕책이 아닙니다. 성경은 사람들에게 생명을 주기 위해서 기록되었습니다. 요한복음 20:31을 읽고 성경이 기록된 목적을 써보십시오.

오직 이것을 기록함은 너희로 예수께서 하나님의 아들 그리스도이심을 믿게 하려 함이요 또 너희로 믿고 그 이름을 힘입어 생명을 얻게 하려 함이니라 (요한복음 20:31)

성경이 기록된 목적은 예수님이 하나님의 아들 그리스도이심을 믿게 하려 함이요, 또 그 이름을 힘입어 생명을 얻게 하려 함입니다. 그러므로 성경은 인간을 구원하고 생명을 얻게 하는 데 있어서 유일하며, 인생의 참된 권위가 되는 놀라운 책입니다. 왜냐하면 하나님의 감동으로 되었기 때문입니다. 또한 성경은 인간의 생각으로 된 것이 아니라 하나님이 말씀하신 것이기에 인간의 믿음과 행위에 있어서 최종적인 표준이 되며, 신뢰할 만한 참된 권위가 됩니다. 그래서 성경의 외적인 요소, 즉 역사, 저자, 연대를 아는 것보다 더 중요한 것은 내적인 요소, 즉 하나님이 성경을 우리에게 주신 목적과 의도를 파악하는 일입니다. 구약성경은 여러 가지의 목적을 위해서 쓰여졌습니다. 그러나 요한복음 5:39에서 예수님은 바리새인들에게 구약이 누구를 증거한다고 말씀하십니까?

너희가 성경에서 영생을 얻는 줄 생각하고 성경을 연구하거니와 이 성경이 곧 내게 대하여 증언하는 것이니라 (요한복음 5:39)

구약은 그리스도를 증거하는 것입니다. 구약의 모든 것이 메시아 즉 그리스도를 향해서 초점이 맞춰져 있습니다. 그리고 신약은 바로 그 예수님을 통한 구원과 생명에 대해서 알게 하는 것입니다. 다시 말하면 **구약은 예수 그리스도를 향하는 것이고, 신약은 예수 그리스도부터 시작하는 것입니다.** 신구약 성경은 모두 예수 그리스도와 그를 통한 전 인류 구원에 대한 하나님의 계획을 증거하고 있습니다. 이 얼마나 놀랍습니까? 1,500년 동안, 직업이 다른 40여 명의 사람들에 의해, 세 나라 언어로, 다른 장소에서, 이 동일한 한 가지 주제를 가지고 쓰여졌다는 것이 신기하지 않습니까? 그래서 성경은 기적의 책입니다.

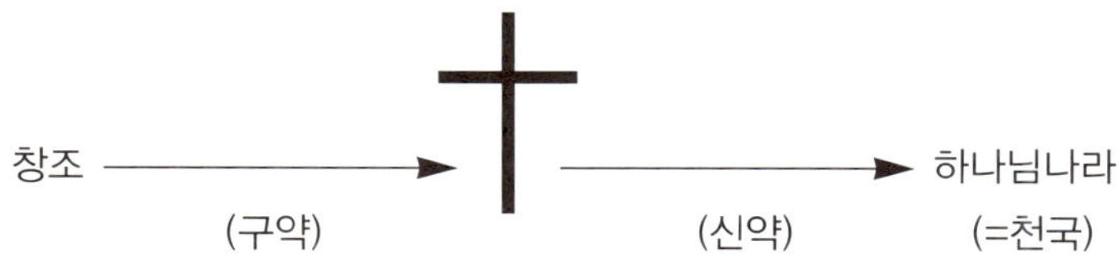

성경의 네 가지 유익

디모데후서 3:16-17을 찾아보십시오. 16절에서 성경은 우리가 무엇을 하기에 유익하다고 설명하고 있습니까? 네 가지 사실을 써보십시오.

모든 성경은 하나님의 감동으로 된 것으로 교훈과 책망과 바르게 함과 의로 교육하기에 유익하니 이는 하나님의 사람으로 온전하게 하며 모든 선한 일을 행할 능력을 갖추게 하려 함이라
(디모데후서 3:16-17)

1) ____________________ 2) ____________________
3) ____________________ 4) ____________________

성경은 우리에게 하나님의 의도대로 살도록 **"교훈"** 합니다. 그리고 우리가 하나님의 교훈대로 살지 못할 때 여러 가지 방법을 통하여 하나님의 교훈대로 살도록 **"책망"** 합니다. 그래서 하나님이 구원하신 계획대로 살도록 **"바르게"** 잡아줍니다. 또한 계속적으로 하나님의 자녀처럼 살아갈 수 있도록 **"의로 교육"** 합니다. 따라서 우리가 성경 말씀의 영적인 가르침을 따라 살 때 정결하며 온전한 삶을 살 수 있습니다. 그리고 마귀와의 싸움에서 승리할 수 있는 영적인 힘을 소유

할 수 있을 뿐 아니라 영적인 건강을 유지하게 됩니다. 그래서 말씀은 신자가 성령 충만한 삶을 살 수 있도록 하는 비결이며, 성령 충만한 자는 또한 말씀을 사모하게 되는 것입니다. 그러므로 우리는 항상 말씀을 가까이함으로 하나님의 뜻대로 살도록 힘써야만 합니다.

성경의 두 가지 목적

그러면 디모데후서 3:16의 말씀처럼 하나님이 성경을 통하여 우리를 교훈하며, 책망하고, 바르게 하며, 의로 교육하시는 목적은 무엇입니까? 디모데후서 3:17을 한번 외워보십시오.(아직도 못 외웠다면 서둘러 외우십시오.) 그리고 그 가운데에 있는 두 가지 목적을 찾아서 써보십시오.

"이는 하나님의 사람으로 ( ) 하며 모든 ( )한 일을 행할 능력을 갖추게 하려 함이라."

위의 네 가지 방법을 통하여 우리를 훈련하시는 하나님의 목적과 의도는 우리가 하나님의 자녀답게 온전하게 하기 위함이며, 또한 선한 일을 행할 능력을 갖추게 하기 위해서입니다. 그러면 하나님의 사람으로서 온전하게 한다는 말은 무엇을 설명하고 있습니까? 그것은 **우리가 하나님의 자녀답게(=의인처럼) 살아가도록 돕는다는 말입니다.** 이미 우리가 의인이 되었지만(과거구원), 의인처럼(=하나님의 사람처럼) 살아가도록(현재구원) 네 가지 방법을 통해 훈련하고 인도하신다는 것입니다.

베드로전서 1:15을 찾아서 당신의 말로 다시 써보십시오.

____

____

오직 너희를 부르신 거룩한 이처럼 너희도 모든 행실에 거룩한 자가 되라 (베드로전서 1:15)

마태복음 5:48을 찾아서 당신의 말로 다시 써보십시오.

> 그러므로 하늘에 계신 너희 아버지의 온전하심과 같이 너희도 온전하라 (마태복음 5:48)

따라서 하나님의 사람은 하나님을 닮아가는 삶을 살아야 하며 성경은 우리가 그렇게 하도록 도와주는 것입니다.

두 번째로 우리가 선한 일을 행할 능력을 갖추도록 하기 위해 네 가지 방법을 사용하신다고 합니다. 이것은 우리 구원받은 하나님의 사람들의 사명을 설명하는 것입니다. 하나님의 독생자 예수님을 희생하고 우리를 구원하신 이 엄청난 사건의 목적이 무엇인지를 뜻하는 것입니다. **우리는 아무런 의미 없이 그저 구원받은 것이 아닙니다. 우리가 구원받은 것은 하나님 나라에 들어가며 하나님 나라를 위한 선한 일(=하나님 나라 건설 및 확장 사역)을 감당하기에 온전한 사역자(=일꾼)가 되도록 하기 위한 것입니다.** 하나님은 성경을 통해 우리가 하나님 나라의 사역자가 되도록 훈련하십니다. 따라서 당신은 참된 권위인 성경의 진리를 당신의 삶 속에서 생활화하여 하나님 자녀답게 온전한 모습으로 변해 갈 뿐만 아니라 하나님 나라를 건설해 가는 하나님 나라의 온전한 사역자(=일꾼)가 되어야 합니다. 이것을 위해서 하나님은 우리에게 성경말씀을 주셨고 또 성경말씀대로 살기를 원하시는 것입니다. 디모데후서 2:15을 찾아서 당신의 말로 다시 써보십시오.

> 너는 진리의 말씀을 옳게 분별하며 부끄러울 것이 없는 일꾼으로 인정된 자로 자신을 하나님 앞에 드리기를 힘쓰라 (디모데후서 2:15)

말씀 묵상

오늘 공부를 통해 당신이 새롭게 배우거나 깨달은 사실, 혹은 느낀 점을 말해 보십시오.

말씀 적용

우리를 향하신 성경의 두 가지 목적(디모데후서 3:17)과 성경의 네 가지 유익(디모데후서 3:16)이 무엇인지 다시 한 번 정리해 보고 암송하십시오.

넷째 날: 성경을 공부하는 여섯 가지 방법

성경을 공부하는 여섯 가지 방법

성경을 배우고 삶에 적용시키는 방법은 모든 그리스도인들이 알아야만 하는 중요한 것입니다. 여기에서는 성경말씀을 우리의 것으로 만드는 여섯 가지 방법을 제시하고 있습니다. 성경을 연구하는 방법을 손으로 비교해 보십시오. 다섯 개의 손가락을 다 사용하면 놓치지 않고 잘 붙잡을 수 있게 됩니다. 이것은 영적으로도 마찬가지입니다. 말씀을 암송하고, 연구하고, 읽고, 듣고, 그 말씀을 묵상하면 성경을 확실하게 이해하고 삶에 적용시키게 됩니다. 성경책을 잘 붙잡기 위해서 엄지손가락이 다른 손가락들과 조화를 이루어야 하는 것처럼, **말씀을 이해하기 위해서는 묵상, 듣기, 읽기 ,연구, 암송, 적용의 여섯 가지 원리가 조화되는 것이 필요합니다.**

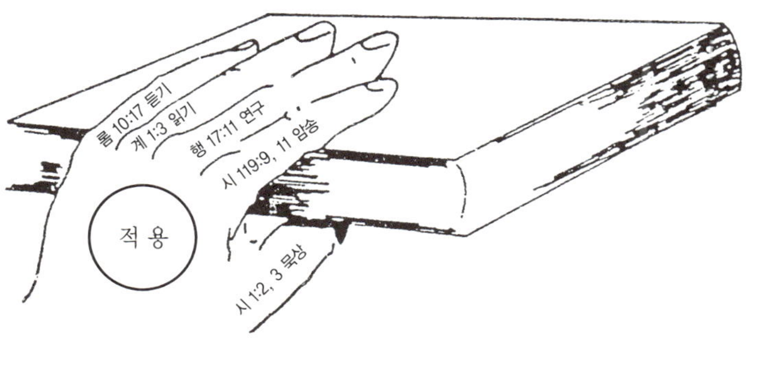

1. 듣기: "그러므로 믿음은 들음에서 나며 들음은 그리스도의 말씀으로 말미암았느니라"(로마서 10:17)

듣지 않으면 믿음이 생기지 않습니다. 따라서 자꾸 말씀을 들어야 합니다. 당신은 어떠합니까? 그러나 여기서 듣는다는 것은 주의해서 듣는 것을 의미합니다. 그래서 예배에 빠지지 않고 설교 말씀을 잘 듣고, 양육훈련 시간에 잘 듣고 공부하는 것은 믿음이 성장하는 지름길입니다. 학교 수업에 빠지고 잘 듣지 않는 학생이 공부를 잘하지 못하는 것과 같은 것입니다. 그러나 아무리 들어도 한 귀로 듣고 한 귀로 흘리는 것은 아무런 소용이 없습니다. 당신은 말씀을 더 잘 듣기 위하여 설교 노트를 준비해 보지 않겠습니까? 노트를 준비하여 매주일 설교를 적으십시오. 아마도 당신에게 많은 유익이 될 것입니다. 그러면 듣되 어떤 자세로 들어야 합니까? 데살로니가전서 2:13과 사도행전 17:11을 찾아서 당신의 말로 적어보십시오.

이러므로 우리가 하나님께 끊임없이 감사함은 너희가 우리에게 들은 바 하나님의 말씀을 받을 때에 사람의 말로 받지 아니하고 하나님의 말씀으로 받음이니 진실로 그러하도다 이 말씀이 또한 너희 믿는 자 가운데에서 역사하느니라 (데살로니가전서 2:13)

베뢰아에 있는 사람들은 데살로니가에 있는 사람들보다 더 너그러워서 간절한 마음으로 말씀을 받고 이것이 그러한가 하여 날마다 성경을 상고하므로

(사도행전 17:11)

---

2. 읽기: **"이 예언의 말씀을 읽는 자와 듣는 자와 그 가운데에 기록한 것을 지키는 자는 복이 있나니"**(요한계시록 1:3)

듣기만 하는 것으론 충분하지 않습니다. 당신이 직접 읽어야 합니다. 옛날에는 성경이 귀해서 누구나 읽을 수 없었습니다. 또한 중세기에는 대부분의 성경이 라틴어로만 번역이 되어 있어서 일반인들은 자기 나라말로 읽을 수가 없었습니다. 게다가 한때는 교회가 권위를 유지하기 위해서 일반신도가 성경 읽는 것을 금지했습니다(중세 천주교). 지금도 중국에서는 성경이 너무나 귀하여 보고 싶어도 볼 수 없는 자들이 많이 있습니다. 그러면 당신은 어떠합니까? 최소한 1년에 한 번은 읽도록 계획을 세워보십시오. 하루에 3-4장씩만 읽으면 1년에 신구약 전체를 한 번 읽을 수 있습니다. 신명기 17:19을 찾아서 읽고 성경을 매일 읽어야 하는 이유를 적어보십시오.

평생에 자기 옆에 두고 읽어 그의 하나님 여호와 경외하기를 배우며 이 율법의 모든 말과 이 규례를 지켜 행할 것이라

(신명기 17:19)

3.연구: "베뢰아에 있는 사람들은 데살로니가에 있는 사람들보다 더 너그러워서 간절한 마음으로 말씀을 받고 이것이 그러한가 하여 날마다 성경을 상고(연구)하므로"(사도행전 17:11)

우리가 왜 성경을 연구해야만 합니까? 그것은 목회자들만 하는 것이 아닙니까? 아닙니다. 디모데후서 2:15을 찾아서 읽고 당신의 말로 써보십시오.

너는 진리의 말씀을 옳게 분별하며 부끄러울 것이 없는 일꾼으로 인정된 자로 자신을 하나님 앞에 드리기를 힘쓰라
(디모데후서 2:15)

당신도 하나님의 사역자(=일꾼)입니다. 예수님을 믿은 모든 자들은 하나님의 일을 위한 사역자로 부르심을 받은 것입니다. 따라서 당신은 하나님의 말씀을 옳게 분별할 책임이 있습니다. 연구란 보다 더 주의를 기울여서 성경을 읽는 것입니다. 성경연구를 위해 좋은 양육훈련을 받는 것이 중요합니다. 교회에서 제공하는 양육훈련을 빠짐없이 받으십시오. 그리고 성경을 연구하고 묵상하는 법을 배우십시오. 당신의 목자나 교역자에게 R. T.하는 방법을 배우십시오. 뿐만 아니라 성경을 읽는 데 도움이 되는 책들을 참고하십시오.

4. 암송: "청년이 무엇으로 그의 행실을 깨끗하게 하리이까 주의 말씀만 지킬 따름이니이다 내가 주께 범죄하지 아니하려 하여 주의 말씀을 내 마음에 두었나이다"(시 119:9, 11)

예수께서 대답하여 이르시되 기록되었으되 사람이 떡으로만 살 것이 아니요 하나님의 입으로부터 나오는 모든 말씀으로 살 것이라 하였느니라 하시니
(마태복음 4:4)

예수께서 이르시되 또 기록되었으되 주 너의 하나님을 시험하지 말라 하였느니라 하시니
(마태복음 4:7)

이에 예수께서 말씀하시되 사탄아 물러가라 기록되었으되 주 너의 하나님께 경배하고 다만 그를 섬기라 하였느니라
(마태복음 4:10)

우리는 하나님의 말씀을 계속적으로 암송해야 합니다. 암송을 통하여 우리는 사탄의 시험을 이길 수 있습니다. 마태복음 4:4, 7, 10에서 예수님은 사탄의 시험을 어떻게 이기셨습니까?

그러므로 우리는 말씀을 지속적으로 암송하는 것이 필요합니다.

신명기 11:18에서도 "너희는 나의 이 말을 너희의 마음과 뜻에 두라"고 했습니다. 암송은 우리가 어려운 일을 당했을 때 극복할 수 있는 능력을 줍니다. 말씀이 능력이기 때문입니다. 지금까지의 암송구절을 지금 다시 한 번 점검해 보십시오.

5. 묵상: **"복 있는 사람은 악인들의 꾀를 따르지 아니하며 죄인들의 길에 서지 아니하며 오만한 자들의 자리에 앉지 아니하고 오직 여호와의 율법을 즐거워하여 그의 율법을 주야로 묵상하는도다"**(시편 1:1-2)

묵상이란 무엇입니까? 그것은 말씀과 그 속에 담겨 있는 진리를 깊이 생각해 보는 것입니다. 따라서 묵상은 하나님의 말씀을 이해하며 그 말씀을 되새기므로 그 말씀을 우리의 삶에 적용할 수 있도록 해줍니다. 또한 묵상은 우리의 삶에 있어서 하나님의 뜻이 무엇인가를 확신시켜 줍니다. 성경을 많이 읽는 것도 중요하지만 말씀을 깊이 묵상하는 것은 더 중요합니다. 말씀을 묵상하는 자가 복이 있는 자이기 때문입니다. 말씀 묵상을 생활화해 보십시오. 삶의 엄청난 변화를 경험하게 될 것입니다. 이것을 경험한 시편기자는 이렇게 고백했습니다. 시편 119:103을 찾아서 읽어보십시오. 말씀 묵상이 얼마나 좋다고 했습니까?

주의 말씀의 맛이 내게 어찌 그리 단지요 내 입에 꿀보다 더 다니이다 (시편 119:103)

특별히 당신이 말씀을 묵상하는 삶을 살기를 원한다면 다음과 같은 사실을 마음속에 두고 묵상해 보십시오.

1) 본문 속에서 이 말씀이 의미하는 바가 무엇인가? (자신이 그 사건과 시대 환경 속에 있는 것처럼 상상하며 묵상하되, 앞뒤 구절을 참고하여 본문을 여러 번 읽고 깊이 생각하며 묵상해 보십시오.)

2) 그 말씀이 오늘을 사는 나에게 어떤 교훈을 주며 무슨 의미가 있는지 묵상하십시오.

6. 적용: **"영혼 없는 몸이 죽은 것 같이 행함이 없는 믿음은 죽은 것이니라"**(야고보서 2:26), **"너희는 말씀을 행하는 자가 되고 듣기만 하여 자신을 속이는 자가 되지 말라"**(야고보서 1:22)

아무리 공부를 많이 해도 적용하지 않으면 죽은 지식일 뿐입니다. 배운 대로 적용하는 것이 살아있는 것입니다. 말씀 공부의 목적은 결국 우리 삶에 적용하기 위해서입니다. 항상 말씀을 자신의 삶에 적용하도록 노력하십시오. 온전함을 추구하십시오.

이 율법책을 네 입에서 떠나지 말게 하며 주야로 그것을 묵상하여 그 안에 기록된 대로 다 지켜 행하라 그리하면 네 길이 평탄하게 될 것이며 네가 형통하리라
(여호수아 1:8)

말씀 적용

여호수아 1:8을 깊이 묵상하고 깨달은 바를 적어보십시오.

다섯째 날: 유일한 기준과 진리 – 거룩한 성경

성경말씀만이 유일합니다.

우리는 지난 4일 동안 성경은 무슨 책이며 어떻게 말씀 안에서 살아야 하는지를 배웠습니다. 오늘은 우리가 신뢰할 유일하며 참된 권위인 거룩한 성경에 대해서 공부하는 마지막 날입니다. 아마도 당신은 지난 2주 동안 오직 말씀만 의지하며 살기로 결심했을 것입니다. 잘하셨습니다. 왜냐하면 하나님의 말씀만이 유일하며 참된 권위이기 때문입니다. 베드로후서 1:16–18을 읽으십시오. 베드로는 개인적으로 체험했던 놀라운 사건을 기록했습니다. 그 사건은 그리스도의 변화에 대한 것입니다. 이제 이 사건에 대한 직접적인 기록인 마태복음 17:1–5을 읽으십시오. 그리고 베드로의 진술이 실제 사건과 얼마나 밀접하게 연관되어 있는지 보십시오.

이제 베드로가 말하려고 한 것이 무엇인지 드러나지 않습니까? 그는 실제로 변화산에 있었고 영광을 받으신 예수님을 보았습니다. 또 그는 하늘로부터 들려온 아버지 하나님의 음성을 들었습니다. 베드로후서 1:16에서 베드로는 예수님의 생애 중에 있었던 이 사건이 '교묘히 만든 이야기'를 따른 것이 아니라 개인적으로 직접 체험한 것임을 말하고 있습니다. 변화산의 사건은 어떤 사람들의 주장처럼 '교묘히 만든 이야기'가 아닙니다. 그것은 실제로 있었던 일이며 베드로는 그 사건을 현장에서 직접 체험했던 사람입니다.

이제 베드로후서 1:19–21을 주의 깊게 읽어보십시오. "더 확실한 예언"에 대해 말하고 있습니다. 그가 개인적으로 직접 체험한 것보다 더 확실한 것이 있겠습니까? 아마 당신은 "그보다 더 확실한 것은 없을 거야"라고 생각할지 모릅니다. 그러나 베드로는 "우리에게는 더

우리 주 예수 그리스도의 능력과 강림하심을 너희에게 알게 한 것이 교묘히 만든 이야기를 따른 것이 아니요 우리는 그의 크신 위엄을 친히 본 자라 지극히 큰 영광 중에서 이러한 소리가 그에게 나기를 이는 내 사랑하는 아들이요 내 기뻐하는 자라 하실 때에 그가 하나님 아버지께 존귀와 영광을 받으셨느니라 이 소리는 우리가 그와 함께 거룩한 산에 있을 때에 하늘로부터 난 것을 들은 것이라
(베드로후서 1:16–18)

엿새 후에 예수께서 베드로와 야고보와 그 형제 요한을 데리시고 따로 높은 산에 올라가셨더니 그들 앞에서 변형되사 그 얼굴이 해 같이 빛나며 옷이 빛과 같이 희어졌더라 그 때에 모세와 엘리야가 예수와 더불어 말하는 것이 그들에게 보이거늘 베드로가 예수께 여쭈어 이르되 주여 우리가 여기 있는 것이 좋사오니 만일 주께서 원하시면 내가 여기서 초막 셋을 짓되 하나는 주님을 위하여, 하나는 모세를 위하여, 하나는 엘리야를 위하여 하리이다 말할 때에 홀연히 빛난 구름이 그들을 덮으며 구름 속에서 소리가 나서 이르시되 이는 내 사랑하는 아들이요 내 기뻐하는 자니 너희는 그의 말을 들으라 하시는지라 (마태복음 17:1–5)

또 우리에게는 더 확실한 예언이 있어 어두운 데를 비추는 등불과 같으니 날이 새어 샛별이 너희 마음에 떠오르기까지 너희가 이것을 주의하는 것이 옳으니라 먼저 알 것은 성경의 모든 예언은 사사로이 풀 것이 아니니 예언은 언제든지 사람의 뜻으로 낸 것이 아니요 오직 성령의 감동하심을 받은 사람들이 하나님께 받아 말한 것임이라

(베드로후서 1:19-21)

확실한 예언이 있어"(베드로후서 1:19)라고 말했습니다. 다른 말로 바꾸면 베드로는 "내가 직접 보고, 친히 들은 것보다 더 신뢰할 것이 있는데 그것은 하나님의 거룩하신 성령의 감동하심을 받은 사람들에 의해 기록되어진 말씀이다"라고 말하고 있는 것입니다. 그러므로 이제 당신은 보다 확실히 성경말씀에 모든 권위를 두겠다고 생각하십시오. 또한 당신은 말씀공부하는 시간을 위해 진심으로 당신의 우선순위를 재조정하겠다고 결심하십시오. 말씀만이 우리가 의지해야 할 유일한 권위입니다.

신앙의 초보운전을 버리고 믿음의 선생이 되십시오.

때가 오래 되었으므로 너희가 마땅히 선생이 되었을 터인데 너희가 다시 하나님의 말씀의 초보에 대하여 누구에게서 가르침을 받아야 할 처지이니 단단한 음식은 못 먹고 젖이나 먹어야 할 자가 되었도다 이는 젖을 먹는 자마다 어린 아이니 의의 말씀을 경험하지 못한 자요 단단한 음식은 장성한 자의 것이니 그들은 지각을 사용함으로 연단을 받아 선악을 분별하는 자들이니라

(히브리서 5:12-14)

히브리서 5:12-14을 읽으십시오. 이 구절에 의하면 그리스도인들이 개인적인 성경공부를 하지 않을 때 어떤 비참한 결과가 초래된다고 했습니까? 신앙 연조로 보아 "마땅히 (　　　)이 되어야 할 터인데 아직도 (　　　　　　　　　) 가르침을 받아야 할 사람으로 남아 있게 되고 맙니다."

성숙할 때가 되면 마땅히 다른 사람들을 가르치는 선생이 되어야 함에도 불구하고 계속 어린아이 신앙에 머물러 있는 자는 참으로 불쌍한 자입니다. 당신은 어떠합니까? 하나님이 당신에게 지성을 주셨습니다. 그러나 하나님이 그 지성을 선과 악을 분별하고 당신의 유익을 판단하는 방법으로만 주신 것은 아닙니다. 당신의 지성은 하나님의 뜻을 찾는 데 적극적으로 사용되어야 할 도구입니다. 지성이나 경험과 같이 어떤 전통은 하나님의 뜻과 목적에 뿌리를 두고 있는 것도 있습니다. 그러나 당신이 그 전통에 대한 이해 없이 참된 가치를 알지 못하고 단지 습관적으로 따르게 될 때, 당신은 전통의 굴레 속에 빠지게 됩니다. 그리스도의 보혈만이 당신에게 자유를 줄 수 있습니다. 예수 그리스도는 당신에게 형식만이 아니라 실재를 주기 위해 오

셨습니다. 조상들로부터 전해져 내려오는 간접적인 전통보다 그리스도와의 직접적인 교제가 더욱 귀하고 우선되어야 합니다.

철저하게 변화될 것입니까? 아니면 서서히 죽어갈 것입니까?

당신은 궁극적이며 완전한 권위인 성경으로 돌아와야 합니다. 그리스도인으로서의 믿음과 생활에 대해 당신이 알아야 할 모든 것이 성경말씀 속에 들어 있습니다. 그렇기 때문에 성경을 공부하는 것보다 더 중요한 것은 없다고 말할 수 있습니다. 그러나 성경을 공부한다는 것은 단순히 지식으로만 공부하는 것을 의미하지 않습니다. 그것을 당신의 삶 속에서 적용하는 것까지가 공부의 범위입니다. 성경이 사실이라면 우리는 철저히 성경말씀대로 우리의 삶을 변화시켜 갈 수밖에 없습니다. 특별히 이것을 위해서 당신의 기도 파트너와의 교제를 더욱 강하게 하십시오. 혼자 계속할 수 없을 때 당신의 파트너는 당신이 그런 삶을 살 수 있도록 돕는 귀한 짝이 될 것입니다. 잊지 마십시오. 당신의 인생 가운데에서 최종적인 권위는 오직 하나님의 말씀뿐이라는 사실을 말입니다.

말씀 묵상

이번 주 공부를 통해 당신에게 주신 하나님의 말씀(교훈, 깨달음, 느낀 점, 은혜가 된 성경구절이나 설명, 새롭게 배운 것 등)은 무엇인지 써보십시오.

말씀 적용

성경이 정말로 진리이며 사실이라면 당신의 삶의 가치관과 생활습관은 어떻게 바뀌어져야 하는지 말해 보십시오.

4단원 최고의 보물 : 그리스도

4단원 암송구절: 갈라디아서 2:20, 갈라디아서 5:16

최고의 보물 : 그리스도

내가 그리스도와 함께 십자가에 못 박혔나니 그런즉 이제는 내가 사는 것이 아니요 오직 내 안에 그리스도께서 사시는 것이라 이제 내가 육체 가운데 사는 것은 나를 사랑하사 나를 위하여 자기 자신을 버리신 하나님의 아들을 믿는 믿음 안에서 사는 것이라

(갈라디아서 2:20)

내가 이르노니 너희는 성령을 따라 행하라 그리하면 육체의 욕심을 이루지 아니하리라

(갈라디아서 5:16)

첫째 날: 새로운 삶의 혁명

예수님을 믿는 것은 삶에 혁명이 일어난 것을 의미합니다.

예수님을 믿는 것은 단지 교회 다니는 것이나 새로운 종교적인 삶의 습관이 추가된 것을 의미하는 것이 아닙니다. 예수님을 믿는 것은 당신이 지금까지 살아왔던 삶과는 전혀 다른 세계의 삶을 산다는 것을 의미합니다. 예수님을 믿기 전에 우리는 일회용 컵처럼 일생을 사는 존재였습니다. 그러나 예수님을 믿은 결과로 영원히 사는 영생의 삶을 부여받은 존재가 되었습니다. 뿐만 아니라 예수님을 믿기 전에는 육적인 존재로 본성을 따라 사는 존재였지만 이제는 영적인 존재가 되어 영성을 따라 사는 존재가 되었습니다. 이렇게 예수님을 믿는 것은 이전의 삶과는 전혀 다른 삶을 사는 내면의 혁명이 일어난 것을 의미합니다. 이번 주 암송구절인 갈라디아서 2:20을 읽고 자신의 말로 그 뜻을 설명해 보십시오.

예수님을 믿는 것은 이전의 삶과는 전혀 다른 삶을 사는 내면의 혁명이 일어난 것을 의미합니다.

이제 당신의 인생에는 혁명이 일어났습니다. 당신 인생의 주인이 바뀌게 된 것입니다. 다시 말하면, 지금까지 당신의 가치관과 생각과 인생을 주관했던 모든 기준이 바뀌었습니다. 당신에겐 삶의 새로운 기준과 가치관이 생겼습니다. 새로운 인생의 주인이신 그리스도가 당신 삶의 현장 한복판에 들어오신 것입니다. 이전의 주인은 당신의 옛 속성입니다. 그리고 새로운 주인은 새 속성이신 그리스도입니다.

한 마음 안에 있는 두 주인

한 마음 안에 있는 두 주인이라는 말은 이제 당신은 한 가지가 아닌 두 가지 속성을 가졌다는 말입니다. 그 중에 한 가지는 예수님을 믿기 전, 당신이 태어난 이후부터 가지고 있던 옛 속성입니다. 이 옛 속성은 무엇입니까? 바로 사탄입니다. **옛 속성인 사탄은 당신이 하나님을 위하여 살지 않고 자신만을 위하여 살게 합니다. 하나님으로부터 독립하여 자신이 인생의 왕이 되어 자기를 주장하며 살게 합니다. 삶의 모든 평가 기준과 가치가 자신에게 있습니다. 그러나 그 길은 결국 멸망의 길입니다**(로마서 8:5-6).

육신을 따르는 자는 육신의 일을, 영을 따르는 자는 영의 일을 생각하나니 육신의 생각은 사망이요 영의 생각은 생명과 평안이니라 (로마서 8:5-6)

그러나 이제 당신은 예수님 안에서 다시 태어났기 때문에 새로운 속성을 가지게 되었습니다. 이 새로운 속성은 무엇입니까? 빌립보서 2:5을 읽고 대답해 보십시오.

너희 안에 이 마음을 품으라 곧 그리스도 예수의 마음이니 (빌립보서 2:5)

새 속성이신 예수님은 당신이 죄악 된 자신을 위하여 살지 않고 하나님을 섬기며 살게 합니다. 하나님만이 당신의 인생을 주관하시는 당신

의 왕이 되십니다. 그리고 그 결과로 생명과 풍성한 삶을 누리게 됩니다(요한복음 10:10). **그래서 새 속성은 생명의 속성입니다**(갈라디아서 6:8).

아직도 끝나지 않은 전쟁

예수님을 믿은 후 이제 이 두 속성이 당신 안에 함께 있기 때문에 당신은 자주 갈등할 것입니다(갈라디아서 5:25). 왜냐하면 옛 속성은 당신 자신을 즐겁게 하는 것들을 찾고, 새 속성은 하나님을 섬기며 하나님께 영광을 돌리는 일들을 찾기 때문입니다. 그러나 한 가지 분명한 것은 당신 속에 갈등이 있다는 것이 확실한 구원의 증거가 된다는 것입니다. 갈등이 없다는 것은 그리스도가 아직도 당신 삶의 주인이 되시지 않았다는 의미입니다. 그러나 갈등이 있다는 것은 당신의 인생에 혁명을 일으키신 그리스도가 이전의 주인인 당신의 옛 속성을 항복시키는 과정 중에 있다는 것입니다. 그러므로 당신 안에 갈등이 있다는 것은 당신이 구원받았다는 간접적인 증거가 됩니다.

두 가지 속성 두 가지 법칙

이제 당신 안에 있는 옛 속성에 대해서 생각해 보십시오. 그것은 마치 중력의 법칙(Law of gravity)과도 같습니다. 이 **중력의 법칙**은 물체를 항상 끌어내리는 성질이 있고 그것은 매우 힘 있게 작용을 합니다. 그것은 일하기를 절대 멈추지 않습니다. 만일 이 중력의 법칙이 작용하지 않는다면 지구에 있는 모든 물체들은 공중으로 둥둥 떠다닐 것입니다. 그러나 이 중력 때문에 당신은 날아다닐 수가 없습니다. 당신 안에 있는 옛 속성은 바로 이 중력과도 같아서 당신이 하나님과 교제하는 생활을 하지 못하도록 항상 세상으로 끌어내리는 작

도둑이 오는 것은 도둑질하고 죽이고 멸망시키려는 것뿐이요 내가 온 것은 양으로 생명을 얻게 하고 더 풍성히 얻게 하려는 것이라 (요한복음 10:10)

자기의 육체를 위하여 심는 자는 육체로부터 썩어질 것을 거두고 성령을 위하여 심는 자는 성령으로부터 영생을 거두리라 (갈라디아서 6:8)

만일 우리가 성령으로 살면 또한 성령으로 행할지니 (갈라디아서 5:25)

용을 합니다. 옛 속성은 우리 육체의 본능이 원하는 대로 살도록 우리를 잡아당기며 설득합니다. 우리가 좋아하는 대로 살도록 우리를 충동질합니다.

그러면 이제 당신 안에 있는 새 속성을 한번 생각해 봅시다. 당신은 그 무거운 비행기가 어떻게 하늘을 날아다니는지 아십니까? 그것은 **공기역학**(Law of aerodynamics)**의 원리**를 이용한 것입니다. 이 법칙은 공기를 헤치고 비행기의 날개가 날아갈 수 있는 원리를 말합니다. 이 법칙만 지키면 무거운 비행기도 쉽게 하늘을 날아다닐 수 있습니다. 당신이 옛 속성을 따라 본성이 원하는 대로 살지 않고, 새로운 속성인 그리스도의 가치기준과 영성을 따라 살기로 결단하고 말씀에 순종하면 공기역학의 법칙을 이용하여 하늘을 날아다니는 비행기처럼 예수님 안에서 자유를 누리게 될 것이며 새로운 속성을 따라 변화되는 성화의 삶을 살게 될 것입니다. 그러면 옛 속성을 따라 살지 않고 새 속성을 따라 살 수 있도록 돕는 성경의 원리는 무엇입니까? **그것은 하나님과 교제하는 생활입니다.** 날마다 R. T. 시간을 통해 하나님과 교제하는 시간을 갖고, 새 속성대로 살도록 도전받고 결단함으로 옛 속성을 꼼짝 못하게 하는 것입니다. 지금 당신이 하고 있는 이 시간을 단지 공부 시간만으로 생각하지 마십시오. 이 시간은 당신이 공부한 말씀들을 통해 하나님과 교제하며 새 속성을 따라 살도록 도와주는 시간입니다. 갈라디아서 5:17을 찾아서 당신의 말로 써보십시오.

육체의 소욕은 성령을 거스르고 성령은 육체를 거스르나니 이 둘이 서로 대적함으로 너희가 원하는 것을 하지 못하게 하려 함이니라 (갈라디아서 5:17)

이 두 가지 속성이 당신의 마음속에 있어서 당신은 많은 갈등을 하게 됩니다. 그렇기 때문에 당신은 비행기가 날아가도록 하는 공기역학의 법칙처럼 하나님과 교제하는 생활을 해야만 새 속성을 따라 사는 생활을 할 수 있게 됩니다.

갈라디아서 5:16을 찾아보십시오. 그리고 내용 중에 육체 대신 당신의 옛 속성으로 바꾸고, 성령 대신 당신의 새 속성으로 바꾸어 성경구절을 읽어보십시오. 그러면 이제 당신이 어느 속성을 따라야 할지를 알게 될 것입니다. **당신이 어느 한 쪽을 선택하든지 그 선택하는 속성이 다른 속성이 원하는 것을 하지 못하게 합니다. 그래서 당신은 갈등 속에 있을 때, 언제든지 항상 어떤 속성을 따를 것인지를 선택해야만 합니다.** 그러면 당신은 어느 속성을 따라 살기를 원합니까? 옛 속성(　　), 새 속성(　　).

만일 당신이 옛 속성을 따라 살 수밖에 없다고 대답했다면 갈라디아서 5:19-21, 6:7-8을 읽으십시오. 그러나 새 속성을 따라 살기를 원한다고 대답했다면 갈라디아서 5:22-26, 6:7-8을 읽으십시오.

내가 이르노니 너희는 성령을 따라 행하라 그리하면 육체의 욕심을 이루지 아니하리라
(갈라디아서 5:16)

육체의 일은 분명하니 곧 음행과 더러운 것과 호색과 우상 숭배와 주술과 원수 맺는 것과 분쟁과 시기와 분냄과 당 짓는 것과 분열함과 이단과 투기와 술 취함과 방탕함과 또 그와 같은 것들이라 전에 너희에게 경계한 것 같이 경계하노니 이런 일을 하는 자들은 하나님의 나라를 유업으로 받지 못할 것이요
(갈라디아서 5:19-21)

스스로 속이지 말라 하나님은 업신여김을 받지 아니하시나니 사람이 무엇으로 심든지 그대로 거두리라 자기의 육체를 위하여 심는 자는 육체로부터 썩어질 것을 거두고 성령을 위하여 심는 자는 성령으로부터 영생을 거두리라
(갈라디아서 6:7-8)

오직 성령의 열매는 사랑과 희락과 화평과 오래 참음과 자비와 양선과 충성과 온유와 절제니 이 같은 것을 금지할 법이 없느니라 그리스도 예수의 사람들은 육체와 함께 그 정욕과 탐심을 십자가에 못 박았느니라 만일 우리가 성령으로 살면 또한 성령으로 행할지니 헛된 영광을 구하여 서로 노엽게 하거나 서로 투기하지 말지니라 (갈라디아서 5:22-26)

말씀 묵상

예수님을 믿는 것은 삶에 혁명이 일어나는 것이라는 말의 의미를 당신의 생각으로 다시 정리해서 말해 보십시오.

말씀 적용

당신이 새 속성이신 그리스도와 교제하는 삶을 살기 위하여 언제 어디서 어떻게 할 것인지 계획을 적어보십시오.

둘째 날: 새로운 삶의 주인이신 그리스도

끈질긴 패잔병의 저항을 물리치십시오!

첫째 날에 당신은 갈라디아서 5:16에 나오는 새 속성에 대해 배웠습니다. 갈라디아서 5:16에 따르면 당신의 새 속성은 누가 주관한다고 했습니까? 그것은 성령님입니다. 당신이 그리스도인이 되었을 때 예수님은 당신의 인생을 지배하고 있던 옛 속성을 무너뜨리셨습니다. 그리고 이제는 내재하는 그리스도가 성령님을 통해서 당신의 인생을 주관하십니다. 성령님이 당신에게 영생의 삶을 사는 방법과 길을 가르쳐 주십니다. 그러나 아직도 옛 속성은 당신에게 심각한 영향을 주고 있습니다. 너무나 오랫동안 옛 속성의 지배를 받아왔기 때문에 옛 속성대로 사는 삶이 우리 삶의 습관이 되었고 태도가 되었습니다. 때문에 당신은 갈등하게 되는 것입니다. 당신 인생의 주인이 그리스도가 되셨음에도 불구하고 옛 속성은 계속하여 당신 자신이 즐겨하는 것을 찾도록 유혹합니다. 그러나 새 속성은 당신 자신을 위한 것보다는 하나님이 즐겨하시는 것을 찾도록 합니다. 그러므로 이제 당신은 이 두 가지 속성 중에서 어느 속성의 요구에 맞추어 살 것인지를 항상 결정해야 합니다. 갈라디아서 2:20을 읽고 아래의 문장을 완성해 보십시오.

"내가 그리스도와 함께 (   )에 못 박혔나니 그런즉 이제는 (   )가 (   ) 것이 아니요 오직 내 안에 (   )께서 사시는 것이라 이제 내가 육체 가운데 사는 것은 나를 사랑하사 나를 위하여 자기 자신을 버리신 하나님의 아들을 믿는 믿음 안에서 사는 것이라"

내가 그리스도와 함께 십자가에 못 박혔나니 그런즉 이제는 내가 사는 것이 아니요 오직 내 안에 그리스도께서 사시는 것이라 이제 내가 육체 가운데 사는 것은 나를 사랑하사 나를 위하여 자기 자신을 버리신 하나님의 아들을 믿는 믿음 안에서 사는 것이라
(갈라디아서 2:20)

믿음 안에서 불가능은 없습니다.

그리스도가 당신 안에 계십니다. 이 얼마나 놀라운 이야기입니까? 예수 그리스도는 당신의 새로운 속성입니다. 그분은 당신 안에 주인으로서 오셨습니다. 그리고 당신의 삶 속에서 믿음으로 모든 것을 가능하게 하십니다. 예수님은 하나님의 모든 능력이 되시기 때문입니다. 그리스도가 힘을 가져다주시는 것이 아니라 그리스도 자신이 힘이요, 능력이십니다. 그리스도는 의미 없이 당신에게 오신 것이 아닙니다. 당신이 주인이신 그리스도를 믿으면 그 믿음 안에서 모든 것을 가능하게 하십니다. 그래서 로버트 슐러 목사님은 이렇게 말했습니다. "그리스도인에게 불가능한 일이란 없다. 있다면 불가능한 생각뿐이다." 능력의 근본이신 그리스도가 우리의 주인 되시며 우리 안에 함께 계시다는 사실을 믿으면 우리는 믿음으로 모든 것을 할 수 있습니다. 당신은 더 이상 자신이 주인이 되어 늘 패배하고 무기력한 삶을 살던 이전의 생각에 사로잡혀 살 필요가 없습니다. 빌립보서 4:13을 찾아서 요약해 보십시오.

그리스도인에게 불가능한 일이란 없습니다. 있다면 불가능한 생각뿐입니다.

내게 능력 주시는 자 안에서 내가 모든 것을 할 수 있느니라
(빌립보서 4:13)

믿음으로 산다는 의미는 무엇입니까?

그러면 믿음으로 산다는 의미는 무엇입니까? 영어로 믿음이란 단어는 FAITH입니다. 그 단어를 분해해 보면 다음과 같습니다.

Forsaking (=포기)
All (=모든)
I (=나)
Trust (=신뢰)
Him (=그)

"나를 위한 모든 것을 포기하고 내 안에 계신 주님을 신뢰하며 살아간다"는 뜻이 됩니다. 이것이 바로 믿음입니다.

믿음이란 지금까지 당신이 주인이었던 삶을 다 포기하고 오직 당신 안에 살아계신 그분을 항상 신뢰하고 의지하면서 살아가는 것입니다. 모든 권한과 모든 지배권을 그분에게 넘겨 드리는 것입니다. 그리스도만이 당신 인생의 주인이심을 철저하게 인정하는 것입니다. 이제 당신은 예수님을 믿는다는 의미가 다음과 같다는 것을 다시 한번 생각하게 되었을 것입니다. **"항복한다, 포기한다, 순종한다, 주님, 주인, 다스린다."**

믿음이란 지금까지 당신이 주인이었던 삶을 다 포기하고 오직 당신 안에 살아계신 그분을 항상 신뢰하고 의지하면서 살아가는 것입니다.

그러므로 이제 당신 안에 내재하시는 그리스도가 당신의 인생을 주관하시도록, 새 속성을 따라 사는 것은 당신의 선택여하에 달려 있습니다. 당신은 완전히 주님께 자신을 맡겨야 합니다. 당신이 살아가는 동안의 결과는 당신의 선택여하에 달려 있다는 것을 명심하십시오. 혹시 당신은 어떤 사람의 믿음이 좋다고 생각해 본 적이 있습니까? 믿음이 좋다는 말은 그리스도인이 자신의 인생 속에서 옛 속성이 좋아하는 것을 따르지 않고 새 속성을 따르는 결정을 내리는 순간이 많아진다는 것을 의미합니다. 교회만 열심히 출석한다고 믿음이 좋은 것은 아닙니다. 믿음이 좋다는 것은 얼마나 새 속성에 많이 순종하느냐 하는 것입니다. 왜냐하면 믿으면 반드시 믿는 대로 행할 수 있기 때문입니다. 3단원의 그랜드캐니언 이야기를 기억하십니까? 야고보서 2:22을 찾아서 써보십시오.

네가 보거니와 믿음이 그의 행함과 함께 일하고 행함으로 믿음이 온전하게 되었느니라
(야고보서 2:22)

____

그러므로 당신이 새 속성을 따라 믿음으로 산다는 말은 당신 자신의 가치기준과 판단에 의한 모든 것이 주 안에서 완전히 녹아 소화되는 것을 말합니다. 이 말은 당신의 모든 것이 그리스도의 가치관과 기준으로 재조정되어야 한다는 것입니다. 그러면 이렇게 주 안에서

내가 네 행위를 아노니 네가 차지도 아니하고 뜨겁지도 아니하도다 네가 차든지 뜨겁든지 하기를 원하노라 네가 이같이 미지근하여 뜨겁지도 아니하고 차지도 아니하니 내 입에서 너를 토하여 버리리라 (요한계시록 3:15-16)

그런즉 누구든지 그리스도 안에 있으면 새로운 피조물이라 이전 것은 지나갔으니 보라 새 것이 되었도다 (고린도후서 5:17)

자신의 모든 것이 완전히 소화되지 못한 사람들의 결과는 어떠합니까? 요한계시록 3:15-16에 뭐라고 쓰여 있습니까?

얼마 전 제 아들이 심하게 설사를 하고 토했던 때가 있습니다. 완전히 소화시키지 못하기 때문에 먹기만 하면 토하고 설사할 수밖에 없었습니다. 이와 같이 당신을 위한 모든 것들이 주 안에서 녹아 소화된 새로운 피조물이 되어야 합니다(고린도후서5:17). 옛 속성(마귀)과 새 속성(그리스도)이 합해질 수는 없습니다. 동시에 두 가지 방향을 목표로 갈 수는 없습니다. 옛 속성이든, 새 속성이든 어느 것을 따를 것인지 결정해야만 합니다.

그러면 어떤 이들은 "아이고! 나는 정말 안 되겠구나"라고 생각할지도 모릅니다. 그래서 예수님을 믿는 것은 좁은 길이라고 예수님이 말씀하셨습니다. 내가 왕이었던 인생은 죽고, 내 안에 계신 그리스도가 왕이 되시는 인생으로 다시 태어나는 것입니다. 그것이 바로 예수님을 믿는다는 것의 진정한 의미입니다. 그렇다고 포기하지 마십시오. 아직 우리에겐 희망이 있습니다. 그 희망은 이것이 단 한 번에 이루어져야 되는 것이 아니라 주님 앞에 갈 때까지(미래구원) 이루어야 할 과정이라는 것입니다(현재구원). 따라서 당신은 하나님 앞에 설 때까지 이 두 가지 속성 사이에서 끊임없는 갈등을 하게 될 것입니다. 그러나 당신이 하나님과 계속적인 교제의 생활을 통하여 새 속성을 따르기로 선택을 하는 순간이 많아질수록 당신은 현재구원을 이루게 되며 하나님 앞에서는 미래구원의 때에 완전한 의인으로 서게 될 것입니다.

말씀 묵상

오늘 공부를 통해 깨달은 말씀은 무엇입니까?

말씀 적용

오늘 하나님이 당신에게 주신 말씀을 당신의 생활 속에서 어떻게 적용하겠습니까?

셋째 날: 내면의 혁명을 일으키십시오.

당신은 이미 모든 것을 가지고 있습니다.

당신은 이번 주의 공부를 통해 당신 안에 그리스도가 살고 계심을 다시 한 번 깨달았을 것입니다. 그리스도 자신이 바로 당신에게 주어진 새로운 속성입니다. 가끔 당신은 주님께 사랑이나 능력, 온유함, 오래 참음, 의로움 등을 달라고 기도할 때가 있을 것입니다. 그러나 그리스도는 그런 것들을 당신에게 주시지 않습니다. 그리스도 자신이 바로 이 모든 것이기 때문입니다. 이 모든 것을 가지신 그리스도가 당신 안에 계시기 때문에, 이미 이 모든 것도 당신 속에서 흐르고 있습니다. 때문에 그리스도는 당신이 이런 것을 구할 때마다 하나씩 주시는 것이 아니라 이미 당신 속에 이 모든 것을 주셨다는 것을 알아야 합니다. 새 속성이신 그리스도와 함께 이 모든 것이 이미 당신에게 주어졌습니다. 얼마나 놀라운 일입니까?

새 속성이신 그리스도와 함께 이 모든 것이 이미 당신에게 주어졌습니다.

그러나 당신 속에 이미 주어져 있는 이 모든 새로운 속성이 당신을 통하여 나타나지 않는 것은 당신이 당신 속에 내재하신 그리스도께 순종하지 않기 때문입니다. 그러므로 이제 당신은 하나님께 사랑하게 해달라고, 혹은 오래 참게 해달라고 기도할 필요가 없습니다. 이미 당신은 그런 것들을 가졌습니다. 이제 남은 것은 그런 것들이 당신을 통해 나타날 수 있도록, 기꺼이 순종하는 것입니다. 이런 새로운 속성의 열매들이 당신을 통해 나타나는 것은 단지 당신이 순종하느냐 안하느냐의 문제입니다. 자, 여기 구원받은 한 사람의 기도 내용을 봅시다.

"주님, 제가 전혀 사랑할 수 없는 어떤 사람이 우리 교회에 있습니다. 심지어 그 사람이 보기 싫어서 교회에 나오기도 싫습니다. 저에게 그 사람을 사랑할 수 있도록 풍성한 사랑을 주십시오."

이 사람의 기도는 어떻습니까? 올바른 기도인 것 같습니까? 아닙니다. 이 사람의 기도는 틀렸습니다. 이미 그 사람에게는 새 속성이신 사랑의 그리스도가 내재해 계십니다. 그리고 이미 그 사람 속에는 사랑이 가득합니다. 이제 그가 해야 할 일은 사랑이 그 사람을 통하여 나타날 수 있도록 순종하는 것입니다. 순종은 자기가 하기 좋을 때만 하는 것이 아닙니다. 하기 싫어도 순종해야 합니다. 순종하면 사랑이 그 사람을 통해 나타나고, 순종하지 않으면 사랑은 나타나지 않습니다.

그리스도를 묵상하면 기적이 일어납니다.

그러면 어떻게 순종할 수 있습니까? 세상의 개념 속에서 순종은 하기 싫은데 억지로 하는 것이란 의미가 담겨 있습니다. 그러나 그리스도 안에서의 순종은 자발적이고 기쁨으로 하는 것입니다. 우리가 내재하신 그리스도께 자원하여 순종할 수 있는 방법은 우리 안에 내재해 계신 그리스도를 묵상하는 것입니다. 그리스도가 우리를 사랑하신 그 사랑에 대해서 깊이 묵상하면 우리는 그리스도의 사랑에 감동하게 되고 그래서 할 수 없는 사랑에 대해서조차 순종할 수 있게 됩니다. 그리스도가 우리에 대해서 인내하고 용서하신 것에 대해서 깊이 묵상하면 우리도 다른 사람에 대해 끝까지 인내하고 용서하는 삶에 기쁨으로 순종할 수 있게 됩니다. 우리가 사랑하고 용서할 대상을 바라보는 것이 아니라 그리스도를 바라보면 우리는 기꺼이 순종할 수 있는 능력을 소유하게 됩니다.

그러므로 만약 당신의 인생을 그분의 뜻에 맡긴다면 이 모든 속성을 가진 그의 생애가 당신의 인생을 통해 강같이 흐르게 될 것입니

그러므로 너희가 그리스도와 함께 다시 살리심을 받았으면 위의 것을 찾으라 거기는 그리스도께서 하나님 우편에 앉아 계시느니라 위의 것을 생각하고 땅의 것을 생각하지 말라 이는 너희가 죽었고 너희 생명이 그리스도와 함께 하나님 안에 감추어졌음이라 우리 생명이신 그리스도께서 나타나실 그 때에 너희도 그와 함께 영광 중에 나타나리라 그러므로 땅에 있는 지체를 죽이라 곧 음란과 부정과 사욕과 악한 정욕과 탐심이니 탐심은 우상 숭배니라 이것들로 말미암아 하나님의 진노가 임하느니라 너희도 전에 그 가운데 살 때에는 그 가운데서 행하였으나

(골로새서 3:1-7)

다. 왜냐하면 예수님은 이 모든 것의 근원이 되시기 때문입니다. 혹시 당신과 가장 가까운 사람들 중에 전혀 사랑할 수 없는 부분을 가지고 있는 사람들이 있습니까? 그렇다면 그럼에도 불구하고 그리스도께 순종하기 위하여 당신 안에 내재하신 그분을 깊이 묵상하십시오. 골로새서 3:1-7에서 사도 바울이 당신의 새로운 속성에 대해서 더 자세히 이야기하고 있습니다. 골로새서 3:1과 골로새서 3:2에서 그리고 골로새서 3:5에서 뭐라고 말하고 있습니까? 여기에는 당신이 선택해야 할 것을 말하고 있습니다. 그것은 무엇입니까?

1절: ______________________________

2절: ______________________________

5절: ______________________________

위의 세 가지 말씀은 무엇을 설명한다고 생각합니까? 지금까지 공부한 것을 기초로 당신이 느끼는 대로 써보십시오.

____

____

당신이 그리스도를 사용하는 것이 아닙니다. 그리스도가 당신을 사용하십니다. 당신은 단지 그리스도께 순종해야 합니다. 그것이 당신의 삶에 기적을 가져다줍니다.

당신은 당신 나름대로 여러 가지 대답을 썼을 것입니다. 그러나 이 말씀이 의미하고 있는 것은, 지금 당신이 하고 있는 모든 일을 무시하라는 것이 아닙니다. **당신의 모든 일이 당신 안에 내재하신 그리스도 중심으로 변해야 된다는 것을 설명해 주는 것입니다.** 당신의 생각과 내면에 혁명이 일어나야 한다는 말입니다. 당신이 그리스도를 사용하는 것이 아닙니다. 그리스도가 당신을 사용하십니다. 당신은 단지 그리스도께 순종해야 합니다. 그것이 당신의 삶에 기적을 가져다줍니다.

내면의 혁명을 완성하십시오.

뿐만 아니라 당신의 마음을 이 땅에 두지 말고 위의 것에 두십시오. 이 땅에 있는 당신의 몸은 그리스도와 함께 죽은 것을 기억하십시오(골로새서 3:1, 2, 5). 이미 당신은 침(세)례를 받을 때 그렇게 선언했습니다. 예수님 안에서 새로운 삶을 사는 내면의 혁명을 이루십시오. 세상의 상식에 맞는 삶을 살지 말고 내재하신 그리스도가 말씀하시는 대로 살기로 결단하십시오. 거듭난 우리는 아무렇게나 살아도 되는 존재가 아닙니다. 폴 마이어는 이렇게 말했습니다. "97퍼센트의 사람들은 전진하는 것이 아니라 떠돌아다니는 것이다." 대다수의 사람에게는 그들의 인생을 걸고 추구해야 할 삶의 목표가 없습니다. 날벌레처럼 무턱대고 앞에 있는 날벌레만 따라다니는 우매한 인생을 삽니다. 파브르가 연구한 바에 의하면 7일 동안 무조건 앞에 있는 동료만 따라 다니다 굶어 죽는 날벌레도 있다고 합니다. 우리는 이제 내재하신 그리스도를 푯대로 삼아 그분을 닮아가는 온전한 삶의 목표를 가지고 우리 내면의 혁명을 이루어가야 합니다. 히브리서 13:21을 찾아보십시오.

"모든 선한 일에 너희를 (   ) 하사 (   )을 행하게 하시고 그 앞에 즐거운 것을 (   ) 말미암아 우리 (   ) 이루시기를 원하노라"

그러므로 너희가 그리스도와 함께 다시 살리심을 받았으면 위의 것을 찾으라 거기는 그리스도께서 하나님 우편에 앉아 계시느니라 (골로새서 3:1)

위의 것을 생각하고 땅의 것을 생각하지 말라 (골로새서 3:2)

그러므로 땅에 있는 지체를 죽이라 곧 음란과 부정과 사욕과 악한 정욕과 탐심이니 탐심은 우상 숭배니라 (골로새서 3:5)

모든 선한 일에 너희를 온전하게 하사 자기 뜻을 행하게 하시고 그 앞에 즐거운 것을 예수 그리스도로 말미암아 우리 가운데서 이루시기를 원하노라 영광이 그에게 세세무궁토록 있을지어다 아멘 (히브리서 13:21)

말씀 묵상

오늘 공부를 통해 깨닫거나 은혜받은 것은 무엇입니까?

말씀 적용

깨달은 것을 당신의 삶 속에서 어떻게 구체적으로 적용할 것인지 말해 보십시오.

넷째 날: 새로운 라이프스타일을 익히십시오.

보배 담은 질그릇

고린도후서 5:14-15에 의하면 그리스도의 사랑이 당신 생애의 주관자가 되어야 한다고 결론을 내리고 있습니다. 이 결론이 무엇을 의미하는지 당신의 말로 요약해 보십시오.

____

____

그리스도의 사랑이 우리를 강권하시는도다 우리가 생각하건대 한 사람이 모든 사람을 대신하여 죽었은즉 모든 사람이 죽은 것이라 그가 모든 사람을 대신하여 죽으심은 살아 있는 자들로 하여금 다시는 그들 자신을 위하여 살지 않고 오직 그들을 대신하여 죽었다가 다시 살아나신 이를 위하여 살게 하려 함이라
(고린도후서 5:14-15)

고린도후서 5:17을 다시 암송해 보십시오. 만약 암송을 못한다면 지금 다시 완전히 암송하십시오. 아주 중요한 구절입니다. 고린도후서 4:6-10은 당신의 새로운 속성에 대해서 다른 방법으로 설명을 하고 있습니다. 한번 읽어보십시오. 7절에는 그릇 안에 무엇이 있다고 했습니까?

____

____

그런즉 누구든지 그리스도 안에 있으면 새로운 피조물이라 이전 것은 지나갔으니 보라 새 것이 되었도다 (고린도후서 5:17)

물론 그릇 안에 있는 것은 보배입니다. 다시 말하면 내재하시는 그리스도가 보배이시며, 보배이신 그리스도가 당신 안에 계시기 때문에 당신은 승리하는 것입니다. 고린도후서 4:8-9에서 이 승리를 네 가지로 비교해 가면서 설명하고 있습니다. 어떻게 비교했는지 아래에 적어보십시오.

어두운 데에 빛이 비치라 말씀하셨던 그 하나님께서 예수 그리스도의 얼굴에 있는 하나님의 영광을 아는 빛을 우리 마음에 비추셨느니라 우리가 이 보배를 질그릇에 가졌으니 이는 심히 큰 능력은 하나님께 있고 우리에게 있지 아니함을 알게 하려 함이라 우리가 사방으로 우겨쌈을 당하여도 싸이지 아니하며 답답한 일을 당하여도 낙심하지 아니하며 박해를 받아도 버린 바 되지 아니하며 거꾸러뜨림을 당하여도 망하지 아니하고 우리가 항상 예수의 죽음을 몸에 짊어짐은 예수의 생명이 또한 우리 몸에 나타나게 하려 함이라
(고린도후서 4:6-10)

우리가 ………………… 당하여도 우리는 ……………… 아니하며

1. 사방으로 우겨쌈을 당하여도 싸이지 아니하며
2. ____________________

3. ______________________________

4. ______________________________

그리스도인이 된다는 것은 당신이 새로운 속성을 받은 것이며 그리스도를 통해 하나님이 우리를 책임지시며 결국은 승리하는 삶을 살도록 하신다는 것입니다. 그렇기 때문에 당신은 더 이상 스스로를 위해서 살지 않고 그리스도를 위해서 살게 되는 것입니다. 따라서 당신은 새 속성이신 그리스도가 내재하시는 삶의 스타일을 배우고 따라야 합니다. 그리스도가 당신을 책임지실 수 있도록 당신의 삶을 전적으로 그리스도께 맡기고 순종하는 새로운 삶의 스타일을 배워나가야 하는 것입니다. 고린도후서 4:7에는 당신의 인생을 그릇에 비유했습니다. 그릇은 무엇이 담겨 있기 때문에 중요한 것이지 담겨 있지 않으면 별로 중요하지 않습니다. 마찬가지로 당신 안에 그리스도가 계시지 않는다면 당신은 전혀 무가치한 존재입니다. 그리스도가 당신 안에 계시기 때문에 당신은 귀한 존재가 된 것입니다. 코카콜라 캔은 콜라가 그 속에 들어있을 때만 중요합니다. 콜라가 캔 속에 없다면 캔은 쓰레기통으로 갈 수밖에 없습니다. 물론 당신은 그릇 이상의 존재입니다. 당신은 인간입니다. 당신은 꼭두각시가 아닙니다. 그러므로 당신은 그리스도 때문에 더욱더 존귀한 존재가 되는 것입니다.

오늘날 많은 사람이 그리스도의 그릇이 되지 않고 하나님을 이해해 보려고 노력합니다. 그러나 그들은 항상 실패할 수밖에 없습니다. 오직 그리스도의 새 생명을 받은 사람만이 하나님을 알 수 있는 능력이 있기 때문입니다. 새 속성을 받지 않고는 결코 하나님을 이해할 수가 없습니다. 아마도 당신의 옛날 친구들이 당신이 종교적인 광신자가 되었다고 말할지도 모릅니다. 그러나 그럴 때 당신이 꼭 기억해야 할 것은 어둠 속에 걷고 있는 사람들은 밝은 빛에서만 볼 수 있는 것을 절대로 볼 수 없다는 사실입니다. 고린도전서 2:13을 찾아보십시오.

우리가 이것을 말하거니와 사람의 지혜가 가르친 말로 아니하고 오직 성령께서 가르치신 것으로 하니 영적인 일은 영적인 것으로 분별하느니라 (고린도전서 2:13)

"우리가 이것을 말하거니와 ( ) 가르친 말로 아니하고 오직 ( ) 가르치신 것으로 하니 ( ) 영적인 것으로 분별하느니라"

사과씨 속에서 사과나무를 보는 것이 믿음입니다.

이제 당신은 예수님을 믿음으로 세상의 친구들이나 친했던 사람들의 모임에 잘 어울리지 못할지도 모릅니다. 아마도 예수님을 믿음으로 당신의 삶에서 오히려 더 힘든 부분들이 많아졌을 것입니다. 그러나 기억하십시오. 믿음을 가지고 산다는 것은 사과씨 속에서 사과나무를 보는 것과 같은 것입니다. 당신은 그리스도 안에서 영생을 보았고 참된 가치를 보았습니다. 그래서 내재하신 그리스도를 배우며 따르기를 원하는 것입니다. 그리스도만이 참된 길임을 확신하십시오.

말씀 묵상

오늘 공부를 통해 깨닫거나 은혜받은 것은 무엇입니까?

말씀 적용

깨달은 것을 당신의 삶 속에서 어떻게 구체적으로 적용할 것인지 말해 보십시오.

다섯째 날: 새로운 삶의 열매를 기대하십시오.

좋은 나무가 좋은 열매를 맺습니다.

오렌지나무에는 오렌지가 열립니다. 오렌지나무에서 사과가 열릴 수 없는 것은 그 본질이 오렌지나무이기 때문입니다. 당신의 새로운 속성도 열매를 맺습니다. 갈라디아서 5:22-23을 읽고 써보십시오.

오직 성령의 열매는 사랑과 희락과 화평과 오래 참음과 자비와 양선과 충성과 온유와 절제니 이 같은 것을 금지할 법이 없느니라 (갈라디아서 5:22-23)

____

____

위와 같은 것은 성령의 열매입니다. 그러나 모든 열매가 그렇듯이 나무가 열매를 맺기 원한다고 맺어지는 것이 아니라, 좋은 나무가 되면 저절로 열매를 맺게 되는 것입니다. 성령의 열매도 마찬가지입니다. 내가 성령의 열매를 맺기 원한다고 되는 것이 아니라 내재하신 그리스도께 순종하면 자연스럽게 이러한 열매를 맺게 되는 것입니다. 그러므로 당신이 위에 적은 성령의 열매는 당신이 무엇을 함으로써 얻는 것이 아니라 당신 그 자체입니다. 위의 성령의 열매는 그 성격을 설명하는 것이지 당신의 행위를 설명하는 것이 아닙니다. 어떤 사람들은 성령의 열매를 맺기 위해 갈라디아서 5:22-23에 나와 있는 것을 행하려고 합니다. 그러나 그것은 잘못된 것입니다. 성령의 열매는 우리의 노력으로 맺어지는 것이 아닙니다. 당신이 새 속성에 순종할 때 성령의 열매는 자연스럽게 맺게 되는 것입니다. 먼저 여러분이 좋은 나무가 되도록 하십시오. 그러면 좋은 열매를 맺게 될 것입니다. 요한복음 15:4-5을 찾아서 좋은 나무가 되는 조건을 찾아보십시오.

내 안에 거하라 나도 너희 안에 거하리라 가지가 포도나무에 붙어 있지 아니하면 스스로 열매를 맺을 수 없음 같이 너희도 내 안에 있지 아니하면 그러하리라 나는 포도나무요 너희는 가지라 그가 내 안에, 내가 그 안에 거하면 사람이 열매를 많이 맺나니 나를 떠나서는 너희가 아무 것도 할 수 없음이라 (요한복음 15:4-5)

____

좋은 나무가 되는 사람은 철저히 그리스도 안에 남아 있는 삶을 사는 자이며, 그리스도 안에 거하는 사람입니다. 이 말은 당신 안에 내재하신 그리스도께 순종하며 그분이 말씀하시는 대로 사는 것을 의미합니다. 세상의 가치와 상식에 따르는 삶을 살지 않고, 오직 당신 안에 내재하시는 그리스도 중심으로 사는 것을 말합니다. 이런 삶을 살게 되면 자연스럽게 당신을 통해 성령의 열매가 열리게 될 것입니다.

이와 같이 성령도 우리의 연약함을 도우시나니 우리는 마땅히 기도할 바를 알지 못하나 오직 성령이 말할 수 없는 탄식으로 우리를 위하여 친히 간구하시느니라 마음을 살피시는 이가 성령의 생각을 아시나니 이는 성령이 하나님의 뜻대로 성도를 위하여 간구하심이니라 우리가 알거니와 하나님을 사랑하는 자 곧 그의 뜻대로 부르심을 입은 자들에게는 모든 것이 합력하여 선을 이루느니라 (로마서 8:26-28)

로마서 8:26-28을 찾아서 읽어보십시오. 당신 안에 내재하시는 성령님이 영적으로 당신의 연약한 부분을 위해서 무엇을 해주신다고 말씀하고 있습니까?

절대로 당신은 옛날의 그 연약한 핑계를 대지 마십시오. 당신이 온전히 성령님께 맡기고 순종하기로 마음만 먹으면 연약한 당신을 위해 성령님이 기도하십니다. 당신을 온전히 주님께 맡기도록 기도하고, 또한 순종할 수 있도록 기도하십시오. 주인 되신 예수님이 당신의 삶을 책임지십니다. 로마서 8:27을 읽고 아래 문장을 완성하십시오.

"마음을 살피시는 ( ) 성령의 생각을 아시나니 이는 성령이 ( )의 뜻대로 성도를 위하여 간구하심이니라"

그리고 로마서 8:28에는 당신의 새로운 속성이 당신의 인생을 주관하는 결과로 나타나는 것들에 대해서 말씀하고 있습니다. 이 말씀의 의미가 어떤 것이라고 생각하십니까?

( ) 1. 하나님을 사랑하는 자들에게는 모든 것이 좋게만 된다.
( ) 2. 하나님을 사랑하는 자들에게는 모든 것이 합력하여 하나님의 영광을 나타내는 방향으로 이루어진다.

하나님은 당신이 내재하시는 그리스도께 순종하고, 당신을 하나님께 맡길 때 당신의 인생을 전적으로 주관하시며, 모든 것이 합력하여 하나님의 영광을 나타내는 방향으로 완성되도록 해주십니다. 얼마나 큰 축복입니까? 이제 당신은 그리스도인으로서 결단해야 할 시간이 되었습니다. 그 결단은 매순간, 날마다, 예수 그리스도를 당신 인생의 주인으로 모시도록 순종하는 일입니다. 당신이 이렇게 결정할 때마다 새 속성이신 그리스도가 당신을 주관하실 것이며, 하나님 앞에서 온전한 성도로서 성장해 나가고, 그분이 약속하신 풍성한 삶을 경험하게 될 것입니다. 그리고 또한 그리스도의 속성이 당신으로 하여금 당신이 불가능하다고 생각했던 성령의 열매도 맺도록 하실 것입니다. 꼭 한 가지를 기억하십시오. **당신이 예수 그리스도를 당신 안에 모시고 그분께 순종하기만 하면 당신 안에 내재하신 그리스도가 당신의 모든 것을 주관하시고 책임지십니다.** 이 얼마나 멋진 삶입니까?

당신이 예수 그리스도를 당신 안에 모시고 그분께 순종하기만 하면 당신 안에 내재하신 그리스도가 당신의 모든 것을 주관하시고 책임지십니다.

말씀 묵상

이번 주 공부를 통해 깨닫거나 은혜받은 말씀은 무엇입니까?

말씀 적용

깨달은 것을 당신의 삶 속에서 어떻게 구체적으로 적용할 것인지 말해 보십시오.

5단원 절망의 그림자 : 옛 속성

5단원 암송구절: 로마서 6:11, 로마서 6:12-13

절망의 그림자 : 옛 속성

이와 같이 너희도 너희 자신을 죄에 대하여는 죽은 자요 그리스도 예수 안에서 하나님께 대하여는 살아 있는 자로 여길지어다
(로마서 6:11)

그러므로 너희는 죄가 너희 죽을 몸을 지배하지 못하게 하여 몸의 사욕에 순종하지 말고 또한 너희 지체를 불의의 무기로 죄에게 내주지 말고 오직 너희 자신을 죽은 자 가운데서 다시 살아난 자 같이 하나님께 드리며 너희 지체를 의의 무기로 하나님께 드리라
(로마서 6:12-13)

첫째 날: 죄의 왕을 밀어내십시오.

속지 마십시오. 옛 속성은 힘을 상실한 껍데기일 뿐입니다.

많은 사람이 자기 자신의 잘못된 말이나 행동에 이유를 대고 정당화하는 것을 당신은 얼마나 많이 보아왔습니까? 그것이 바로 인간의 속성입니다. 그러나 이제 당신은 그 이유가 더 이상 통하지 않는 것을 발견하게 될 것입니다. 그리스도는 그리스도인이 인간의 속성 그대로 간직하면서 살게 두시지 않습니다. 당신의 새로운 왕이 되신 그리스도가 당신에게 날마다 새로운 삶의 태도와 행동을 요구하십니다. 그래서 당신은 마음속에서 갈등을 경험하게 됩니다. 왜냐하면 아직도 옛 속성이 당신 안에 자리를 잡고 있기 때문입니다. 옛 속성은 당신의 인생을 그리스도에게 맡기기 전처럼 아직도 당신 속에 그대로 남아있으면서, 당신을 속이고 자신이 여전히 왕인 것처럼 당신에게 명령하고 있습니다. 당신은 너무나 오랫동안 옛 속성을 왕으로 섬기며 지배를 받아왔기 때문에 지금도 옛 속성이 힘이 있는 당신의 왕

인 줄 알고 속아서 옛 속성에 순종하곤 합니다. 그러나 새로운 왕이신 그리스도는 당신에게 순종을 원하십니다. 따라서 여전히 당신은 혼란스럽고 갈등하게 됩니다. 로마서 6:12-18을 읽어보십시오. 왜 당신에게 갈등이 생깁니까? 갈등이 생기는 이유를 당신의 말로 정리해서 써보십시오.

그러므로 너희는 죄가 너희 죽을 몸을 지배하지 못하게 하여 몸의 사욕에 순종하지 말고 또한 너희 지체를 불의의 무기로 죄에게 내주지 말고 오직 너희 자신을 죽은 자 가운데서 다시 살아난 자 같이 하나님께 드리며 너희 지체를 의의 무기로 하나님께 드리라 죄가 너희를 주장하지 못하리니 이는 너희가 법 아래에 있지 아니하고 은혜 아래에 있음이라 그런즉 어찌하리요 우리가 법 아래에 있지 아니하고 은혜 아래에 있으니 죄를 지으리요 그럴 수 없느니라 너희 자신을 종으로 내주어 누구에게 순종하든지 그 순종함을 받는 자의 종이 되는 줄을 너희가 알지 못하느냐 혹은 죄의 종으로 사망에 이르고 혹은 순종의 종으로 의에 이르느니라 하나님께 감사하리로다 너희가 본래 죄의 종이더니 너희에게 전하여 준 바 교훈의 본을 마음으로 순종하여 죄로부터 해방되어 의에게 종이 되었느니라
(로마서 6:12-18)

아직도 당신의 마음속에서 죄는 당신에게 왕처럼 군림합니다. 그러나 분명히 기억하십시오. 당신의 옛 왕은 힘을 상실했습니다. 그 모든 권력과 힘을 그리스도가 새롭게 가지셨습니다. 따라서 이제부터 당신의 삶의 주인은 오직 그리스도 한 분뿐입니다. 비록 당신 안에 옛 속성이 남아 있지만 그것은 힘을 잃은 절망의 그림자에 불과합니다. 우리가 그리스도께 순종을 하면 옛 속성은 우리에게 아무런 힘도 발휘하지 못합니다. 따라서 당신은 현명하게 판단을 하여야 합니다. 12절에 보면 선택권은 당신에게 있습니다. 만약 당신이 옛 속성의 지배를 받도록 선택을 하면 우습게도 당신은 당신이 점령하여 힘을 상실한 나라의 왕에게 다시 순종하는 것과 같은 어리석은 짓을 하게 되는 것입니다. 16절을 읽고 당신의 말로 요약해서 써보십시오.

문제는 바로 "나" 입니다.

당신의 인생에서 죄의 왕은 누구입니까? 아마도 지난번에 공부한 것을 기억할 수 있을 것입니다. 자 다시 한 번 복습해 볼까요? 영어로 죄는 SIN입니다. 제일 찾기 쉬운 방법은 죄(SIN)의 단어 중간에 있는 "I"입니다. 죄의 근본은 내가 왕이 되는 것입니다. 내가 왕이 되어 내가 내 인생을 책임지고 내 맘대로 살겠다고 주장하는 것이 죄라는 말입니다. 누가복음 15장에 나오는 탕자의 비유를 보면 결국 하나님

죄의 근본은 내가 왕이 되는 것입니다.

아버지를 떠나 자기 인생을 자기 맘대로 살겠다고 아버지와의 관계를 파괴하고 떠난 것이 죄임을 말해 주고 있습니다. 왜냐하면 탕자의 비유에 나오는 것처럼 결국 인간이란 자기를 책임질 수 없는 존재이기 때문입니다. 책임질 수 없는 자가 책임질 것같이 생각하고 행동하는 오만과 교만이 바로 죄입니다. 누가복음 15:11-17을 읽고 아버지를 떠난 탕자의 모습을 분석해서 당신이 발견한 탕자의 모습을 자신의 말로 설명해 보십시오.

육체적인 형편(13-14절): ______________________

____

사람과의 관계(15-16절): ______________________

____

정신적인 상태(16-17절): ______________________

____

영적인 상태(18, 21절): ______________________

____

또 이르시되 어떤 사람에게 두 아들이 있는데 그 둘째가 아버지에게 말하되 아버지여 재산 중에서 내게 돌아올 분깃을 내게 주소서 하는지라 아버지가 그 살림을 각각 나눠 주었더니 그 후 며칠이 안 되어 둘째 아들이 재물을 다 모아 가지고 먼 나라에 가 거기서 허랑방탕하여 그 재산을 낭비하더니 다 없앤 후 그 나라에 크게 흉년이 들어 그가 비로소 궁핍한지라 가서 그 나라 백성 중 한 사람에게 붙여 사니 그가 그를 들로 보내어 돼지를 치게 하였는데 그가 돼지 먹는 쥐엄 열매로 배를 채우고자 하되 주는 자가 없는지라 이에 스스로 돌이켜 이르되 내 아버지에게는 양식이 풍족한 품꾼이 얼마나 많은가 나는 여기서 주려 죽는구나
(누가복음 15:11-17)

아버지로부터 독립해서 내가 나를 책임지며 내 맘대로 살겠다는 교만이 바로 사람들에게 고통과 불행의 원인이 되는 것입니다. 육체적으로는 쾌락을 좇아 허무한 삶을 살고, 다른 사람들과의 관계는 파괴되며, 사람들에게 소외되었습니다. 정신적으로는 고독과 절망 속에 빠졌으며, 영적으로는 엄청난 죄책감 속에서 우울증과 깊은 후회에 빠지게 됩니다. 그러나 탕자가 어떻게 하기로 결단했을 때 행복을 되찾을 수 있었습니까? 누가복음 15:18-20을 읽어보고 대답해 보십시오.

내가 일어나 아버지께 가서 이르기를 아버지 내가 하늘과 아버지께 죄를 지었사오니 지금부터는 아버지의 아들이라 일컬음을 감당하지 못하겠나이다 나를 품꾼의 하나로 보소서 하리라 하고 이에 일어나서 아버지께로 돌아가니라 아직도 거리가 먼데 아버지가 그를 보고 측은히 여겨 달려가 목을 안고 입을 맞추니
(누가복음 15:18-20)

18절: 내가 죄인이라는 자각(로마서 3:23)

19절: 나는 아버지의 은혜와 사랑이 아니면 살 수 없는 존재라는 사실을 발견(요한복음 3:16)

20절: 일어나 아버지께로 돌아가겠다는 결단(요한복음 1:12)

이에 일어나서 아버지께로 돌아가니라 아직도 거리가 먼데 아버지가 그를 보고 측은히 여겨 달려가 목을 안고 입을 맞추니 아들이 이르되 아버지 내가 하늘과 아버지께 죄를 지었사오니 지금부터는 아버지의 아들이라 일컬음을 감당하지 못하겠나이다 하나 아버지는 종들에게 이르되 제일 좋은 옷을 내어다가 입히고 손에 가락지를 끼우고 발에 신을 신기라 그리고 살진 송아지를 끌어다가 잡으라 우리가 먹고 즐기자. 이 내 아들은 죽었다가 다시 살아났으며 내가 잃었다가 다시 얻었노라 하니 그들이 즐거워하더라 (누가복음 15:20-24)

내가 무엇을 원하든지 우리는 원하는 것의 종이 됩니다. 탕자가 아버지를 떠나기를 원했을 때 그는 자신이 주인이 되어 살았고, 그 결과는 고통과 불행이었습니다. 또한 탕자가 아버지께 돌아오기를 원했고 아버지께 순종하기로 결단했을 때 그는 잃었던 기쁨과 행복을 되찾게 되었습니다. 누가복음 15:20-24을 읽고 돌아온 탕자에 대한 아버지의 사랑을 당신의 말로 정리해 보십시오.

20절: ______________________________

22-23절: ______________________________

____

24절: ______________________________

순종이 당신의 인생을 결정합니다.

우리가 만일 미쳤어도 하나님을 위한 것이요 정신이 온전하여도 너희를 위한 것이니 그리스도의 사랑이 우리를 강권하시는도다 우리가 생각하건대 한 사람이 모든 사람을 대신하여 죽었은즉 모든 사람이 죽은 것이라 그가 모든 사람을 대신하여 죽으심은 살아 있는 자들로 하여금 다시는 그들 자신을 위하여 살지 않고 오직 그들을 대신하여 죽었다가 다시 살아나신 이를 위하여 살게 하려 함이라 그러므로 우리가 이제부터는 어떤 사람도 육신을 따라 알지 아니하노라 비록 우리가 그리스도도 육신을 따라 알았으나 이제부터는 그같이 알지 아니하노라 그런즉 누구든지 그리스도 안에 있으면 새로운 피조물이라 이전 것은 지나갔으니 보라 새 것이 되었도다

(고린도후서 5:13-17)

결국 당신이 누구에게 순종하느냐에 따라 어떤 사람이 되는지 결정됩니다. 만일 그리스도가 당신의 삶을 지배하시도록 선택하면 당신의 새로운 속성인 그리스도로 말미암아 성령의 열매가 당신의 인생으로부터 흘러나오게 됩니다. 그러나 당신 자신을 죄의 왕에게 주기로 결정을 한다면 당신은 절망의 그림자인 죄의 노예가 되는 것입니다. 고린도후서 5:13-17을 읽고 빈칸을 채워보십시오.

"그가 모든 사람을 대신하여 죽으심은 살아 있는 자들로 하여금 다시는 그들 (   ) 위하여 살지 않고 오직 그들을 대신하여 죽었다가 다시 (   ) 위하여 살게 하려 함이라"

그러므로 이제 당신이 당신 속에 내재하신 그리스도를 위한 삶을

살지 않는다면, 바로 이를 위해 죽으신 그리스도의 십자가를 헛되게 하는 것임을 알아야 합니다. 바로 이 사실이 복음의 핵심입니다. 그러므로 이제 당신은 당신 자신의 어떤 부분도 죄의 왕에게 맡겨서는 안 됩니다. 당신은 당신 속에 내재하시는 그리스도가 주관하시도록 해야 합니다. 왜냐하면 그리스도가 이 축복을 위해서 당신을 구원하셨기 때문입니다.

말씀 묵상

오늘 공부를 통해 은혜받거나 깨달은 말씀은 무엇입니까?

말씀 적용

이번 주 동안 그 말씀을 어떻게 구체적으로 적용하겠습니까?

둘째 날: 옛 속성은 개조할 수 없습니다.

둘이 같이 살 수 없는 관계

예수님을 처음 믿는 사람들이 제일 이해하기 힘든 것 중에 하나는 자신의 옛 속성을 다시 개혁하거나 개조할 수 없다는 사실입니다. 당신이 옛 속성을 따라 살면서 새로운 속성의 열매를 맺으려고 한다면 끝없이 실망하게 될 것입니다. 이 두 속성은 절대로 합해질 수 없기 때문입니다. 세상의 어떤 지식과 교육으로도 옛 속성은 개조할 수 없습니다. 로마서 7:15과 7:18-21은 이렇게 살려고 노력하는 사람들의 갈등과 투쟁을 잘 설명하고 있습니다. 당신의 말로 요약해서 적어 보십시오.

당신이 위에서 요약한 대로 죄와 갈등하며, 투쟁하는 당신 자신의 연약한 모습을 발견할 수 있을 것입니다. 그러면 왜 이런 갈등과 고민이 일어납니까? 그것은 당신의 옛 속성은 개조할 수 없기 때문입니다. 옛 속성은 옛날의 방식으로 살도록 당신을 이끌어갑니다. 그래서 비록 당신이 그리스도인이 되었을지라도 당신 안에 남아있는 죄의 속성은 그리스도인이 되기 전과 같은 열매를 맺으려고 합니다. 갈라디아서 5:22-23을 읽고 새로운 속성이 맺는 열매에 대해서 써보십시오.

갈라디아서 5:19-21을 읽고 옛 속성의 열매에 대해서 써보십시오.

내가 행하는 것을 내가 알지 못하노니 곧 내가 원하는 것은 행하지 아니하고 도리어 미워하는 것을 행함이라 (로마서 7:15)

내 속 곧 내 육신에 선한 것이 거하지 아니하는 줄을 아노니 원함은 내게 있으나 선을 행하는 것은 없노라 내가 원하는 바 선은 행하지 아니하고 도리어 원하지 아니하는 바 악을 행하는도다 만일 내가 원하지 아니하는 그것을 하면 이를 행하는 자는 내가 아니요 내 속에 거하는 죄니라 그러므로 내가 한 법을 깨달았노니 곧 선을 행하기 원하는 나에게 악이 함께 있는 것이로다
(로마서 7:18-21)

오직 성령의 열매는 사랑과 희락과 화평과 오래 참음과 자비와 양선과 충성과 온유와 절제니 이 같은 것을 금지할 법이 없느니라
(갈라디아서 5:22-23)

육체의 일은 분명하니 곧 음행과 더러운 것과 호색과 우상 숭배와 주술과 원수 맺는 것과 분쟁과 시기와 분냄과 당 짓는 것과 분열함과 이단과 투기와 술 취함과 방탕함과 또 그와 같은 것들이라 전에 너희에게 경계한 것 같이 경계하노니 이런 일을 하는 자들은 하나님의 나라를 유업으로 받지 못할 것이요
(갈라디아서 5:19-21)

많은 그리스도인이 예수님을 믿는다고 하면서도 여전히 자기가 정복한 옛 왕인 죄에게 굴복하며 사는 경향이 있습니다. 그러나 우리는 육체의 본성으로 살아가는 존재가 아니라 성령의 능력에 의지해 영성으로 살아가야 하는 사람들임을 꼭 기억하십시오.

하나님은 우리의 죄를 고치시지 않고 예수님의 피로 덮으셨습니다.

아직도 예수님을 믿는다는 것은 '교회에 다니고, 헌금 내고, 죄 안 짓고 착하게 살다가 천당에 가는 것이다' 라고 생각하고 있는 사람들이 있습니다. 예수님을 믿는다고 하면서도 여전히 옛 속성인 자기 자신이 주장하는 대로 살아갑니다. 그리고 이런 사고방식으로 살아가면서도 성령의 열매를 맺어보려고 노력합니다. 그렇기 때문에 예수님을 믿는 것이 부담스러워지고 힘들어지는 것입니다. 많은 사람이 예수님을 믿고 신앙생활하는 것은 새 속성이신 그리스도를 닮아 가는 삶인 것을 깨닫지 못합니다. 그들은 여전히 옛 속성을 따라 살면서, 단지 새 속성의 열매만 맺으려고 합니다. 삶의 목적은 변하지 않은 채 방법과 습관만 변한 것입니다. 그리고 그들은 자신들의 옛 속성을 개조해 보려고 노력합니다. 그러나 옛 속성은 결코 개조할 수도, 좋게 만들 수도 없습니다. 왜냐하면 그것은 하나님이 보시기에 항상 더럽고 죄악 된 것이기 때문입니다. 그래서 하나님은 우리를 고치시지 않고 예수님의 피로 우리의 죄악을 덮어버리신 것입니다. 왜냐하면 이 세상에 의인은 없기 때문입니다. 따라서 아무리 선행을 하고 교회 일을 열심히 해도 그 근본 동기가 내재하신 그리스도의 인도하심에 순종하여 한 것이 아니면 거짓되고 잘못된 것입니다. 왜냐하면 옛 속성에 속한 것은 항상 악한 것이기 때문입니다. 새 속성이신 그리스도를 위해 살지 않고, 옛 속성인 자기 자신을 위해 살면서 새 속성의 열매를 맺을 수는 없습니다. 근본적으로 이 둘은 조화될 수가 없기 때문에 당신 인생의 근본 목적과 가치관이 바뀌어야 합니다.

새 속성이신 그리스도를 위해 살지 않고, 옛 속성인 자기 자신을 위해 살면서 새 속성의 열매를 맺을 수는 없습니다.

뿌린 것을 거둡니다.

그러므로 이제 당신은 당신의 옛 속성을 개조해서 새 속성의 열매를 맺으려는 시도를 하지 마십시오. 그것은 불가능한 일입니다. 설령 옛 속성을 개조해서 새 속성의 열매를 맺는다 하더라도 속지 마십시오. 그것은 거짓된 것입니다. 왜냐하면 하나님은 당신이 얼마나 많은 일을 하느냐를 보시는 것이 아니라 얼마나 새 속성을 따라 순종하는 삶을 사느냐를 보시기 때문입니다. 그러므로 당신은 좋은 열매를 맺기 위하여 당신 자신이 먼저 좋은 나무가 되어야 합니다. 요한복음 15장에 있는 것처럼 먼저 참 포도나무이신 예수님과 올바른 관계가 되면 좋은 열매를 맺을 수 있습니다. 요한복음 15:1-7을 읽고 예수님께 붙어있는 가지가 된다는 의미가 무엇인지를 당신 말로 설명해 보십시오.

나는 참포도나무요 내 아버지는 농부라 무릇 내게 붙어 있어 열매를 맺지 아니하는 가지는 아버지께서 그것을 제거해 버리시고 무릇 열매를 맺는 가지는 더 열매를 맺게 하려 하여 그것을 깨끗하게 하시느니라 너희는 내가 일러준 말로 이미 깨끗하여졌으니 내 안에 거하라 나도 너희 안에 거하리라 가지가 포도나무에 붙어 있지 아니하면 스스로 열매를 맺을 수 없음 같이 너희도 내 안에 있지 아니하면 그러하리라 나는 포도나무요 너희는 가지라 그가 내 안에, 내가 그 안에 거하면 사람이 열매를 많이 맺나니 나를 떠나서는 너희가 아무 것도 할 수 없음이라 사람이 내 안에 거하지 아니하면 가지처럼 밖에 버려져 마르나니 사람들이 그것을 모아다가 불에 던져 사르느니라 너희가 내 안에 거하고 내 말이 너희 안에 거하면 무엇이든지 원하는 대로 구하라 그리하면 이루리라 (요한복음 15:1-7)

진정으로 예수님을 믿기 원한다면?

이제 당신이 진정으로 예수님을 믿기 원한다면 당신의 인생은 주를 떠나서 아무것도 할 수 없는 존재임을 깨달아 오직 예수님의 말씀에 순종하는 삶을 살아야 합니다. 갈라디아서 2:20을 암송하십니까? "이제 내가 사는 것은 내 안에 계신 그리스도를 위하여 사는 것이다." 이것이 바로 예수님을 믿는 것입니다. 첫째 날에 공부한 고린도후서 5:15처럼 예수님이 우리를 대신하여 죽으신 것은 바로 우리가 우리를 위하여 살지 않고 우리를 대신하여 죽으신 그리스도를 위하여 살게 하시기 위해서입니다. 이것을 믿고 이렇게 사는 것이 새로운 피조물로서의 삶입니다. 당신의 의식과 가치관과 생각이 새 속성을 따르겠다는 결단을 하지 않고 새 속성의 열매를 맺는다는 것은 불가능한 일입니다. 그러므로 당신에게는 무엇보다도 결단이 필요합니다. 왜냐하면 그것이 바로 믿음이기 때문입니다. 산 믿음은 역사를 발휘합니다. 왜냐하면 결단과 행동이 따르기 때문입니다. 다음의 이야기를 읽어보십시오.

이전에 알코올 중독자였던 두 사람이 있었습니다. 두 사람 다 모든 사람이 인정할 정도로 옛 습관을 버렸습니다. 그러나 그 중 한 사람은 너무 자만해서 술을 조금 마시면서, 언젠가는 끊게 된다는 것을 보여주기를 원했습니다. 그 결과로 그는 다시 알코올 중독자가 되었습니다. 다른 한 사람은 자기 자신을 신뢰하는 것보다 더 좋은 방법을 알았습니다. 그는 유혹을 받을 수 있는 자리는 무조건 피했습니다. 자기의 약함을 알았기 때문입니다(시편 1:1-2 참고).

복 있는 사람은 악인들의 꾀를 따르지 아니하며 죄인들의 길에 서지 아니하며 오만한 자들의 자리에 앉지 아니하고 오직 여호와의 율법을 즐거워하여 그의 율법을 주야로 묵상하는도다
(시편 1:1-2)

믿음은 결단을 요구하며, 순종은 믿음을 요구합니다. 이런 순종이 역사를 일으키고 새 속성의 열매를 맺게 합니다. 만약에 당신이 당신의 삶 속에서 하나님의 능력을 체험하지 못했거나, 새 속성의 열매를 맺고 있지 못하다면 진리이신 하나님의 말씀을 믿고 순종하십시오. 하나님의 은혜가 당신이 그렇게 살도록 도우실 것입니다.

믿음은 결단을 요구하며, 순종은 믿음을 요구합니다. 이런 순종이 역사를 일으키고 새 속성의 열매를 맺게 합니다.

말씀 묵상

오늘 공부를 통해 은혜받거나 깨달은 말씀은 무엇입니까?

말씀 적용

이번 주 동안 그 말씀을 어떻게 구체적으로 적용하겠습니까?

앞의 알코올 중독자 이야기를 통해서 볼 때 지금 당신의 삶 속에서 당장 끊거나 피해야만 할 옛 속성의 일은 무엇인지 써보십시오.

셋째 날 : 보이지 않는 전쟁

갈등은 많아도 해답은 간단합니다.

내 속사람으로는 하나님의 법을 즐거워하되 내 지체 속에서 한 다른 법이 내 마음의 법과 싸워 내 지체 속에 있는 죄의 법으로 나를 사로잡는 것을 보는도다 오호라 나는 곤고한 사람이로다 이 사망의 몸에서 누가 나를 건져내랴 우리 주 예수 그리스도로 말미암아 하나님께 감사하리로다 그런즉 내 자신이 마음으로는 하나님의 법을 육신으로는 죄의 법을 섬기노라 (로마서 7:22-25)

당신은 그리스도인으로서 당신 생애에 믿음의 갈등이 일어나는 것을 경험했습니까? 이 갈등은 당신 안에 있는 옛 속성과 새로운 속성이 서로 대항할 때 일어나는 것입니다. 로마서 7:22-25을 읽으십시오. 이 성경구절에 기록되어 있는 대로 이 갈등은 그리스도인인 당신 자신이 원해서 일어나는 것은 아닙니다. 다만 당신의 생애에 내재하시는 그리스도를 당신 인생의 주인으로 모시는 결정적인 판단을 내리지 않았기 때문에 일어납니다.

로마서 7:23에는 전쟁과 포로의 결과를 기록했습니다. 그리고 로마서 7:24에는 숨겨져 있는 사실이 한 가지 있습니다. 옛날 황제나 정복자들은 죄인을 괴롭히는 아주 처절하고 잔인한 방법을 발달시켰습니다. 그들은 죽은 시체를 살아 있는 죄수에게 묶어놓았습니다. 시체를 너무 꼭 묶어놓았기 때문에 죄수가 도망하려고 하면 그는 시체를 지고 다녀야 했습니다. 로마서 7:24에서 사도 바울은 질문을 던지면서 아마도 이 끔찍한 고문 광경을 떠올렸을 것입니다. "도대체 누가 나를 구원해 줄 수 있을 것인가?"라고 사도 바울은 간절히 찾았습니다. 누가 나를 자유롭게 해줄 수 있습니까? 로마서 7:25에는 당신 안에서 일어나고 있는 이 보이지 않는 전쟁으로부터 당신을 구출해 줄 분의 이름이 기록되어 있습니다. 바로 예수 그리스도 우리 주입니다. 두 가지 속성 사이에서 일어나는 이 갈등을 끝나게 하는 데 이 이름이 어떤 중요한 의미를 가지고 있다고 생각하십니까?

예수님을 당신 삶의 주인으로 확실히 인정하십시오.

만약 예수 그리스도가 진정으로 당신의 주인이시라면 그가 당신의 인생을 주관하셔야 합니다. 당신은 그리스도가 당신의 주인이시기 때문에 더 이상 옛 주인에게 복종할 필요가 없습니다. 그렇게 시작되는 것이 바로 예수님을 믿는 것이요, 신앙생활입니다. 또한 이것의 고백이 침(세)례식입니다. 당신이 침(세)례를 받았다면 경험했을 것입니다. 당신이 물속에 들어가는 것은 이전의 삶은 죽었다는 고백이며 물속에서 나오는 것은 예수님을 주인으로 모시고 새롭게 살아났다는 선언인 것입니다. 이렇게 당신이 새 속성되신 그리스도를 당신의 주인으로 모시고 살 때 비로소 당신은 주님이 말씀하신 풍성함을 맛볼 수 있습니다. 예수님은 친히 당신의 목자 되셔서 당신과 당신의 모든 것을 책임지십니다.

두 가지 인생과 한 가지 선택

당신은 로마서 8:5-6을 읽고 그 말씀이 어떤 의미를 주는지 잘 기억하시기 바랍니다. 이 두 성경구절은 당신이 그리스도인으로서 경험할 수 있는 두 가지 종류의 삶을 대조해서 기록했습니다. 한 가지 종류의 삶은 "옛 속성의 법칙"에 복종해서 사는 인생이고, 다른 한 가지는 "새로운 속성의 법칙"에 순종해서 사는 인생입니다.

육신을 따르는 자는 육신의 일을, 영을 따르는 자는 영의 일을 생각하나니 육신의 생각은 사망이요 영의 생각은 생명과 평안이니라 (로마서 8:5-6)

로마서 8:5-6	옛 속성	새 속성
마음의 결정(5절)	육신의 것들	영적인 것들
결과(6절)	죽음	생명과 평화

그리고 로마서 8:7-8에 보면 그리스도인이 그리스도께 자신의 인생을 완전히 맡기지 못했을 때 일어나는 네 가지의 부정적인 사실들

육신의 생각은 하나님과 원수가 되나니 이는 하나님의 법에 굴복하지 아니할 뿐 아니라 할 수도 없음이라 육신에 있는 자들은 하나님을 기쁘시게 할 수 없느니라 (로마서 8:7-8)

을 기록했습니다. 이 네 가지 사실들을 적어보십시오.

1. 그는 하나님과 원수가 된다.
2. 그는 (   ) 않는다.
3. 그는 (   ) 없다.
4. 그는 (   ) 없다.

이제 당신은 로마서 8:5-8을 읽고 공부하면서 당신 인생을 어떻게 할 것인가 결정했습니까? 만약에 그렇다면 그것은 어떤 것입니까?

____

만일 너희 속에 하나님의 영이 거하시면 너희가 육신에 있지 아니하고 영에 있나니 누구든지 그리스도의 영이 없으면 그리스도의 사람이 아니라 (로마서 8:9)

로마서 8:9은 하나님의 영이 그리스도인들에게 내재하고 계심을 기록하고 있습니다. "내재한다"는 말은 "영원 안에서 산다"는 뜻입니다. 당신 안에 예수님이 내재하시기 때문에 이제 당신은 영원히 살게 된 것입니다. 그러므로 우리는 새 속성을 따르는 생활을 해야만 합니다. 또한 새 속성이신 그리스도를 따르기 위해 당신의 인생은 재조정되어야 합니다.

말씀 묵상

오늘 공부를 통해 은혜받거나 깨달은 말씀은 무엇입니까?

말씀 적용

당신이 예수님을 주인으로 인정한다면 현재 당신의 삶 속에서 무엇으로 증명할 수 있습니까? 또 당신이 예수님을 주님으로 인정하는 삶을 살기 위해 어떤 부분에서의 조정이 필요하다고 생각합니까?

넷째 날: 순종만이 승리를 가능하게 합니다.

갈등은 점점 더 많아지고……

어쩌면 당신은 이번 단원을 공부하면서 더욱 많은 갈등에 빠졌을지도 모릅니다. 그래서 말씀을 배우기보다는 지금까지 상식적으로 알고 있었던 대로 교회나 열심히 다니며 평범하게 신앙생활해야겠다고 생각했을지도 모릅니다. 그저 적당히 남들이 예수님을 믿는 것처럼 믿지 괜히 어렵게 살 필요가 없다는 생각이 고개를 들었지도 모릅니다. 그러나 이것은 오늘날 믿는 자들이 새 속성을 따르며 살지 못하게 하는 사탄의 가장 강력한 도전입니다. 사탄은 믿는 사람들이 적당히 예수님을 믿게 합니다. 평범하게 예수님을 믿게 합니다. 그러나 예수님을 믿는 일에 평범한 것은 없습니다. 4단원에서 배운 대로 차든지 뜨겁든지 둘 중에 하나만 있을 뿐입니다. 다음에 재미있는 이야기가 있습니다.

사탄은 믿는 사람들이 적당히 예수님을 믿게 합니다. 평범하게 예수님을 믿게 합니다. 그러나 예수님을 믿는 일에 평범한 것은 없습니다.

미국 코넬대학교의 실험실에서 있었던 일입니다. 개구리 한 마리를 차가운 물이 담긴 큰 비커에 넣었습니다. 비커 밑에는 분젠등을 놓고 1초에 화씨 0.0017도씩만 데워지도록 불꽃을 아주 작게 해놓았습니다. 온도가 서서히 올라가지만 개구리는 물이 뜨거워지는 것을 전혀 눈치 채지 못하고 있었습니다. 마음만 먹으면 당장이라도 비이커에서 다른 안전한 곳으로 도망갈 수 있는데도 불구하고 개구리는 태평스럽게 놀고 있었습니다. 온도는 계속 올라가는데 개구리는 여전히 도망갈 생각을 하지 않았습니다. 두 시간 반쯤 후에 그 개구리는 어떻게 되었을까요? 그 개구리는 자기가 왜 죽는지도 모르고 뜨거운 물에 삶아져 죽어버리고 말았습니다.

앞의 개구리 이야기를 통해 당신이 느낀 점을 써보십시오.

사탄의 전술전략을 이해하십시오.

사탄은 오늘날 많은 신자가 예수님을 믿는다는 참 의미가 무엇인지 모르고 전통과 습관을 좇아 교회에 다니게 합니다. 너무 어렵지도, 쉽지도 않고 자신만이 만족하는 신앙생활을 하도록 합니다. 믿기는 믿되 적당히 믿으라는 것입니다. 그러나 옛 속성은 근본적으로 개조 할 수 없는 것이기 때문에 우리는 옛 속성이든지 새 속성이든지 둘 중에 한 가지만 선택해야 합니다. 우리의 생각대로 선택하지 말고 하나님의 말씀대로 결정해야 합니다. 사탄의 목표는 성도들이 낙심하는 것이며 포기하게 만드는 것입니다. 사탄에게 절대로 속지 마십시오.

에베소서 4:22-24을 읽으십시오. 이 구절의 내용이 무엇인지 한 문장으로 설명해 보십시오.

골로새서 3:8-10을 읽으십시오. 그리고 이 구절의 내용이 무엇인지 한 문장으로 설명해 보십시오.

이 두 구절에서 사도 바울은 그리스도인들이 결정해야 될 문제, 즉 옛 속성을 보관하거나 집어던지거나 해야 할 문제에 대해서 이야기하고 있습니다. 옷 하나를 20년 동안 계속 입고 있었던 사람을 생각해 보십시오. 그는 더러워진 그 옷을 벗어버립니다. 그 옷은 버려졌

너희는 유혹의 욕심을 따라 썩어져 가는 구습을 따르는 옛 사람을 벗어 버리고 오직 너희의 심령이 새롭게 되어 하나님을 따라 의와 진리의 거룩함으로 지으심을 받은 새 사람을 입으라
(에베소서 4:22-24)

이제는 너희가 이 모든 것을 벗어 버리라 곧 분함과 노여움과 악의와 비방과 너희 입의 부끄러운 말이라 너희가 서로 거짓말을 하지 말라 옛 사람과 그 행위를 벗어 버리고 새 사람을 입었으니 이는 자기를 창조하신 이의 형상을 따라 지식에까지 새롭게 하심을 입은 자니라
(골로새서 3:8-10)

고, 멀리 집어던져 졌습니다. 그 옷은 그에게 더 이상 아무런 가치도 없습니다. 그 옷은 다시 그 사람에게 입혀질 수 없습니다. 새로운 그리스도인으로서의 이러한 결정이 당신 안에 있는 갈등을 멈추게 할 것입니다. 이제 당신이 옛 속성을 버리기로 작정하였기 때문에 그 힘은 소용이 없게 되었습니다. 예수 그리스도께 완전히 당신을 맡길 것을 결정함으로써 그리스도의 능력이 당신 안에 충만하게 될 것입니다.

당신의 마음이 문제입니다.

에베소서 4:23에서 사도 바울은 먼저 당신의 마음을 새롭게 해야 할 것을 이야기하고 있습니다. 예수님도 역시 인간의 마음에 대하여 가르치고 계십니다. 마태복음 5:21-22과 27-28에서 예수님이 가르치신 교훈에 의하면 당신이 행하는 모든 행동은 마음에서부터 시작됩니다. 왜냐하면 마음이 그 사람의 행동을 지배하기 때문입니다. 빌립보서 4:6-8에서 사도 바울은 다음과 같이 말하고 있습니다.

옛 사람에게 말한 바 살인하지 말라 누구든지 살인하면 심판을 받게 되리라 하였다는 것을 너희가 들었으나 나는 너희에게 이르노니 형제에게 노하는 자마다 심판을 받게 되고 형제를 대하여 라가라 하는 자는 공회에 잡혀가게 되고 미련한 놈이라 하는 자는 지옥 불에 들어가게 되리라… 또 간음하지 말라 하였다는 것을 너희가 들었으나 나는 너희에게 이르노니 음욕을 품고 여자를 보는 자마다 마음에 이미 간음하였느니라
(마태복음 5:21-22, 27-28)

"아무것도 염려하지 말고 모든 일에 기도와 간구로 여러분이 필요로 하는 것을 감사하는 마음으로 하나님께 말씀드리십시오. 그러면 도저히 상상도 할 수 없는 하나님의 놀라운 평안이 그리스도 예수님 안에서 여러분의 마음과 생각을 지켜 주실 것입니다. 형제 여러분 끝으로 말합니다. 여러분은 참되고 고상하고 옳고 순결하고 사랑스럽고 칭찬할 만한 것이 무엇이든 거기에 미덕이 있고 찬사를 보낼 만한 것이 있다면 그것들을 생각하십시오. 또 여러분이 내게서 배우고 받고 듣고 본 것을 실천하십시오. 그러면 평화의 하나님이 여러분과 함께하실 것입니다" (현대인의 성경)

그리스도는 무엇에나 승리하십니다.

이제 당신이 하나님께 당신의 부족함을 고백하고 새 속성을 따라 사는 데 필요한 모든 것을 말씀드리면 그분은 당신의 마음과 생각을 지켜주실 것입니다. 때때로 당신이 새로운 피조물로서 새 속성을 따라 살아가려고 할 때 당신의 환경이나 인생의 문제들이 큰 방해를 한다고 느낄 것입니다. 그러나 그리스도는 당신이 경험하고 있는 어떤 문제에서나 승리하십니다. 단지 그리스도를 당신이 당하고 있는 그 문제에 모셔 들이십시오. 또한 문제가 어떤 문제이든지 간에 그분의 능력이 그 문제에 적용될 수 있도록 하십시오. 그분은 해결하실 수 있습니다. 그러기 위해선 기도가 절대적으로 필요합니다. 왜냐하면 당신을 도우시는 성령님의 능력 없이 당신 자신의 의지와 힘만으로는 할 수 없기 때문입니다. 이제부터 간절히 기도하십시오. 그러면 당신은 기도의 능력을 통해 내재하신 그리스도가 당신의 마음과 생각을 지키시고, 또한 마음으로 순종한 것들이 당신의 인생 가운데 놀랍게 역사하는 체험을 하게 될 것입니다. 마지막으로 로마서 8:37-39을 읽어보십시오. 여기에는 당신이 그리스도께 순종할 때 주시는 승리의 약속들이 담겨져 있습니다. 그것이 무엇인지 써보십시오.

____

____

____

그러나 이 모든 일에 우리를 사랑하시는 이로 말미암아 우리가 넉넉히 이기느니라 내가 확신하노니 사망이나 생명이나 천사들이나 권세자들이나 현재 일이나 장래 일이나 능력이나 높음이나 깊음이나 다른 어떤 피조물이라도 우리를 우리 주 그리스도 예수 안에 있는 하나님의 사랑에서 끊을 수 없으리라

(로마서 8:37-39)

말씀 묵상

오늘 공부를 통해 은혜받거나 깨달은 말씀은 무엇입니까?

말씀 적용

이번 주 동안 그 말씀을 어떻게 구체적으로 적용하겠습니까?

다섯째 날: 깊은 생각과 단호한 결단

변명하지 마십시오.

사도 바울은 핑계 대는 것을 원하지 않았습니다. 로마서 6:1-2을 읽어보십시오. 사도 바울은 옛 속성이 아직도 지배하는 그런 그리스도인으로 살 수 있다고 생각했습니까? 예(　　), 아니요(　　). 로마서 6:2에서 사도 바울은 그렇게 살 수 없음을 무엇을 비유해 말했습니까?

___

로마서 6:3-5에서 사도 바울은 당신 인생에서 이미 일어났던 일을 공개적으로 시인하는 침(세)례식에 대해서 이야기하고 있습니다. 그 고백은 무엇입니까? 당신은 침(세)례식을 통하여 이제 당신의 옛 사람은 죽었고, 그리스도 안에 새로운 생명으로 부활했음을 고백합니다. 로마서 6:6-7에 의하면 옛 속성의 지배로부터 당신을 자유롭게 하기 위해서 당신의 옛 사람은 그리스도와 십자가에 못 박혔다고 말합니다. 로마서 6:8-11에 의하면 사도 바울은 그리스도인으로서 당신의 삶을 어떻게 설명했습니까?

___

___

죄로 말하면 당신은 이미 죽었습니다. 하나님이 관심을 두시는 예수님 안에서만 당신은 살아있습니다. 이해가 되십니까? 당신이 오늘 읽고 공부한 로마서 6장의 구절들 바로 뒤에 바울은 계속해서 이 문제를 설명하고 있습니다. 로마서 6:12-13을 읽어보십시오(가능하면 6:23까지 읽으십시오).

그런즉 우리가 무슨 말을 하리요 은혜를 더하게 하려고 죄에 거하겠느냐 그럴 수 없느니라 죄에 대하여 죽은 우리가 어찌 그 가운데 더 살리요 무릇 그리스도 예수와 합하여 침(세)례를 받은 우리는 그의 죽으심과 합하여 침(세)례를 받은 줄을 알지 못하느냐 그러므로 우리가 그의 죽으심과 합하여 침(세)례를 받음으로 그와 함께 장사되었나니 이는 아버지의 영광으로 말미암아 그리스도를 죽은 자 가운데서 살리심과 같이 우리로 또한 새 생명 가운데서 행하게 하려 함이라 만일 우리가 그의 죽으심과 같은 모양으로 연합한 자가 되었으면 또한 그의 부활과 같은 모양으로 연합한 자도 되리라 우리가 알거니와 우리의 옛 사람이 예수와 함께 십자가에 못 박힌 것은 죄의 몸이 죽어 다시는 우리가 죄에게 종 노릇 하지 아니하려 함이니 이는 죽은 자가 죄에서 벗어나 의롭다 하심을 얻었음이라 만일 우리가 그리스도와 함께 죽었으면 또한 그와 함께 살 줄을 믿노니 이는 그리스도께서 죽은 자 가운데서 살아나셨으매 다시 죽지 아니하시고 사망이 다시 그를 주장하지 못할 줄을 앎이로라 그가 죽으심은 죄에 대하여 단번에 죽으심이요 그가 살아 계심은 하나님께 대하여 살아 계심이니 이와 같이 너희도 너희 자신을 죄에 대하여는 죽은 자요 그리스도 예수 안에서 하나님께 대하여는 살아 있는 자로 여길지니라

(로마서 6:1-11)

그러므로 너희는 죄가 너희 죽을 몸을 지배하지 못하게 하여 몸의 사욕에 순종하지 말고 또한 너희 지체를 불의의 무기로 죄에게 내주지 말고 오직 너희 자신을 죽은 자 가운데서 다시 살아난 자 같이 하나님께 드리며 너희 지체를 의의 무기로 하나님께 드리라 (로마서 6:12-13)

"그러므로 너희는 죄가 너희 죽을 몸을 (   )하지 못하게 하여 몸의 사욕에 순종하지 말고 또한 너희 지체를 (   )로 죄에게 내주지 말고 오직 너희 자신을 죽은 자 가운데서 다시 살아난 자 같이 하나님께 드리며 너희 지체를 (   )로 하나님께 드리라"

의심하거나 당황하지 마십시오. 잘못된 것은 없습니다.

이제 당신은 그리스도인으로서 어느 위치에 있는지 생각해 보십시오. 남들 앞에서는 신실한 그리스도인으로 인정받고 있지만, 아직도 당신의 마음과 인생 속에 혈기와 절망과 분노와 정욕들이 남아 있습니까? 그리고 이러한 내적인 갈등 때문에 '나는 진정한 그리스도인이 아닐지도 모른다'고 실망했습니까? 심지어 구원받은 사실조차 의심했을지도 모릅니다. 그래서 때때로 혼란스럽고 당황하게 되었을 것입니다. 그러나 다른 많은 사람도 당신과 똑같이 혼란스러웠고 그 갈등을 극복해 보고자 똑같은 노력을 했습니다. 그래서 자신의 진정한 마음을 뒤로 감추고 승리하는 그리스도인인 체 과장하면서 살아왔습니다. 그러다 그들은 주님을 위해서 하는 일이 많아지면서 바쁘게 되고, 이런 일들이 그들 자신에게 거룩한 삶을 가져다 줄 것이라고 생각했습니다. 그러나 그들은 점차 자신을 깨닫게 되고, 자신이 거짓과 신앙의 위선에 빠져 있다는 사실을 알게 되었습니다. 그런 신앙의 삶엔 승리가 없었고 그들 자신이 위선자인 것처럼 느껴졌습니다. 그리하여 실망하게 되고 점점 그리스도인으로서 참여하는 모든 일에 하나씩 떨어져 나가게 되었습니다. 그들은 패배한 사람들이 되었습니다.

당신은 어떻습니까? 그러나 분명히 알아야 할 것은 그리스도인의 생활은 항상 예수 그리스도처럼 살게 되는 것만은 아니라는 사실입니다. 그것은 불가능한 일입니다. 그렇게 과장하지 마십시오. 당신은 연약한 인간입니다. 당신이 의로워서 구원받은 것이 아니라 전적인 하나님의 은혜였습니다. 오직 그분의 은혜로만 구원을 얻는 것입니다. 에베소서 2:8-9을 찾아서 당신의 말로 설명해 보십시오.

너희는 그 은혜에 의하여 믿음으로 말미암아 구원을 받았으니 이것은 너희에게서 난 것이 아니요 하나님의 선물이라 행위에서 난 것이 아니니 이는 누구든지 자랑하지 못하게 함이라
(에베소서 2:8-9)

이제 결단하십시오.

당신은 하나님의 은혜로 살 수밖에 없는 연약한 존재이기 때문에 성령님의 도움이 필요합니다. 당신 스스로의 의지와 결단으로 예수님을 닮아가는 것에는 한계가 있습니다. 그러나 분명한 것은 당신이 주님 앞에 서는 날, 즉 미래구원의 때에 온전한 모습으로 완성될 것이라는 사실입니다. 그러므로 지금은 단지 당신 안에 내재하신 그리스도께 순종하기만 하십시오. 지금 당신의 연약한 모습 그대로를 인정하십시오. 당신이 예수님을 믿었다고 한꺼번에 완전한 사람이 되는 것은 아닙니다. 그런 기대는 당신을 위선자가 되게 합니다. 오히려 서로의 약한 것을 감싸며 사랑을 나눌 수 있는 소그룹에 소속되어 서로를 위해서 기도하십시오. 우리는 서로에게 격려자가 되어주는 지체들이 필요합니다.

이제 당신은 하나님의 아들인 예수 그리스도를 당신의 인생을 주관하는 왕으로 모셔 들이는 결단이 필요합니다. 그리스도가 당신의 생각을 주관하시고, 당신의 손과 행동을 주관하실 수 있도록 권한을 주십시오. 그러면 그분이 당신의 인생을 주관하실 것입니다. 당신은 당신이 속해 있는 주님께 당신의 인생을 단번에 맡기십시오.

그리스도만이 당신 인생의 온전한 주인이 되게 하십시오.

그리스도가 당신 안에 계십니다. 그분은 당신의 새 속성입니다.

그리스도인이 된다는 것은 단지 무엇을 하는 것만이 아닙니다. 그것은 어떤 누구를 소유하는 것입니다. 그리스도가 당신 안에 계십니다. 그분은 당신의 새 속성입니다. 당신이 단지 그분을 당신의 인생, 즉 당신의 언어습관, 생각, 당신의 모든 것들을 인도하시는 인도자로 선택할 때, 그분은 당신 생애에 내재하시는 왕이 되십니다. 그리스도가 당신의 모든 것을 훈련시키시며, 당신이 그리스도를 닮아가도록, 또한 하나님나라 백성답게 변해 가도록 훈련하실 것입니다. 따라서 당신은 당신의 모든 것을 주님께 맡기고 순종하는 것이 필요합니다. 그러면 당신은 지금 살고 있는 삶이 더 이상 당신 자신의 것이 아니고 그리스도의 것임을 당신의 생활 속에서 놀랍게 경험할 것입니다.

이제 당신이 선택하기에 달렸습니다. 주님을 당신의 생애에, 가정에, 직장에, 오늘도, 내일도, 영원히 왕으로 모시기 바랍니다. 왜냐하면 그리스도는 당신에게 완전한 승리를 보장하시기 때문입니다. 결코 포기하지 마십시오. 당신은 승리하는 강한 그리스도인으로서의 능력 있는 삶을 살 수 있습니다. 하나님이 우리에게 약속하셨기 때문입니다. 옛 속성에게 굴복하지 마십시오. 예수 그리스도가 정복하셨고 승리하셨습니다. 예수님만이 당신의 왕이십니다. 그분만이 당신의 인생을 책임질 주인이십니다. 그리고 당신 안에 만왕의 왕이시며 당신의 목자이신 그리스도가 내재하심을 잊지 마십시오. 여호와 닛시!

말씀 묵상

이번 주 동안 당신에게 주신 하나님의 말씀은 무엇입니까? 당신이 새롭게 깨닫거나 도전받았거나 은혜가 되었던 것을 말해 보십시오.

말씀 적용

위의 말씀 중에서 당신의 삶 가운데 적용하기를 원하는 것은 무엇인지 구체적으로 말해 보십시오.

6단원 희망의 공동체 : 교회

6단원 암송구절: 로마서 12:4-5, 히브리서 10:24-25

희망의 공동체 : 교회

우리가 한 몸에 많은 지체를 가졌으나 모든 지체가 같은 기능을 가진 것이 아니니 이와 같이 우리 많은 사람이 그리스도 안에서 한 몸이 되어 서로 지체가 되었느니라 (로마서 12:4-5)

서로 돌아보아 사랑과 선행을 격려하며 모이기를 폐하는 어떤 사람들의 습관과 같이 하지 말고 오직 권하여 그 날이 가까움을 볼수록 더욱 그리하자 (히브리서 10:24-25)

첫째 날: 교회는 한 몸입니다.

교회는 하나님의 가족입니다.

예수님을 믿게 되면 교회에 다니게 됩니다. 그리고 그 교회는 성도들이 이 땅에 살면서 신앙생활을 하는 동안 가장 중요한 요소가 됩니다. 어떤 교회를 만나느냐에 따라 믿음의 질과 신앙의 색이 달라지기 때문입니다. 인생의 방황이 예수님을 만나지 못했기 때문이듯이 신앙의 방황은 좋은 교회를 만나지 못했기 때문에 일어납니다. 가정 중에도 본받을 만하고 훌륭한 가정이 있는 반면에 닮지 말아야 할 문제가 있는 가정이 있습니다. 마찬가지로 교회도 하나님의 마음에 합한 좋은 교회도 있고 그렇지 못한 교회도 있습니다. 그러므로 신앙생활을 하면서 하나님이 기뻐하시는 좋은 교회를 만나는 것은 축복된 일입니다. 뿐만 아니라 개인의 영적인 성장도 교회생활을 잘하는지 못하는지 여부에 달려 있습니다. 그러면 교회는 무엇입니까? 교회는 하나님의 가족입니다. 우리가 예수님을 믿는다는 것은 하나님을 아버

교회는 하나님의 가족입니다.

영접하는 자 곧 그 이름을 믿는 자들에게는 하나님의 자녀가 되는 권세를 주셨으니 (요한복음 1:12)

지로 모시고 하나님의 자녀로 인정받는다는 것입니다. 요한복음 1:12에서는 뭐라고 말씀하고 있습니까? 빈칸에 적어보십시오.

"( ) 곧 그 이름을 믿는 자들에게는 ( )가 되는 권세를 주셨으니"

누구든지 예수님을 믿기만 하면 예수님 안에서 한 가족으로 인정받게 됩니다. 따라서 예수님을 믿는 자는 누구든지 이 하나님의 가족 안에 들어와서 생활해야만 합니다. 그것이 하나님의 계획입니다. 예수님을 믿어 영적으로 새롭게 출생한 자(Born Again)는 본인들이 원하든 원하지 않든 하나님의 가족 안에 속하게 된 것입니다. 이것을 거듭남이라고 말합니다.

한번 생각해 봅시다. 한 아기가 태어났습니다. 그러면 그 아기가 어느 누구의 도움도 없이 혼자서 잘 성장할 수 있다고 생각하십니까? 불가능한 일입니다. 아기들은 혼자 두면 살아갈 수가 없습니다. 그들은 계속적인 사랑과 보살핌이 필요합니다. 또한 아기가 살아가기 위해서는 그 아기의 삶에 관심을 둔 사람들, 즉 가족(=권속)에게 둘러싸여서 생활해야 합니다. 하나님의 가족으로부터 멀리 떨어져서는 영적으로 성장할 수가 없습니다. 하나님은 우리를 하나님의 가족(=권속)이라고 선언하십니다. 에베소서 2:19을 찾아보십시오.

그러므로 이제부터 너희는 외인도 아니요 나그네도 아니요 오직 성도들과 동일한 시민이요 하나님의 권속이라 (에베소서 2:19)

"그러므로 이제부터 너희는 ( )도 아니요 ( )도 아니요 오직 성도들과 동일한 ( )이요, 하나님의 ( )이라"

공동번역에는 이렇게 되어 있습니다. "이제 여러분은 외국인도 아니고 나그네도 아닙니다. 성도들과 같은 한 시민이며 하나님의 한 가족입니다."

이 하나님의 가족은 교회, 성도, 그리스도의 몸, 살아있는 돌들 등으로 불리며, 이것에 대해서는 나중에 좀 더 자세하게 배울 것입니다. 가족이 없는 아기는 고아입니다. 그래서 요한복음 14:18에 보면 예수님이 "내가 너희를 고아와 같이 버려두지 아니하고 너희에게로 오리라"고 말씀하셨습니다.

하나님 나라에 독불장군은 없습니다. 교회는 한 몸입니다.

하나님은 아기가 가족을 떠나서 정상적으로 살 수 없다는 사실을 우리로 하여금 깨닫도록 하셨습니다. 로마서 12:4-5을 찾아보십시오. 이 성경구절은 하나님의 가족, 즉 교회에 대한 한 가지 중심 되는 진리를 말해 주고 있습니다. 이 진리는 다음과 같은 공식으로 만들 수 있습니다. 로마서 12:4-5을 읽고 아래에 채워넣으십시오.

우리가 한 몸에 많은 지체를 가졌으나 모든 지체가 같은 기능을 가진 것이 아니니 이와 같이 우리 많은 사람이 그리스도 안에서 한 몸이 되어 서로 지체가 되었느니라 (로마서 12:4-5)

몸의 + 많은 지체 =

교회에 대한 중심 진리는 교회란 한 몸이라는 것입니다. 성경에 기록되기를 "우리 많은 사람이 그리스도 안에 한 몸"이라고 했습니다. 그러므로 우리 그리스도인들은 한 몸이라는 사실을 기억해야 합니다. 우리는 우리 안에 그리스도가 내재하신 것을 확신합니다. 그래서 그리스도인인 당신의 생애는 "내재하시는 그리스도가 모든 것을 주관하십니다." 그리스도는 우리 안에 거하시고 또 그리스도인인 모든 성도는 그리스도 안에 거하게 됩니다. 비록 우리가 많은 사람이지만, 예수님의 피로 주 안에서 "한 몸"을 이룹니다. 우리가 "주 안에서 한 몸"이기 때문에 우리는 "그리스도 안에" 거합니다. 그래서 **교회에 대한 첫 번째 진리는 성도는 그리스도뿐만 아니라 성도들과 서로 하나 되기를 힘써야 한다는 사실입니다.** 정말로 성장하고, 행복한 그리스도인으로서 살아가기 위해서는 항상 이 진리를 기억해야만 합니다.

하나님 나라에 독불장군은 없기 때문입니다.

조금 전에 읽은 로마서 12:4-5은 이번 주에 당신이 암송해야 할 구절입니다. 이 구절을 완성해 보십시오.

"우리가 (   )에 많은 (   )를 가졌으나 모든 지체가 같은 기능을 가진 것이 아니니 이와 같이 우리 많은 사람이 그리스도 안에서 (   )이 되어 서로 (   )가 되었느니라"

몸은 하나인데 많은 지체가 있고 몸의 지체가 많으나 한 몸임과 같이 그리스도도 그러하니라 (고린도전서 12:12)

이제 고린도전서 12:12을 읽고 대답해 보십시오.

모든 신자(혹은 지체) =

우리가 유대인이나 헬라인이나 종이나 자유인이나 다 한 성령으로 침(세)례를 받아 한 몸이 되었고 또 다 한 성령을 마시게 하셨느니라 (고린도전서 12:13)

모든 신자는 한 몸입니다. 이 사실을 명심하고 고린도전서 12:13을 읽어보십시오. 이 구절에 의하면 당신이 그리스도인이 되었을 때 성령님은 첫 번째로 우리에게 침(세)례를 주십니다. 우리가 말씀을 공부한 대로 침(세)례의 헬라어 "밥티스마"의 뜻은 "완전히 물에 잠긴다"입니다. 성령님은 당신이 그리스도의 몸의 일부에 붙어 있게 하시는 것이 아니라 완전히 당신을 그리스도의 그 몸에 잠기게 하십니다. 그래서 모든 신자는 예수님을 믿는 순간에 성령 침(세)례를 받게 되는 것입니다. 만약 **당신이 예수님 안에서 자연스럽고 건강한 성장을 이루기를 원한다면 교회의 다른 성도들과 깊이 교제해야 합니다.** 이것은 당신이 선택할 수 있는 문제가 아니라 당신의 생존에 관계된 일입니다. 당신은 다른 성도들과의 교제를 통해서 깊은 사랑과 관심을 받게 되고 그것을 통해 영적인 성장을 하게 될 것입니다.

그러나 어떤 이들은 교회에 출석하기는 하지만 다른 성도들과 친밀한 교제를 나누기를 원하지 않습니다. 신앙생활이 하나님과 나와의 관계라는 그릇된 편견을 가지고 있습니다. 그러나 이것은 있을 수 없는 일입니다(마태복음 25장 참고). 교회에 속하는 것이 올바른 신앙 생활의 출발이 되기 때문입니다. 우리가 교회에 나와야 하는 이유도 바로 이것입니다. 영적으로 다시 태어난 우리는 결코 혼자 살 수가 없습니다. 그래서 우리는 지역교회에 모여서 같이 교제해야 합니다. 우리는 한 몸이기 때문입니다. 기억하십시오. 당신은 그리스도 안에 한 몸입니다.

영적으로 다시 태어난 우리는 결코 혼자 살 수가 없습니다. 그래서 우리는 지역교회에 모여서 같이 교제해야 합니다.

말씀 묵상

오늘 공부를 통해서 배우거나 도전받은 말씀은 무엇입니까?

말씀 적용

만일 당신이 다른 성도들과 더불어 그리스도 안에서 한 몸이라는 사실이 다음 한 주 동안 당신을 통해서 꼭 표현되어져야 한다면 어떻게 할 수 있겠습니까? 구체적으로 실행해 보고 그것을 사람들과 나누십시오.

둘째 날: 교회는 부름 받은 사람들입니다.

교회는 하나님의 꿈입니다.

당신은 "교회"의 뜻을 아십니까? 교회의 성경원어인 "에클레시아"는 "그리스도 밖에서 그리스도 안으로 부름을 받은 사람들"을 의미합니다. 교회란 종교적 예배를 드리기 위해 사람들이 가끔씩 모이는 장소가 아닙니다. 교회는 다른 많은 사회적 기관들 중 하나가 아닙니다. 교회는 하나님이 가장 아끼시는 하나님의 자녀들에 대한 그분의 꿈입니다. 그래서 하나님은 하나님 밖에서 자기 나름대로 인생을 살아가던 당신을 그리스도 안으로 부르셨습니다. 당신은 더 이상 밖에서 헤매는 존재가 아닙니다. 왜냐하면 요한복음 14:6에 있는 것처럼 우리는 길이요 진리요 생명이신 예수님을 만났기 때문입니다. 그래서 고린도후서 5:17에서는 "누구든지 그리스도 안에 있으면 새로운 피조물이라"고 선언하고 있습니다.

교회의 성경원어인 "에클레시아"는 "그리스도 밖에서 그리스도 안으로 부름 받은 사람들"을 의미합니다.

예수께서 이르시되 내가 곧 길이요 진리요 생명이니 나로 말미암지 않고는 아버지께로 올 자가 없느니라 (요한복음 14:6)

그리스도는 그 많은 무리들 중에 당신을 구별하여 부르셔서 그분의 제자가 되도록 하셨습니다. 더 이상 죄악 된 옛 속성을 따라 당신 자신을 위해서 살지 않고 당신을 구원하신 예수 그리스도를 위해서 살도록 부르신 것입니다. 이렇게 죽을 수밖에 없던 예수님 밖의 사람들이 "그리스도 안으로 부르심을 받은 자" 되어 하나님의 자녀로 구별되었습니다. 그리고 그들이 곧 "교회"입니다. 다시 말하면 "그리스도가 내재하시는 사람들"이 교회입니다. 그래서 이 지구상에 있는 모든 그리스도인들이 한 교회입니다. 그리고 그 교회의 머리는 예수 그리스도입니다. 이것은 큰 의미에서 우주적인 교회라고 합니다. 그러면 오늘날 ○○○ 침례교회, ○○○ 장로교회 하는 것들은 무엇입니까? 이것은 지역교회를 말합니다. 각 지역에 작은 단위별로 모여서 선교하고, 예배하고, 훈련하고, 섬기며, 사랑을 나누는 이 교회들을 지역교회라고 합니다. 신약시대에도 이런 교회들이 많았던 것을 알 수 있습니다.

그러나 하나님이 보실 때에는 이 모든 교회들이 하나입니다. 예수 그리스도가 교회의 머리이시고 모든 지역교회들은 예수님 안에 속한 한 몸인 것입니다. 그래서 천국에는 침례교인, 장로교인이 아니라 오직 하나님의 자녀들만이 있음을 알아야 합니다. 그러면 왜 이렇게 많은 지역교회들이 있습니까? 그것은 지역별로 모이는 장소가 다르고, 또한 하나님을 섬기는 방법이 다르고, 하나님이 주신 독특한 사명들이 다르기 때문입니다. 그러나 그럼에도 불구하고 하나님은 모든 지역교회들을 하나님의 목적에 합당하고 알맞게 쓰십니다. 준비되고 순종하는 교회들을 말입니다. 교회라고 다 똑같은 교회가 아닙니다.

교회에도 종류가 있습니다.

요한계시록에 보면 아시아 일곱 교회들에 대한 하나님의 평가가 기록이 되어 있습니다. 요한계시록 2:1-5은 예수님의 이름을 위하여 참고 게으르지 아니했으나 처음 사랑을 버린 (　　　　　)교회를 책망하였고, 요한계시록 2:8-11은 죽도록 충성하라고(　　　　　) 교회에게 말씀하였습니다. 또한 요한계시록 3:1-6에는 살았다 하는 이름은 가졌으나 죽은 교회라고 책망받은 (　　　　　)교회도 있었습니다. 또한 요한계시록 3:14-19에는 차지도 덥지도 아니하여 그들의 미지근한 신앙을 책망받은 (　　　　　)교회도 있었습니다. 그러나 요한계시록 3:7-13에는 적은 능력을 가지고도 예수님의 이름을 배반하지 않았다고 칭찬받은 빌라델비아 교회도 있었습니다. 오늘날에도 교회는 많지만 하나님의 평가는 다 다를 것입니다. 앞으로 우리 교회는 적은 능력을 가지고도 하나님의 큰 영향력을 끼치는 주님의 교회가 되어야 합니다.

교회를 바로 알면 행복이 보입니다.

오늘날 많은 사람들이 교회가 무엇인지 잘 이해하지 못하고 있습니다. 첫 번째로 교회와 교회당을 구분하지 못합니다. 교회당을 가리켜서 교회라고 합니다. 그리고 그 교회당에서 예배를 드리는 사람들을 교인이라고 합니다. 그러나 교회는 건물이 아니라 "하나님께 브르심을 받은 사람들"입니다. 하나님의 관심은 생명 없는 건물에 있는 것이 아니라 생명인 사람에게 있습니다.

두 번째로 구약의 성전과 교회를 구분하지 못합니다. 구약의 성전은 건물입니다. 그리고 그 성전이 모든 이스라엘 백성들의 삶에 중심이 되었습니다. 다니엘 선지자도 그가 바벨론에 포로로 잡혀갔을 때 예루살렘 성전을 향해 창을 열고 하루에 세 번 씩 기도했습니다. 왜냐하면 그 성전을 통해 하나님이 이스라엘을 축복하시고, 역사하셨기 때문입니다. 그리고 그 성전에서 일하는 제사장들을 통하여 이스라엘 백성들의 죄를 사하는 제사를 드렸기 때문입니다. 어느 누구도 제사장과 성전 안에서 제사장의 제물을 통하지 않고는 하나님께로 갈 수가 없었습니다. 그러나 우리는 구약시대처럼 제사장을 통해 하나님 앞에 나아가는 것이 아니라 우리 모두가 제사장 되어 하나님께 직접 나아갈 수 있습니다. 왜냐하면 예수님이 십자가에 달려 돌아가시면서 율법을 깨뜨리셨기 때문입니다. 더 이상 우리는 제사장을 통하여 죄 사함의 제사를 드릴 필요가 없습니다. 왜냐하면 우리는 모두가 왕 같은 제사장이 되었기 때문입니다. 우리 모든 신자는 그리스도 안에서 똑같은 한 몸이 되었습니다. 이제는 함께 모여서 한 마음으로 하나님께 예배를 드리면 됩니다. 베드로전서 2:9을 찾아보십시오.

"그러나 너희는 ( )이요 왕 같은 ( )이요 거룩한 나라요 그의 소유가된 백성이니……"

그러나 너희는 택하신 족속이요 왕 같은 제사장들이요 거룩한 나라요 그의 소유가 된 백성이니 이는 너희를 어두운 데서 불러내어 그의 기이한 빛에 들어가게 하신 이의 아름다운 덕을 선포하게 하려 하심이라
(베드로전서 2:9)

또한 하나님은 구약의 거룩한 성전(건물)이 이제는 그리스도인의 몸이 되었음을 말씀하고 있습니다. 하나님의 영이 임하시던 거룩한 성전이 이제는 하나님의 영이 거하시는 그리스도인의 몸으로 바뀌게 된 것입니다. 하나님의 영이 거하시는 그곳이 바로 성전입니다. 그래서 성경에서는 그리스도의 영이 없으면 그리스도의 사람이 아니라고 말합니다. 고린도전서 3:16-17을 찾아서 써보십시오.

너희는 너희가 하나님의 성전인 것과 하나님의 성령이 너희 안에 계시는 것을 알지 못하느냐 누구든지 하나님의 성전을 더럽히면 하나님이 그 사람을 멸하시리라 하나님의 성전은 거룩하니 너희도 그러하니라
(고린도전서 3:16-17)

"너희가 하나님의 (　　)인 것과 하나님의 (　　)이 너희 안에 계시는 것을 알지 못하느냐 누구든지 하나님의 (　　)을 더럽히면 하나님이 그 사람을 멸하시리라 하나님의 (　　)은 거룩하니 너희도 그러하니라"

신약시대인 지금은 구약의 성전(건물) 개념이 무너지고 우리의 몸이 바로 성전이 되었습니다. 구약의 성전이 거룩한 곳이 된 것은 하나님이 거하시기 때문이었습니다. 마찬가지로 예수 그리스도를 마음에 모시는 자에게는 그리스도가 내재하시며 하나님의 영인 성령님이 임재하시기 때문에 그 몸이 거룩한 성전이 되는 것입니다. 따라서 성전과 교회는 다른 것입니다. 만일 당신이 구약의 성전이 거룩한 곳이라고 생각한다면 당신의 몸도 성전처럼 잘 관리하고 거룩하게 유지하여야 합니다. 담배나 술을 절제해야 하는 이유도 바로 우리 몸이 거룩한 하나님의 성전이기 때문입니다. 그래서 웅장한 교회당 건물을 자랑하는 것이 중요한 것이 아니라 한 몸 된 교회로서 어떻게 그리스도의 사랑을 나누며 실천하느냐가 더욱 중요한 것입니다. 사랑이 없이 건물과 모인 교인수만 자랑한다면 그것은 사데 교회처럼 살았다 하는 이름은 가졌으나 죽은 교회일 뿐입니다. 사랑이 한 몸을 유지하게 합니다. 우리는 하나님께 부름을 받은 공동체이기 때문입니다.

담배나 술을 절제해야 하는 이유도 바로 우리 몸이 거룩한 하나님의 성전이기 때문입니다.

말씀 묵상

오늘 말씀을 통해 새롭게 배운 사실이나 말씀은 무엇입니까?

말씀 적용

당신의 몸과 인생이 하나님의 거룩한 성전이라는 사실이 당신의 어떤 행동과 습관들을 버리게 할 수 있는지 써보십시오.

셋째 날: 한 몸은 함께 삽니다.

함께 사는 공동체

고린도전서 12:14-27을 먼저 읽어보십시오. 여기에서 사도 바울은 교회는 떼려야 뗄 수 없는 한 몸이라는 것을 가르치기 위해서 교회를 인간의 몸에 비유했습니다. 몸의 각 부분이 특수하지만 모두 한 몸에 연결되어 있습니다. 모두가 서로 의지하고 있고 어느 한 기관이라도 다른 지체나 기관 없이 혼자서 살아갈 수 없습니다. 아무리 작은 기관이라도 모두가 다 중요한 것입니다. 얼마 전 침대 모서리에 새끼발가락을 부딪쳐서 굉장히 고생했던 적이 있습니다. 새끼발가락이 아프니까 아무것도 할 수가 없었습니다. 한 몸 안에는 차별이 없습니다. 모두가 한 몸입니다. 차이가 있다면 단지 기능에 있어서의 차이일 뿐입니다. 이것을 사도 바울이 잘 설명해 주고 있습니다. 그렇기 때문에 그리스도의 몸에는 분열이 있을 수 없습니다. 몸의 각 부분에서 어느 한 부분이 다른 부분에게 질투하고 시기한다는 것은 있을 수 없습니다. 발이 밑에 있고 어떤 때는 냄새가 난다고 해서 발이 눈이나 입보다 못한 것은 아닙니다. 왜냐하면 모두가 한 몸이기 때문입니다. 그래서 교회된 모든 그리스도인은 예수님 안에서 하나되기를 힘써야 합니다. 예수님이 무엇이라고 기도하셨습니까? 요한복음 17:11을 찾아서 읽고 빈칸을 채우십시오.

"거룩하신 아버지여……그들을 보전(보호)하사 우리와 같이 그들도 (   ) 되게 하옵소서"

예수님 안에서 하나 됨은 바로 구원과 같은 것입니다. 하나 됨은 인간에게 주신 하나님의 선물입니다. 많은 사람들의 경험 속에서 교회란 단지 주일 아침에 예배에 참석하는 것에 불과합니다. 그러나 이것

몸은 한 지체뿐만 아니요 여럿이니 만일 발이 이르되 나는 손이 아니니 몸에 붙지 아니하였다 할지라도 이로써 몸에 붙지 아니한 것이 아니요 또 귀가 이르되 나는 눈이 아니니 몸에 붙지 아니하였다 할지라도 이로써 몸에 붙지 아니한 것이 아니니 만일 온 몸이 눈이면 듣는 곳은 어디며 온 몸이 듣는 곳이면 냄새 맡는 곳은 어디냐 그러나 이제 하나님이 그 원하시는 대로 지체를 각각 몸에 두셨으니 만일 다 한 지체뿐이면 몸은 어디냐 이제 지체는 많으나 몸은 하나라 눈이 손더러 내가 너를 쓸 데가 없다 하거나 또한 머리가 발더러 내가 너를 쓸 데가 없다 하지 못하리라 그뿐 아니라 더 약하게 보이는 몸의 지체가 도리어 요긴하고 우리가 몸의 덜 귀히 여기는 그것들을 더욱 귀한 것들로 입혀 주며 우리의 아름답지 못한 지체는 더욱 아름다운 것을 얻느니라 그런즉 우리의 아름다운 지체는 그럴 필요가 없느니라 오직 하나님이 몸을 고르게 하여 부족한 지체에게 귀중함을 더하사 몸 가운데서 분쟁이 없고 오직 여러 지체가 서로 같이 돌보게 하셨느니라 만일 한 지체가 고통을 받으면 모든 지체가 함께 고통을 받고 한 지체가 영광을 얻으면 모든 지체가 함께 즐거워하느니라 너희는 그리스도의 몸이요 지체의 각 부분이라

(고린도전서 12:14-27)

나는 세상에 더 있지 아니하오나 그들은 세상에 있사옵고 나는 아버지께로 가옵나니 거룩하신 아버지여 내게 주신 아버지의 이름으로 그들을 보전하사 우리와 같이 그들도 하나가 되게 하옵소서

(요한복음 17:11)

이 정말로 교회는 아닙니다. 일주일에 한번 교회당 의자에 앉아서 다른 사람들의 등을 쳐다보는 것만을 공동체적 삶이라고 말할 수는 없을 것입니다. 성경에서는 교회를 가족, 한 몸 등으로 비유하는데 이것은 교회가 공동체라는 사실을 가르쳐주는 것입니다.

하나 됨을 위한 삶의 원리 – 소그룹 목장

따라서 교회가 하나 되기 위해서는 서로의 삶을 나누어야 합니다. 서로가 하나 됨을 경험할 수 있어야 합니다. 사람들은 서로 친밀해져서 서로를 알고, 돌보고, 삶을 공유하며, 도전과 도움을 주며, 용서하고 용서받으며, 함께 울고 웃으며, 서로에 대해서 책임을 지고 서로를 점검해 주며, 함께 성장합니다. 사람들의 신앙과 인격의 성장은 홀로 이루어지는 것이 아닙니다. 그것은 사람들과 상호작용하는 관계로부터 나오는 결과입니다. 이것은 바로 소그룹 목장에서 이루어집니다. 초기 그리스도인들은 성전에서 대규모 집회로 함께 모여 공동 예배 드리기를 좋아했습니다. 그러나 동시에 소그룹으로도 모였습니다. 사실 그들은 소그룹으로 모이는 것을 매우 좋아해서 날마다 모였습니다. 그들은 함께 있는 것이 큰 행복이었기 때문에 헤어질 수 없었던 것입니다(사도행전 2:46). 훗날 큰 도시에까지 교회가 세워졌을 때도 여전히 성도들은 소그룹으로 모이기를 그치지 않았습니다(로마서 16:5, 10–11, 고린도전서 16:15, 19).

이 세상에서 가장 나쁜 사람은 나뿐인 사람입니다.

신앙생활은 단지 하나님과 나와의 관계에만 그치는 것이 아니라 하나님과 나와 다른 지체와의 관계성 속에서 이루어집니다. 그리스도인으로서 당신의 성장은 그리스도의 몸 안에 있는 당신과 관계된

날마다 마음을 같이하여 성전에 도이기를 힘쓰고 집에서 떡을 떼며 기쁨과 순전한 마음으로 음식을 먹고 (사도행전 2:46)

또 저의 집에 있는 교회에도 문안하라 내가 사랑하는 에배네도에게 문안하라 그는 아시아에서 그리스도께 처음 맺은 열매니라……그리스도 안에서 인정함을 받은 아벨레에게 문안하라 아리스도불로의 권속에게 문안하라 내 친척 헤로디온에게 문안하라 나깃수의 가족 중 주 안에 있는 자들에게 문안하라
(로마서 16:5, 10–11)

형제들아 스데바나의 집은 곧 아가야의 첫 열매요 또 성도 섬기기로 작정한 줄을 너희가 아는지라 내가 너희를 권하노니……아시아의 교회들이 너희에게 문안하고 아굴라와 브리스가와 그 집에 있는 교회가 주 안에서 너희에게 간절히 문안하고
(고린도전서 16:15,19)

양은 그 오른편에 염소는 왼편에 두리라 그 때에 임금이 그 오른편에 있는 자들에게 이르시되 내 아버지께 복 받을 자들이여 나아와 창세로부터 너희를 위하여 예비된 나라를 상속받으라 내가 주릴 때에 너희가 먹을 것을 주었고 목마를 때에 마시게 하였고 나그네 되었을 때에 영접하였고 헐벗었을 때에 옷을 입혔고 병들었을 때에 돌보았고 옥에 갇혔을 때에 와서 보았느니라 이에 의인들이 대답하여 이르되 주여 우리가 어느 때에 주께서 주리신 것을 보고 음식을 대접하였으며 목마르신 것을 보고 마시게 하였나이까 어느 때에 나그네 되신 것을 보고 영접하였으며 헐벗으신 것을 보고 옷 입혔나이까 어느 때에 병드신 것이나 옥에 갇히신 것을 보고 가서 뵈었나이까 하리니 임금이 대답하여 이르시되 내가 진실로 너희에게 이르노니 너희가 여기 내 형제 중에 지극히 작은 자 하나에게 한 것이 곧 내게 한 것이니라 하시고 또 왼편에 있는 자들에게 이르시되 저주를 받은 자들아 나를 떠나 마귀와 그 사자들을 위하여 예비된 영원한 불에 들어가라 내가 주릴 때에 너희가 먹을 것을 주지 아니하였고 목마를 때에 마시게 하지 아니하였고 나그네 되었을 때에 영접하지 아니하였고 헐벗었을 때에 옷 입히지 아니하였고 병들었을 때와 옥에 갇혔을 때에 돌보지 아니하였느니라 하시니 그들도 대답하여 이르되 주여 우리가 어느 때에 주께서 주리신 것이나 목마르신 것이나 나그네 되신 것이나 헐벗으신 것이나 병드신 것이나 옥에 갇히신 것을 보고 공양하지 아니하더이까 이에 임금이 대답하여 이르시되 내가 진실로 너희에게 이르노니 이 지극히 작은 자 하나에게 하지

다른 지체들과 밀접하게 관련되어 있습니다. 한 사람이 고통을 당할 때 모두가 고통을 당하며, 한 사람이 즐거워할 때 모두가 다 행복합니다. 우리는 예수님 안에서 한 몸이 되었기 때문입니다. 우리는 이 세상에서만 만나는 사람들이 아니라 영원히 만나야 될 사람들입니다. 영원히 한 지체가 된 사람들이란 말입니다. 따라서 우리는 교회 안에서 다른 지체의 필요에 민감해야 합니다. 여기 한국 기독교신문에 났던 어느 한 자매의 간증을 소개하겠습니다.

"난 조금도 부러울 것이 없는 사람이었다. 남편은 큰 회사에 다니며 남들보다 항상 앞서서 진급을 했고, 가정도 안정이 되어서 모든 것이 넉넉하지는 않았지만 부족한 것은 없었다. 자녀들도 신앙 안에서 잘 자라고, 다른 사람이 부러울 것이 없는 하나님의 복을 받은 사람이라고 늘 하나님께 감사를 했다. 비록 결혼초기에는 힘들었지만 항상 하나님의 말씀대로 살려고 했고, 그래서 하나님의 복을 받은 것이라 생각하고 감사했다. 그러던 어느 날 목사님과 몸이 아픈 다른 성도의 집을 심방가게 되었는데, 그 성도는 추운 겨울에 연탄을 살 돈이 없어서 한기가 드는 차가운 방에 누워 있었고, 아이들은 울고 있었다. 나는 심방을 마치고 돌아오면서 엄청난 충격에 휩싸였다. 우리는 모두 예수님 안에서 한 가족인데……. 하나님은 나에게 복을 주셨지만 그 복이 다른 성도들과 함께하지 않을 때는 죄악 된 것임을 깨달았다."

비록 나에게는 복된 것이라 할지라도 그 복이 고통당하는 다른 지체들의 삶과 나누어지지 않는다면 그것은 온전한 신앙이 아닐 수도 있다는 것입니다. 하나님의 자녀 된 우리가 하나님의 자녀 된 다른 지체들에게 무관심하다면 그것은 뭔가 이상한 것입니다. 우리는 그리스도의 사랑의 속성을 가진 자이기 때문입니다. 마태복음 25:33-46을 읽어보십시오. 그리고 다음의 문장을 완성해 보십시오.

다른 지체들에게 사랑으로 하는 것은 (　　　　　)에게 한 것이다. 하나님을 사랑하는 자는 (　　　　)을 돌본다.

당신은 '하나님' 그리고 '다른 지체들'이라고 쓰셨어야 합니다. 신앙은 나와 하나님의 일대일 관계가 아니라 다른 지체들과 함께하는 것입니다. 당신이 지금 어느 멋있는 연극을 관람하러 갔다고 합시다. 그런데 이미 자리가 꽉 찼기 때문에 당신이 들어갈 수가 없다고 합시다. 그러면 당신은 안 들어가고 당신의 눈과 귀만 들어가겠다고 할 수 있습니까? 그럴 순 없습니다. 십자가를 통해서 우리는 좀 더 쉽게 이해할 수 있습니다.

십자가의 의미를 생각해 보십시오.

신앙은 나와 다른 신자, 그리고 나와 하나님의 관계성 속에서 이루어지는 것입니다. 나 혼자 하나님과 갖는 신앙이란 완전하지 못한 것입니다. 그래서 비록 구원이 개인적인 사건이라고 해도, 구원 이후의 신앙은 다른 지체들과 더불어 하는 것입니다. 따라서 구원받은 신자들은 모두가 교회에 나와서 한 몸의 관계를 맺어야 합니다. 이것이 하나님의 계획입니다. 당신이 예수님을 믿는 것은 바로 이 하나님의 계획에도 참여한다는 의미가 포함되어 있습니다. 우리는 서로 사랑

아니한 것이 곧 내게 하지 아니한 것이니라 하시리니 그들은 영벌에, 의인들은 영생에 들어가리라 하시니라

(마태복음 25:33-46)

하며 함께 살아가야 할 관계입니다.

고린도전서 12:18을 읽어봅시다. "그러나 이제 하나님이 그 원하시는 대로 지체를 각각 몸에 두셨으니." 아마도 교회 안에서 당신은 때때로 다른 사람이기를 원할지 모릅니다. 더 구체적으로 말하면 다른 지체들이 하는 일을 하기를 원할지 모릅니다. 교회의 다른 지체들이 갖고 있는 직분을 갖기 원할지 모릅니다. 그러나 교회의 다른 지체들을 질투할 아무런 이유가 없습니다. 하나님은 당신이 그 자리에 있기를 원하시며, 그곳에 당신을 두셨습니다. 우리는 한 몸입니다. 서로 감싸주고 돌보고 위로할 대상이지, 시기하고 질투할 대상이 아닙니다. 교회 안에서 우리는 경쟁상대가 아니라 사랑해야 할 상대입니다. 히브리서 10:24-25을 찾아서 읽어보십시오. 여기에서 말하는 핵심은 무엇입니까? 당신의 말로 간단히 적어보십시오.

서로 돌아보아 사랑과 선행을 격려하며 모이기를 폐하는 어떤 사람들의 습관과 같이 하지 말고 오직 권하여 그 날이 가까움을 볼수록 더욱 그리하자
(히브리서 10:24-25)

____

____

말씀 묵상

오늘 말씀을 통해 새롭게 배운 사실은 무엇입니까?

말씀 적용

그 사실을 앞으로 당신의 생활 속에서 어떻게 구체적으로 적용할 것인지 써보십시오. 그리고 하나님께 드리는 기도를 하십시오.

넷째 날: 교회는 함께 성장합니다.

교회는 함께 지어져 가는 건물입니다.

그러므로 이제부터 너희는 외인도 아니요 나그네도 아니요 오직 성도들과 동일한 시민이요 하나님의 권속이라 너희는 사도들과 선지자들의 터 위에 세우심을 입은 자라 그리스도 예수께서 친히 모퉁잇돌이 되셨느니라 그의 안에서 건물마다 서로 연결하여 주 안에서 성전이 되어 가고 너희도 성령 안에서 하나님이 거하실 처소가 되기 위하여 그리스도 예수 안에서 함께 지어져 가느니라 (에베소서 2:19-22)

성경에 기록되었으되 보라 내가 택한 보배로운 모퉁잇돌을 시온에 두노니 그를 믿는 자는 부끄러움을 당하지 아니하리라 하였으니 (베드로전서 2:6)

그러므로 모든 악독과 모든 기만과 외식과 시기와 모든 비방하는 말을 버리고 (베드로전서 2:1)

먼저 에베소서 2:19-22을 읽어보십시오. 이 구절에서는 교회를 몸에 비유하지 않고 한 건물로 설명했습니다. 여기서 그리스도는 건물의 머릿돌이 되십니다(베드로전서 2:6). 그리고 우리는 각각 "살아있는 돌들"로 표현됩니다. 이스라엘은 돌이 많습니다. 그리고 거의 대부분 돌을 쌓아 짓는 돌집입니다. 이런 문화적 배경 속에서 예수님은 교회를 각각의 돌을 쌓아 만들어 완성된 집으로 설명하고 있습니다. 돌집을 짓기 위해서는 먼저 돌들을 쌓기 좋게 각각 알맞은 모양으로 다듬어야 합니다. 이것은 교회의 각 성도들이 알맞게 성장해야 되는 이유를 설명해 줍니다. 당신의 생애에서 하나님의 자녀답게 모양을 다듬는 과정은 "다른 살아있는 돌들"과 적당한 관계를 가짐으로써만 가능합니다. 하나님은 당신이 다른 "살아있는 돌들"과 같이 잘 조화되어 하나님이 원하시는 집을 이룰 수 있도록 당신을 다듬으십니다. 따라서 당신이 다른 성도들과 교제를 하지 않고서는 하나님이 원하시는 모양으로서의 당신이 될 수 없습니다. 베드로전서 2:1을 읽어보십시오. 당신이 하나님께 나아갈 때 하나님이 당신의 생활 속에서 다듬기를 원하시는 울퉁불퉁하고 거친 것들은 무엇입니까? 한번 적어보십시오.

___

___

건물의 머릿돌 되신 예수 그리스도

당신과 나와 다른 모든 그리스도인들은 베드로전서 2:1에 기록되어 있는 것처럼 겉이 울퉁불퉁하고 거친 돌들입니다. 그러나 우리의 죄 없으신 구주 예수님은 베드로전서 2:6에 기록된 대로 선택받고, 귀중하고, 값어치 있는 머릿돌이 되십니다. 그러나 믿지 않는 자들에게는 그렇게 보이지 않을지도 모릅니다. 베드로전서 2:7-8에 의하면 그리스도를 믿지 않는 자들에게는 그리스도가 어떤 돌입니까?

그러므로 믿는 너희에게는 보배이나 믿지 아니하는 자에게는 건축자들이 버린 그 돌이 모퉁이의 머릿돌이 되고 또한 부딪치는 돌과 걸려 넘어지게 하는 바위가 되었다 하였느니라 그들이 말씀을 순종하지 아니하므로 넘어지나니 이는 그들을 이렇게 정하신 것이라 (베드로전서 2:7-8)

예수님을 그리스도로 믿지 않는 자들에게 예수님이 부딪치는 돌과 거친 반석이 되었다고 말씀한 것은 당연한 것입니다. 왜냐하면 그들의 생애에 예수님을 주인으로 받아들이기를 거절하였기 때문입니다. 에베소서 2:19-22을 다시 읽어보십시오. 한 건물로서의 교회를 이루고 있는 살아있는 돌들을 연결시키는 것은 무엇입니까?

예수님이 우리를 교회 안에서 다른 사람과 연결시켜 주십니다. 우리는 예수님 때문에 만난 사람들이며 예수님 안에서 한 몸 된 사람들입니다.

그리스도인은 함께 지어져 가고 함께 성장합니다.

에베소서 2:22에 의하면 믿는 자들로 구성된 건물이 필요한 이유는 무엇입니까? 그것은 하나님이 거하시기 위해서입니다. 당신이 다른 성도들과 같이 모여서 하나님이 거하실 수 있는 집을 만든다는 것이 얼마나 좋은 일입니까? 당신은 하나님이 거하시는 집을 이루는 한 사람이며 이런 사람들이 모여서 하나님이 거하시는 영적인 집이 이루어진다는 것을 알아야 합니다. 왜냐하면 이 영적인 집을 짓기 위

너희도 성령 안에서 하나님이 거하실 처소가 되기 위하여 그리스도 예수 안에서 함께 지어져 가느니라 (에베소서 2:22)

해서는 "부르심을 입은 자들"이 꼭 필요하기 때문입니다. 따라서 우리는 예수님 안에서, 예수님으로 말미암아 하나님이 거하실 거룩한 집이 되기 위하여 다듬어져 주님이 사용하실 수 있도록 순종해야 합니다. 그러나 우리가 분명히 알아야 할 사실은 집은 벽돌 하나만으로는 지어질 수 없다는 것입니다. 벽돌들이 모여서 집이 되는 것입니다. 이 벽돌들이 모여서 다듬어지는 곳이 바로 지역교회입니다. 다시 말하면 석공소(벽돌을 깎고 다듬는 장소)인 것입니다. 교회 안에서 하나님이 거하실 집이 되기 위하여 함께 지어져 가는 것입니다. 그러므로 교회에 대한 중요한 진리는 교회는 함께 성장한다는 것입니다. 교회 안에서 필요하지 않은 신자는 하나도 없습니다. 우리는 함께 성장하기 위해서 서로가 절대적으로 필요한 사람들입니다.

성장은 삶을 함께 나눔으로써 시작됩니다.

따라서 믿음이 좋고, 신앙이 본받을 만한 다른 지체들과 같이 교제함으로 그들의 신앙과 믿음을 본받고 도움을 받는 것은 교회 생활에서 대단히 중요합니다. 먼저 당신의 목장 안에서 친밀한 교제를 나누십시오. 마음을 열고 지체를 받아들이고 자신의 속마음을 내놓으십시오. 사실을 말하는 것도 중요하지만 진실을 말하는 것은 훨씬 더 중요합니다. 성장은 속마음을 열 때 비로소 가능해집니다. 조그만 상처를 두려워해서 커다란 복을 놓치지 마십시오. 목장 안에서 서로의 삶을 나누며 함께 격려하고 기도하고 섬기는 것은 바로 당신 자신을 성장시키는 것입니다. 인간은 관계성을 통해서 배우고 관계성을 통해서 성장하게 되어 있습니다. 목장을 목숨처럼 사랑하십시오. 그러면 당신은 예수님 안에서 함께 지어져가고 함께 성장해 가는 것을 경험하게 될 것입니다. 뿐만 아니라 당신의 영적 성장을 위해 앞으로 계속적으로 친밀한 교제를 나누며 영적인 지도를 받을 지체를 만드십시오. 먼저 이 사람은 당신의 목자가 되어야 합니다. 그러나 목자

인간은 관계성을 통해서 배우고 관계성을 통해서 성장하게 되어 있습니다.

한 사람만으로 부족하다고 느끼는 사람은 교회 내에서 당신이 본받을 만하다고 느끼는 다른 한 사람을 선택해서 당신의 멘토(=영적 아버지이자 스승)가 되어주기를 요청하십시오. 이 사람은 당신이 인격적으로나 신앙적으로 본받을 만하고 다른 사람들에게도 인정을 받는 사람이어야 합니다. 물론 꼭 세상의 학식이나 지위가 높은 사람이어야 할 필요는 없습니다. 단지 당신이 닮기 원하는 사람이어야 합니다. 하나님의 은혜 안에서 좋은 만남은 선택입니다. 훌륭한 사람을 멘토로 선택하십시오. 만약 그러한 사람이 없다면 당신이 그런 사람이 되도록 기도하십시오. 훌륭한 사람들 곁에는 항상 훌륭한 멘토가 있었습니다. 또한 영적으로 성숙하도록 당신이 도와주고 기도해줄 당신보다 미약한 한 사람을 선택하십시오. 정말 훌륭한 하나님의 자녀가 될 수 있는 가능성을 지닌 한 사람을 선택해서 그 사람(멘토리=멘토에게 배우는 사람)의 멘토가 되십시오. 사람은 배우면서 성장하지만 또한 가르치면서 성장하게 됩니다. 부모로부터 많은 것을 배우지만 우리가 부모가 되어서 느끼고 배우는 것도 많습니다. 당신이 부족하다고 느껴져도 기도해 주고 도와줄 멘토리를 반드시 찾으십시오. 교회는 함께 쌓아져 가는 건물과 같습니다. 받기만 하는 이기적인 사람이 되지 마십시오. 나누고 주면서 성장하는 것이 성경의 원리입니다. 대접받고자 하는 대로 대접하십시오. 이제 아래에 당신의 목자와 당신의 멘토가 되어주었으면 하는 사람과 또 당신이 기도하며 섬길 사람(=멘토리)의 이름을 적어보십시오. 그리고 이번 주에 그들과 신선한 만남과 새로운 관계를 맺으십시오. 당신이 먼저 식사에 초대하거나 자연스럽게 요청함으로 관계를 맺을 수 있습니다.

목자 이름: ________ 멘토 이름: ________ 멘토리 이름: ________

만일 당신이 다른 신자들과 관계를 맺고 싶지 않다면 당신은 교회되기를 싫어하는 것입니다. 그러나 주님은 우리가 함께 지어져 가는 건물로서의 교회가 되기를 원하십니다.

말씀 묵상

오늘 말씀을 통해 새롭게 배운 사실은 무엇입니까?

말씀 적용

그 사실을 당신의 생활 속에서 어떻게 구체적으로 적용할 것인지 말해 보십시오. 그리고 하나님께 드리는 기도를 하십시오.

다섯째 날: 교회는 살아있는 생명체입니다.

교회는 사람입니다.

오늘날 교회하면 많은 사람들이 어떤 제도화된 단체(Organization)라고 생각합니다. 교회(敎會)란 말의 한자 뜻도 단체라는 의미를 지니고 있습니다. 그러나 이것은 잘못된 번역입니다. 둘째 날에 배운 것처럼 교회는 원어로 "에클레시아" 즉 "하나님께 부름 받은 사람들"입니다. 그래서 교회는 죽은 것이 아니라 살아있는 것입니다. 다시 말하면 생명체(Organism)입니다. 먼저 사도행전 2:42-47과 4:32-35을 읽고 무슨 내용인지 간단히 요약해 보십시오.

그들이 사도의 가르침을 받아 서로 교제하고 떡을 떼며 오로지 기도하기를 힘쓰니라 사람마다 두려워하는데 사도들로 말미암아 기사와 표적이 많이 나타나니 믿는 사람이 다 함께 있어 모든 물건을 서로 통용하고 또 재산과 소유를 팔아 각 사람의 필요를 따라 나눠 주며 날마다 마음을 같이하여 성전에 모이기를 힘쓰고 집에서 떡을 떼며 기쁨과 순전한 마음으로 음식을 먹고 하나님을 찬미하며 또 온 백성에게 칭송을 받으니 주께서 구원 받는 사람을 날마다 더하게 하시니라
(사도행전 2:42-47)

믿는 무리가 한마음과 한 뜻이 되어 모든 물건을 서로 통용하고 자기 재물을 조금이라도 자기 것이라 하는 이가 하나도 없더라 사도들이 큰 권능으로 주 예수의 부활을 증언하니 무리가 큰 은혜를 받아 그 중에 가난한 사람이 없으니 이는 밭과 집 있는 자는 팔아 그 판 것의 값을 가져다가 사도들의 발 앞에 두매 그들이 각 사람의 필요를 따라 나누어 줌이라 (사도행전 4:32-35)

진정한 삶의 공동체로서의 초대교회

이 성경구절들은 21세기를 사는 그리스도인들을 상당히 놀라게 합니다. 오늘날 많은 교회들이 초대교회로 돌아가자고 합니다. 그러나 그러기 전에 그들이 기꺼이 초대교회와 같은 큰 믿음을 가질 수 있을지를 살펴봐야만 합니다. 이 구절들은 교회가 공동생활을 해야 된다고 가르치는 것이 아닙니다. 또 모든 그리스도인이 자기의 재산을 다 팔아서 교회에 헌금하라는 것도 아닙니다. 물질이 아니라 물질에 대한 그들의 가치관에 대해서 말하는 것입니다. 그리스도인은 자기가 가지고 있는 물질의 소유권을 어떻게 사용해야 하는지 초대교회의 모습을 통해 말해 줍니다. 자신의 모든 것은 그리스도의 것이라는 신앙고백을 했던 그리스도인들의 모습을 우리에게 보여주고 있습니다. 다시 말하면, 살아있는 교회의 모습이 무엇인지를 우리에게 말

해 주고 있는 것입니다. 초대교회는 현대의 교회들처럼 건물을 자랑하지 않았습니다. 베드로가 말씀을 전할 때 하루에 3천 명씩, 5천 명씩 회개를 하고 돌아온 것을 보면 초대교회들도 숫자적으로 상당히 컸던 교회임에 틀림이 없습니다. 그러나 초대교회는 그들의 숫자가 몇 명이었다고 통계자료를 제시하지도 않습니다. 좋은 건물과 교인의 숫자가 많은 교회를 성경은 살아있는 교회라고 하지 않습니다. 다만 그 안에 서로를 사랑하는 마음이 넘쳐서 오히려 자신의 것을 자신의 것이라 주장하지 않고, 하나님이 자신에게 주신 모든 것을 지체들과 함께 성장하고 필요를 채우는 데 사용할 수 있는 가치관을 가진 성도들이 많은 교회가 살아있는 교회라는 것을 우리에게 전할 뿐입니다.

그러므로 초대교회의 모습을 전해 주는 이 구절의 원래의 뜻을 파악해 보면 그들이 진정으로 예수님을 믿는다는 것이 무엇인지를 잘 알고 있었음을 발견할 수가 있습니다. 그리고 그들은 기꺼이 예수님 안에서 공동체적인 교회로, 한 몸인 것을 실천하기 원했음을 알 수 있습니다. 그들은 그들의 모든 인생과 재산이 하나님의 것임을 잘 알았기에 교회와 다른 지체들이 필요할 때 기꺼이 나누어 사용했던 것입니다. 그렇게 함으로써 그들은 장래에 자기들이 필요로 하는 물질들을 하나님이 다 공급해 주실 것을 확실히 믿었습니다. 그러나 그들은 자기들이 부유해서, 혹은 물질만을, 다른 사람들에게 나누어준 것이 아닙니다. 그들은 그들 생활 그 자체를 다른 사람들과 나누었습니다. 부르심을 받은 초대교회 성도들은 믿지 않는 자들처럼 자신들만을 위한 이기적인 생각으로 그들 자신을 폐쇄시키지 않았습니다. 사랑하는 한 몸 공동체인 교회를 위해서 자신들의 삶을 함께 나누었습니다. 왜냐하면 그들은 더 이상 그들의 것이 아니라 그리스도를 위한 것임을 알았기 때문입니다. 이런 성도들이 모인 초대교회는 진정한 공동체요, 살아있는 교회였습니다.

이제 우리도 공동체로서의 교회를 회복하여야 합니다.

오늘날 많은 교인들이 일요일에만 교회에 갑니다. 그리고 한 시간의 예배만을 참석합니다. 그리고 얼마간 헌금합니다. 그리고 집에 갑니다. 그리고 자신은 교회 다닌다고 생각합니다. 그러나 이런 신자들이 많은 교회는 죽은 교회입니다. 왜냐하면 이런 식의 신앙은 종교적인 것이기 때문입니다. 종교적이라는 말은 습관적이고 형식적이란 말입니다. 기독교는 종교가 아닙니다. 삶 그 자체입니다. 알맹이는 없고 껍데기만 남은 것은 죽은 것입니다. 우렁이가 없는 우렁이 껍질을 살아있는 것이라고 하지는 않습니다. 그것은 단지 죽은 껍데기일 뿐입니다. 교회는 살아있는 것입니다. 기쁘고 괴로운 모든 일을 함께하는 살아있는 공동체인 것입니다. 그래서 교회 안에서는 살아있는 교제가 있어야 합니다. "안녕하세요" 하고 지나간 것을 교제했다고 말하지 않습니다. 교제는 그들의 삶을 나누는 것입니다. 기도를 나누는 것입니다. 가르침을 나누는 것입니다. 아픔도 함께 나누는 것입니다. 기쁨도 함께 나누는 것입니다. 필요하다면 물질도 함께 나누는 것입니다. 이것이 살아있는 것입니다. 그래서 초대교회는 살아있는 교회였습니다. 왜냐하면 교회는 한 몸 공동체이기 때문입니다. 그들은 함께 성장하고 함께 산다는 성경의 원리를 철저하게 이해했습니다. 그리고 그런 삶을 실천했습니다. 이제 우리는 정상적인 생명의 공동체로 돌아가야 합니다.

사도행전 2:45을 다시 한 번 읽어보십시오. 당신은 다른 사람들에게 받는 것과 주는 것 중에서 어느 것이 더 어렵습니까? 그 이유는 무엇입니까?

> 또 재산과 소유를 팔아 각 사람의 필요를 따라 나눠 주며
> (사도행전 2:45)

이 질문에 정답은 없습니다. 그러나 깊이 더 생각해 봐야 할 문제입니다. 당신이 어떻게 대답을 했든 다른 그리스도인들과 관계를 가짐

으로써 당신이 성장할 수 있게 해달라고 하나님께 기도하십시오. 교회는 살아있는 것입니다. 그래서 그 안엔 생명력이 있어야 합니다. 그 생명이 무엇이냐 하면 바로 예수 그리스도입니다. 예수님 때문에 우리가 한 몸이 되었듯이, 예수님이 우리 교회의 주님이 되시면 우리 교회는 살아있는 교회가 되는 것입니다.

주님이란 뜻은 무엇입니까? 우리의 주인이라는 것입니다. 나의 모든 것의 주인 되신 그분이 원하신다면 그분 안에서 함께한 다른 지체들과 우리의 삶과 인생을 나누는 것은 지극히 정상적이고 당연한 일입니다. 그러나 문제는 정상적인 것이 비정상이 되었고, 비정상적인 죽은 껍데기가 정상적인 것처럼 되었다는 것이 더욱 큰 문제입니다. 우리는 너무나 이기적인 세상의 논리에 학습되었습니다. 너무나 비정상적인 삶을 정상적인 것처럼 알고 살아왔습니다. 그러나 이제 우리는 교회의 본질을 회복하여야 합니다. 교회는 살아있는 공동체입니다. 또한 살아있어야만 합니다. 교회는 하나님이 꿈꾸시는 거룩한 희망이기 때문입니다. 이제 당신은 죽은 몸에 붙어있는 종교인이 아니라 살아있는 생명체에서 함께 성장하는 하나님의 자녀가 되어야 합니다. 교회는 세상의 유일한 희망이자 예수 그리스도의 꿈입니다. 오늘도 우리는 교회가 살아있는 교회 되기를 꿈꾸는 자로서 함께 성장하는 삶을 살아가야 합니다.

교회는 세상의 유일한 희망이자
예수 그리스도의 꿈입니다.

말씀 묵상

오늘 말씀을 통해 새롭게 배운 사실은 무엇입니까?

말씀 적용

하나님이 주신 그 말씀을 앞으로 당신의 교회생활이나 신앙생활에 어떻게 구체적으로 적용할 수 있는지 적어보십시오.

우리 교회가 앞으로 한 몸 된 것을 실천하여 더욱더 살아있는 교회 공동체가 되려면 어떻게 해야 하는지 구체적인 방법이나 아이디어를 말해 보십시오.

7단원 벤처 신자들 : 은사

7단원 암송구절: 베드로전서 4:10, 에베소서 4:12

벤처 신자들 : 은사

각각 은사를 받은 대로 하나님의 여러 가지 은혜를 맡은 선한 청지기 같이 서로 봉사하라
(베드로전서 4:10)

0 는 성도를 온전하게 하여 봉사으 일을 하게 하며 그리스도의 몸을 세우려 하심이라
(에베소서 4:12)

첫째 날: 당신을 향한 하나님의 계획

하나님 나라에 실업자는 없습니다.

몇 년 전 우리나라가 IMF의 경제 통치를 받게 되었던 초창기에 수많은 기업이 도산하고 많은 실업자들이 발생했습니다. 때문어 많은 가정들이 고통을 받았습니다. 어떤 가장들은 집을 가출하여 가정들이 풍비박산 났으며, 집 나온 노숙자들이 사회의 문제가 될 정도로 실업사태는 심각했습니다. 심지어 학교를 졸업한 대학생들이 들어갈 직장이 없어서 자살하는 사람까지 있었습니다. 한 사람의 실업자가 가정의 고통이 되고 사회와 국가 전체의 짐이 되었습니다. 그러나 요즘은 나라의 경제가 회복되었고 벤처 기업들이 우후죽순처럼 생겨나면서 각자의 창조적 아이디어와 재능을 가지고 새로운 사업을 시작하여 성공 신화를 만드는 사람들이 많이 생겨나게 되었습니다. 하나님이 우리를 하나님의 자녀로 삼으신 것은 놀고먹는 실업자로 부르신 것이 아닙니다. 하나님이 우리를 구원하신 것에는 분명한 뜻이 있

그가 어떤 사람은 사도로, 어떤 사람은 선지자로, 어떤 사람은 복음 전하는 자로, 어떤 사람은 목사와 교사로 삼으셨으니 이는 성도를 온전하게 하여 봉사의 일을 하게 하며 그리스도의 몸을 세우려 하심이라
(에베소서 4:11-12)

습니다. 먼저 에베소서 4:11-12을 찾아서 읽고, 교회의 지도자들을 세우신 목적을 아래의 공식을 통해 완성해 보십시오.

성도를 (　　　　　　　) 하여 + (　　　　　　　)을 하게 하며
= (　　　　　　　)을 세우려 하심이라

하나님은 성도를 하나님의 자녀답게 온전한 삶을 살도록 하실 뿐만 아니라 헌신된 사역자와 일꾼으로 삼아서 그리스도의 몸인 교회를 섬길 수 있도록 가르치시기 위해서, 교회의 지도자들을 주신 것입니다. 그러면 하나님이 성경을 우리에게 주신 목적은 무엇인지 디모데후서 3:16-17을 찾아서 읽고 아래의 빈칸에 적어보십시오.

모든 성경은 하나님의 감동으로 된 것으로 교훈과 책망과 바르게 함과 의로 교육하기에 유익하니 이는 하나님의 사람으로 온전하게 하며 모든 선한 일을 행할 능력을 갖추게 하려 함이라
(디모데후서 3:16-17)

성경의 4가지 기능(16절) = (　) + (　) + (　　) + (　　)
성경의 2가지 목적(17절) = (　　　　　) + (　　　　　)

성경이 주어진 목적도 성도가 온전한 삶을 살고 교회를 세우는 선한 일을 하도록 하는 것입니다. 하나님이 우리를 구원하신 목적은 무엇인지 에베소서 2:8-10을 찾아서 말해 보십시오.

너희는 그 은혜에 의하여 믿음으로 말미암아 구원을 받았으니 이것은 너희에게서 난 것이 아니요 하나님의 선물이라 행위에서 난 것이 아니니 이는 누구든지 자랑하지 못하게 함이라 우리는 그가 만드신 바라 그리스도 예수 안에서 선한 일을 위하여 지으심을 받은 자니 이 일은 하나님이 전에 예비하사 우리로 그 가운데서 행하게 하려 하심이니라
(에베소서 2:8-10)

____

____

하나님이 우리를 구원하신 것은 선한 일을 하게 하기 위해서입니다. (성경에서 말하는 "선한 일"이란 헬라어 "아가도이스"로 도덕적인 개념의 선한 일이 아니라 하나님이 계획하신 뜻, 곧 한 몸 된 교회를 세우는 영광된 일을 의미하고 있습니다.) 따라서 우리는 한 몸으로 부르심을 받았고 한 몸인 교회를 온전하게 세우는 지체가 되었기 때문에, 한 몸인 교회를 온전하게 세우는 일은 선택이 아니라 우리가 주 안에서 생존하며 행복하기 위해 필수적으로 해야 할 일입니다. 실업자가 된 것이 고통이며 일하는 것이 행복이듯이 예수님 안에서 구원받은 자녀

들이 한 몸 공동체인 교회를 세우기 위해 자기에게 주어진 은사를 활용해 일하고 사역하는 것은 인생의 큰 축복이며 행복의 조건이 됩니다. 다리가 있어도 기능을 발휘하지 못하면 신체장애인이 되고, 뇌가 그 기능을 제대로 발휘하지 못하면 몸은 죽게 됩니다. 마찬가지로 내가 일하지 않으면 그것은 교회의 고통이 되는 것입니다. 따라서 성경에 있는 분명한 진리는 한 몸인 그리스도의 지체는 각각 해야 할 역할이 있다는 것입니다. 하나님은 그리스도의 몸에 일할 수 있는 여러 가지 지체를 주셨습니다. 그리고 그 지체들은 모두가 다 고유한 기능들을 가지고 있습니다. 다시 말하면, 한 몸 된 교회를 세우기 위해서 당신만이 할 수 있는 은사와 기능이 있다는 말입니다. 따라서 당신은 당신이 행복하기 위해서 뿐만 아니라 주 안에서 생존하기 위해서 당신에게 주신 은사를 사용해서 일해야 합니다. 그것이 하나님의 뜻이기 때문입니다. 그러면 은사란 무엇입니까?

모든 그리스도인은 은사를 가지고 있습니다.

은사란 교회의 몸을 세우고 서로 봉사하게 하기 위해 모든 그리스도인에게 주신 하나님의 영적인 능력입니다. 이 은사는 성경에서 약 20가지 정도가 나타나고 있는데 다른 은사가 있을 수도 있습니다. 로마서 12장, 고린도전서 12장, 에베소서 4장 등에서 은사에 대해 자세히 설명하고 있습니다. 여기에서 나오는 은사의 종류는 다음과 같습니다.

은사란 교회의 몸을 세우고 서로 봉사하게 하기 위해 모든 그리스도인에게 주신 하나님의 영적인 능력입니다.

1. 예언(설교, 영감에 의한 말씀)
2. 섬기는 일
3. 가르치는 일
4. 권위(믿음을 일깨워주며 권면하는 일)
5. 구제(주는 것)

6. 다스리는 자(지도력, 리더십)
7. 긍휼(자비를 베푸는 일, 슬픈 자를 위로하는 일)
8. 지혜
9. 지식(지식적인 연구나 말)
10. 믿음(특별히 큰 믿음)
11. 신유(병 고치는 것)
12. 기적(능력을 행하는 일)
13. 영분별(영적인 것을 분별하는 것)
14. 방언
15. 방언통역
16. 사도
17. 선지자
18. 행정
19. 복음 전하는 일(전도)
20. 목사와 교사(성도를 돌보며 가르치는 일)

은사의 파워를 경험하십시오.

은사는 여러 가지나 성령은 같고 직분은 여러 가지나 주는 같으며 또 사역은 여러 가지나 모든 것을 모든 사람 가운데서 이루시는 하나님은 같으니 각 사람에게 성령을 나타내심은 유익하게 하려 하심이라 (고린도전서 12:4-7)

그러면 하나님은 성령님을 통해서 왜 이런 은사들을 주십니까? 고린도전서 12:4-7을 읽고 말해 보십시오.

그것은 나를 위해서가 아닌 다른 모든 사람들(=교회)의 유익을 위해서입니다. 내게 주신 은사를 통해 다른 사람을 섬기게 되고 한 몸인 교회를 세움으로 모두에게 유익이 되는 것입니다. 그래서 은사란 다른 성도와 교회를 위해서 쓰여질 때만이 가치 있는 것입니다. 에베소서 4:12을 다시 읽어보십시오.

"이는 성도를 온전하게 하여 봉사의 일을 하게 하며 그리스도의 몸을 세우려 하심이라"

우리에게 주신 하나님의 은사를 사용하면 우리 자신이 먼저 온전하게 됩니다. 다시 말해 은사가 나를 통해 나타나도록 순종하는 과정 속에서 우리도 성장하게 된다는 말입니다. 실제로 팔을 아낀다고 오랫동안 팔을 깁스해 보십시오. 힘도 쓰지 못하고 움직이지도 못하게 됩니다. 내게 주신 은사를 활용하는 것은 나 자신의 영적인 삶이 건강하고 행복하게 되는 요소가 됩니다. 두 번째로 은사는 교회를 온전하게 만듭니다. 은사를 사용해 봉사의 일을 하는 동안 다른 지체들이 건강해집니다. 위가 튼튼해야 몸 전체도 건강해지는 것처럼 내게 주신 은사를 잘 사용할 때 한 몸인 교회 공동체가 건강해집니다. 이렇게 은사를 사용함으로 서로 섬길 때 나뿐만 아니라 모든 지체가 사랑 안에서 온전해지고 결국은 우리 모두가 그리스도 안에 한 몸 공동체로 세워지게 됩니다. 따라서 한 몸인 우리는 모두가 그리스도의 몸을 세우기 위해서 반드시 자신의 은사를 발견하고 사용해야만 합니다.

우리에게 주신 하나님의 은사를 사용하면 우리 자신이 먼저 온전하게 됩니다.

은사에 대해 오해하지 맙시다.

그러나 오늘날 많은 사람들이 은사에 대하여 잘못된 생각을 가지고 있습니다. 첫 번째로 은사와 재능은 다릅니다. 어떤 사람이 피아노를 잘 치면 그것도 은사라고 생각합니다. 그러나 그것은 재능이지 은사가 아닙니다. 두 번째로 은사는 임무가 아닙니다. 어떤 사람들은 교회에서 맡겨진 여러 가지 임무를 은사라고 생각합니다. 그러나 임무는 은사가 아닙니다. 세 번째로 은사는 열매가 아닙니다. 어떤 사람이 성령의 여러 가지 열매를 맺습니다. 그러나 이것이 은사는 아닙니다. 네 번째로 은사는 신비적인 것(예를 들면 예언, 방언, 환상, 기적 등)만이 아닙니다. 은사하면 많은 그리스도인이 이렇게 초자연적인 것이라고 생각합니다. 그러나 은사는 이런 것들만이 아닙니다. 다섯 번째로 은사는 내가 구해서 받는 것이 아니라 하나님의 선물입니다. 성령님이 은사를 우리에게 나누어주십니다. 여섯 번째로 은사는 어떤 몇 사람들만 가지고 있는 것이 아닙니다. 예수님을 믿는 사람이라면 누구나 최소한 한 가지 이상의 은사는 다 가지고 있습니다. 그리고 한 사람이 여러 가지의 은사를 가지고 있을 수도 있습니다. 그렇지만 한 사람이 모든 은사를 다 가지고 있지는 못합니다. 은사는 어떤 특정한 사람들만 가지고 있는 것이 아닙니다. 그리스도를 개인의 구세주로 영접한 사람은 누구나 최소한 한 가지 이상의 은사를 다 가지고 있습니다. 베드로전서 4:10을 찾아보십시오. 이번 주 암송구절입니다.

각각 은사를 받은 대로 하나님의 여러 가지 은혜를 맡은 선한 청지기 같이 서로 봉사하라
(베드로전서 4:10)

"( )를 받은 대로 하나님의 여러 가지 은혜를 맡은 ( ) 같이 서로 ( )하라"

모든 신자는 은사를 가지고 있으며 그 은사를 맡은 선한 청지기같이 사용해야 할 책임이 있습니다. 당신에게 주신 은사를 사용하십시오. 당신은 신앙의 성장과 인생의 기쁨을 경험하게 될 것입니다.

말씀 묵상

오늘 공부를 통해 배우거나 깨달은 말씀은 무엇입니까?

말씀 적용

이 말씀을 당신의 삶 속에서 어떻게 적용하겠습니까?

당신은 어떤 은사를 가지고 있다고 생각합니까? 공부한 은사들의 목록을 한번 살펴보고 말해 보십시오. 그리고 교회에서 은사 테스트를 해보고 당신의 생각과 비교해 보십시오.

둘째 날: 은사의 통로는 사랑입니다.

사랑 없이는 모든 것이 울리는 꽹과리와 같습니다.

첫째 날에 우리는 은사가 무엇이며 은사의 종류는 몇 가지나 되는지 또한 은사의 목적은 무엇인지에 대하여 공부했습니다. 오늘은 그 은사가 무엇을 통하여 나타나는지에 대하여 공부해 보도록 하겠습니다. 먼저 고린도전서 13:1-13을 읽으십시오. 당신은 방금 성경에서 가장 아름다운 구절 중에 하나를 읽었습니다. 이 구절은 이 세상 그 어느 문학작품보다도 유명한 것입니다. 왜냐하면 그것은 이 세상에서 가장 아름다운 것이기 때문입니다. 그것이 무엇입니까? 적어보십시오.

(   )이 이 세상에서 가장 위대하다.

사랑이 모든 은사들을 나타나게 하는 통로가 됩니다. 아무리 좋은 은사들을 가졌다 해도 사랑이 없으면 아무것도 아닙니다. 하나님은 사랑이시며, 당신 안에 살고 계신 그리스도의 사랑이 이 모든 은사들을 다른 사람에게 흘러갈 수 있도록 만들 것입니다. 그리스도의 몸(교회)은 사랑을 나타내게 만들어져 있습니다. 한 몸인 교회는 그리스도의 사랑을 삶으로 증거하는 자들이기 때문입니다. 그래서 은사는 이 사랑을 통해서만 흐를 수 있습니다. 사랑을 통해서 흐르지 않는 은사는 한 몸 된 교회를 나뉘게 하고 분쟁이 일어나게 합니다. 따라서 아무리 좋은 은사도 사랑을 통해 나타나도록 해야 합니다. 오늘날 방언이나 예언이나 기타 다른 은사들로 인하여 교회가 분열되고 분쟁이 일어나는 것을 봅니다. 그러나 이것은 잘못된 것입니다. 은사를 사용하기 원한다면 먼저 사랑이 그 통로로 준비되어야만 합니다. 은사의 통로인 사랑이 없다면 차라리 은사를 사용하지 않는 것이 나

내가 사람의 방언과 천사의 말을 할지라도 사랑이 없으면 소리 나는 구리와 울리는 꽹과리가 되고 내가 예언하는 능력이 있어 모든 비밀과 모든 지식을 알고 또 산을 옮길 만한 모든 믿음이 있을지라도 사랑이 없으면 내가 아무것도 아니요 내가 내게 있는 모든 것으로 구제하고 또 내 몸을 불사르게 내줄지라도 사랑이 없으면 내게 아무 유익이 없느니라 사랑은 오래 참고 사랑은 온유하며 시기하지 아니하며 사랑은 자랑하지 아니하며 교만하지 아니하며 무례히 행하지 아니하며 자기의 유익을 구하지 아니하며 성내지 아니하며 악한 것을 생각하지 아니하며 불의를 기뻐하지 아니하며 진리와 함께 기뻐하고 모든 것을 참으며 모든 것을 믿으며 모든 것을 바라며 모든 것을 견디느니라 사랑은 언제까지나 떨어지지 아니하되 예언도 폐하고 방언도 그치고 지식도 폐하리라 우리는 부분적으로 알고 부분적으로 예언하니 온전한 것이 올 때에는 부분적으로 하던 것이 폐하리라 내가 어렸을 때에는 말하는 것이 어린 아이와 같고 깨닫는 것이 어린 아이와 같고 생각하는 것이 어린 아이와 같다가 장성한 사람이 되어서는 어린 아이의 일을 버렸노라 우리가 지금은 거울로 보는 것 같이 희미하나 그 때에는 얼굴과 얼굴을 대하여 볼 것이요 지금은 내가 부분적으로 아나 그 때에는 주께서 나를 아신 것 같이 내가 온전히 알리라 그런즉 믿음, 소망, 사랑, 이 세 가지는 항상 있을 것인데 그 중의 제일은 사랑이라

(고린도전서 13:1-13)

은 것입니다. 따라서 우리가 은사를 공부하기 전에 먼저 은사의 통로인 사랑에 대하여 아는 것이 중요합니다. 흔히 "사랑장"이라고 불리는 고린도전서 13:1-3에는 어떤 것이 사랑보다 더 낮은 위치에 있다고 했습니까? 그 모든 것들이 사랑보다는 위대하지 못하다고 했습니다. 그러면 고린도전서 13:4-7에서 말한 사랑의 속성들을 적어보십시오.

사랑은 오래 참고 사랑은 온유하며 시기하지 아니하며 사랑은 자랑하지 아니하며 교만하지 아니하며 무례히 행하지 아니하며 자기의 유익을 구하지 아니하며 성내지 아니하며 악한 것을 생각하지 아니하며 불의를 기뻐하지 아니하며 진리와 함께 기뻐하고 모든 것을 참으며 모든 것을 믿으며 모든 것을 바라며 모든 것을 견디느니라

(고린도전서 13:4-7)

____

____

이 사랑의 속성 중 당신의 생애에서 어떤 것을 제일 가지기를 원합니까? 그 이유와 함께 적어보십시오.

____

사랑을 강물처럼 흐르게 하십시오.

기억하십시오. 이 모든 속성이 그리스도인인 당신의 것입니다. 하나님은 사랑이십니다. 만약 당신이 그리스도가 당신 안에 거하시도록 허락한다면 이 모든 사랑의 속성이 당신의 생애에 나타날 것입니다. 고린도전서 13:8-13을 읽어봅시다. 그곳에서는 사랑 이외에 다섯 가지 은사를 말하는데 모두 귀한 것들입니다. 그러나 사도 바울은 예언도, 방언도, 지식도 완전한 것이 올 때는 폐하되 사랑은 영원하다고 했습니다. 사랑만이 영원히 남는 것이기 때문입니다. 또한 믿음도, 소망도 귀하지만 그 중에 가장 위대한 것은 사랑이라고 했습니다. 믿음은 우리가 사랑의 속성을 가지게 하는 것이기에(과거구원) 대단히 중요합니다. 소망은 주님이 오실 때 사랑이 나에게 완성되어질 것(미래구원)이기에 대단히 중요합니다. 그러나 사랑은 현재 내가 사는 과정 속에서 나를 통해 나타나며(현재구원) 영원히 계속될 것이기에 가장 위대한 것입니다. 그렇기 때문에 하나님은 사랑이 당신을

사랑은 언제까지나 떨어지지 아니하되 예언도 폐하고 방언도 그치고 지식도 폐하리라 우리는 부분적으로 알고 부분적으로 예언하니 온전한 것이 올 때에는 부분적으로 하던 것이 폐하리라 내가 어렸을 때에는 말하는 것이 어린 아이와 같고 깨닫는 것이 어린 아이와 같고 생각하는 것이 어린 아이와 같다가 장성한 사람이 되어서는 어린 아이의 일을 버렸노라 우리가 지금은 거울로 보는 것 같이 희미하나 그 때에는 얼굴과 얼굴을 대하여 볼 것이요 지금은 내가 부분적으로 아나 그 때에는 주께서 나를 아신 것 같이 내가 온전히 알리라 그런즉 믿음, 소망, 사랑, 이 세 가지는 항상 있을 것인데 그 중의 제일은 사랑이라

(고린도전서 13:8-13)

통해서 계속 다른 사람에게로 흘러나가기를 원하십니다. 이 사랑을 통하여 우리가 은사를 사용할 수 있기 때문입니다. 이제 하나님이 당신을 그분의 몸이 되게 하신 것은 그 몸의 일부로서 일하기 원하시기 때문이라는 사실을 기억해야 합니다. 그분은 당신에게 영적인 힘인 "은사"를 주셨습니다. 성령님의 은사가 그리스도의 사랑을 통해서 강물처럼 흐르는 것을 생각해 보십시오. 강물이 많이 흐를수록 강은 더 깊어집니다. 하나님의 사랑이 당신을 통해서 흐를 때 당신의 은사는 더욱 깊어집니다. **은사의 목적은 더 많은 그리스도의 사랑이 다른 사람에게 흐르도록 하기 위해서입니다.** 당신이 하나님을 위해서 일하는 것은 당신이 하나님의 사랑의 통로가 되는 것입니다. 그래서 하나님은 당신에게 은사를 주십니다. 성령의 은사에 대하여 당신이 기억해야 할 가장 중요한 사실은 은사는 당신을 통해 그리스도의 사랑을 전하는 통로라는 사실입니다. 그러기에 은사는 사랑이 완성되어질 때 없어지게 되는 것입니다. 그러나 우리는 우리가 살 동안 우리에게 주신 은사를 최대한 사용하여야 합니다. 에베소서 4:12-16을 읽고 문장 속에 알맞은 말을 넣어보십시오.

이는 성도를 온전하게 하여 봉사의 일을 하게 하며 그리스도의 몸을 세우려 하심이라 우리가 다 하나님의 아들을 믿는 것과 아는 일에 하나가 되어 온전한 사람을 이루어 그리스도의 장성한 분량이 충만한 데까지 이르리니 이는 우리가 이제부터 어린 아이가 되지 아니하여 사람의 속임수와 간사한 유혹에 빠져 온갖 교훈의 풍조에 밀려 요동하지 않게 하려 함이라 오직 사랑 안에서 참된 것을 하여 범사에 그에게까지 자랄지라 그는 머리니 곧 그리스도라 그에게서 온 몸이 각 마디를 통하여 도움을 받음으로 연결되고 결합되어 각 지체의 분량대로 역사하여 그 몸을 자라게 하며 사랑 안에서 스스로 세우느니라
(에베소서 4:12-16)

"오직 (   ) 안에서 참된 것을 하여 범사에 (   ) 자랄지라 그는 머리니 곧 그리스도라 그에게서 온 몸이 각 마디를 통하여 도움을 받음으로 연결되고 결합되어 각 지체의 (   ) 역사하여 그 몸을 자라게 하며 사랑 안에서 스스로 세우느니라"

사랑이 모든 것을 가능하게 합니다.

우리가 주인이신 그리스도께 순종하면 우리를 통해 은사들이 나타나고, 그 은사들이 그리스도의 몸을 세우고, 모든 지체가 한 몸으로 하나가 되게 합니다. 또한 어떤 유혹과 거짓된 교훈에도 흔들리지 않고 사랑 안에서 그리스도 예수의 수준까지 자라가게 됩니다. 그래서

결국은 각 지체들의 분량대로 은사가 역사하여 예수님의 몸을 자라게 하며 사랑 안에서 스스로 온전하게 됩니다. 그러나 우리는 이 모든 것을 가능하게 하는 것이 사랑 안에서임을 기억해야 합니다. 그리고 사랑은 우리의 선택이 아니라 하나님의 명령이며 우리가 추구해야 할 목표임을 기억해야 합니다. 모든 은사는 사랑의 통로를 통하여 나타나게 됩니다. 사랑 없이 사용되는 은사는 차라리 사용되지 않는 것이 낫기 때문입니다. 은사는 사랑의 통로를 통해서 사용되는 것이 하나님의 뜻입니다.

모든 은사는 사랑의 통로를 통하여 나타나게 됩니다.

말씀 묵상

오늘 공부를 통해 배우거나 깨달은 말씀은 무엇입니까?

말씀 적용

이 말씀을 당신의 삶 속에서 어떻게 적용하겠습니까?

셋째 날: 은사를 위한 은사

은사를 위한 은사를 먼저 사용하십시오.

당신은 첫째 날에 은사의 여러 가지 목록을 보았을 것입니다. 그리고 당신은 그 중에 한 가지도 가지고 있지 않다고 생각했을지도 모릅니다. 그러나 그것은 잘못된 생각입니다. 왜냐하면 모든 그리스도인은 최소한 한 가지 이상의 은사를 가지고 있기 때문입니다. 그리고 그리스도인 모두가 가지고 있는 은사가 있는데 그것을 가리켜서 은사를 위한 은사라고 합니다. 무슨 말이냐 하면 은사를 사용하기 위한 은사를 가지고 있다는 말입니다. 은사의 목적을 다시 한 번 확인해 보고 은사의 목록을 살펴보면 쉽게 발견할 수 있을 것입니다.

한번 생각해 보십시오. 그것은 섬기는 은사입니다. 로마서 12:7에서 섬기는 은사에 대하여 말하고 있습니다. 그러면 고린도전서 16:15-16을 찾아서 읽어보십시오. 거기에는 섬기는 은사를 잘 사용한 가정의 이름이 나와있습니다. 그 가정의 이름은 무엇입니까? 스데바나 가정입니다. 그들은 섬기는 은사에 몸을 바친 가정입니다. 그 가정은 섬기는 은사를 잘 사용함으로 모든 성도들의 모본이 되었습니다. 흔히 이 섬기는 은사를 봉사의 은사라고도 합니다. 이 말은 식당에서 음식을 날라다 주는 사람에게 쓰는 말입니다(집사는 사역자, 일꾼으로 번역되며 그 뜻은 섬기는 사람을 의미합니다). 섬기는 은사는 그리스도의 사랑이 동기가 되어서 하는 여러 가지의 섬기는 일들을 의미합니다. 이 섬기는 은사를 사용하는 기초 위에서 비로소 다른 은사들도 나타나는 것입니다.

혹 섬기는 일이면 섬기는 일로, 혹 가르치는 자면 가르치는 일로 (로마서 12:7)

형제들아 스데바나의 집은 곧 아가야의 첫 열매요 또 성도 섬기기로 작정한 줄을 너희가 아는지라 내가 너희를 권하노니 이같은 사람들과 또 함께 일하며 수고하는 모든 사람에게 순종하라 (고린도전서 16:15-16)

섬김이 은사의 시작입니다.

하나님을 섬긴다는 것은 그리스도가 우리의 주인 되심에 순종함을 나타내는 가장 간단한 요소입니다. 그리스도는 기꺼이 제자들의 발을 씻어주셨습니다. 그것은 그의 존엄성이나 권위에 위배되는 일이 아닙니다. 발을 씻기신 그리스도가 지금은 당신 인생의 주인이십니다. 섬기는 자가 높은 자가 되는 것입니다. 당신은 섬김의 삶을 살지 않으면서 하나님이 당신에게 큰일을 맡기시리라고 기대합니까? 예수님은 작은 일에 충성하고 섬기는 자에게 큰일을 맡긴다고 하셨습니다. 우리가 그리스도의 마음을 가지고 섬기는 은사를 사용할 때 하나님은 그분의 때에 그분이 원하시는 크기의 일을 우리에게 맡겨주십니다. 실제로 고린도전서 16:15-16에서 섬기는 은사를 풍성히 나타낸 스데바나 가정은 원어의 의미로 생각해 볼 때 섬기는 일을 하기로 결정을 했다는 뜻입니다. 그들 가정을 통해 섬기는 은사가 풍성히 넘치도록 결단하고 순종했다는 말입니다. 그러면 그들은 누구를 섬기기로 결정했습니까?

다른 성도들을 섬기기로 결정했습니다. 물론 여기서 나오는 성도들의 의미는 어떤 특별한 사람들이나 사도들만을 가리키는 것이 아니라 그리스도인들, 즉 부르심을 받은 교회를 의미하는 것입니다. 그들은 다른 모든 지체들을 섬기기 원했습니다. 그러나 사도 바울은 오히려 다른 성도들에게 섬기기로 결심한 스데바나 부부에게 교회가 복종하기를 권면하고 있습니다. 이 말씀을 통해서 볼 때 섬김의 은사가 나타나는 곳에는 자신의 명예와 노력이 나타나는 것이 아니라, 오히려 서로에게 순종하고, 서로를 귀히 여기고, 서로를 높이는 사랑의 열매가 나타나는 것입니다. 그래서 섬기는 은사를 사용하는 성도가 많은 교회일수록 그 교회는 그리스도의 사랑이 강같이 흐르게 됩니다. 그러므로 이제 당신은 아무런 은사가 없는 것 같아도 최소한 섬

김의 은사를 가지고 있다는 것을 알아야 합니다. 그리고 이 은사를 주신 그리스도께 순종함으로 은사를 사용하기 시작하십시오. 당신이 섬김의 은사를 사용하기로 결단하고 순종할 때 다른 모든 은사들도 이 섬김의 은사와 함께 나타날 것입니다. 당신은 오늘부터 이 섬김의 은사를 당장 사용해야 합니다. 마태복음 20:28에 보면 예수님이 이 땅에 오신 목적이 기록되어 있습니다. 말씀을 읽고 빈칸을 채워보십시오.

인자가 온 것은 섬김을 받으려 함이 아니라 도리어 섬기려 하고 자기 목숨을 많은 사람의 대속물로 주려 함이니라
(마태복음 20:28)

"인자가 온 것은 (   )을 받으려 함이 아니라 도리어 (   ) 하고 자기 목숨을 많은 사람의 대속물로 주려 함이니라"

로마서 12:11을 찾아서 우리가 어떻게 섬겨야 할지를 말해 보십시오.

부지런하여 게으르지 말고 열심을 품고 주를 섬기라
(로마서 12:11)

___

___

잊지 마십시오. 섬김의 은사는 당신이 가진 다른 은사들이 당신을 통해 나타날 수 있도록 하는 은사를 위한 은사인 것을 말입니다. 섬기는 은사를 사용하는 것이 시작입니다.

말씀 묵상

오늘 공부를 통해 배우거나 깨달은 말씀은 무엇입니까?

말씀 적용

이 말씀을 당신의 삶 속에서 어떻게 적용하겠습니까?

넷째 날: 은사는 순종을 통해 나타납니다.

순종이 은사 사용의 마스터키입니다.

당신은 순종하지 않는 종에게 백만 불을 맡길 수 있습니까? 천만의 말씀이지요! 성경을 주의 깊게 보십시오. 하나님은 당신을 위해 많은 은사들을 주셨습니다. 그러나 당신이 그 은사가 사용될 수 있도록 그리스도께 순종하지 않는다면 은사는 나타날 수 없습니다. 하나님이 당신에게 주신 은사가 사랑의 통로를 통해 섬김의 은사와 같이 사용될 수 있도록 몸의 머리이신 주님이 말씀하시는 대로 순종하는 것이 필요합니다. 왜냐하면 몸은 머리의 지배를 받기 때문입니다. 만약에 손과 발이 머리의 지배를 받지 않는다면 어떻게 되겠습니까? 마치 술 취한 사람처럼 중심 없이 행동하게 될 것입니다. 그래서 하나님은 이렇게 말씀하십니다. "술 취하지 말라 이는 방탕한 것이니 오직 성령으로 충만함을 받으라"(에베소서 5:18).

모든 신자는 우리 육체의 옛 속성을 따라 살지 말고 머리이신 그리스도께 순종함으로 성령님의 인도하심을 따라 살아야 합니다. 이렇게 성령 충만하여 그리스도께 순종할 때 당신의 은사는 당신 자신을 온전하게 하며 교회를 온전하게 세우는 데 사용됩니다. 그리스도께 순종하는 것이 바로 은사 사용의 마스터키입니다. 셋째 날에 당신은 모든 성도들에게 주신 가장 기본적인 은사인 섬김에 대하여 배웠습니다. 따라서 당신이 그리스도께 순종함으로 먼저 섬기는 은사를 활용한다면 하나님은 당신에게 더 많은 은사를 허락하실 것입니다. 지금은 다른 은사들을 생각하기보다는 섬기는 은사를 사용하는 것이 중요합니다. 지체를 섬기고 교회를 섬기기로 먼저 결심하십시오.

그리스도께 순종할 때 당신의 은사는 당신 자신을 온전하게 하며 교회를 온전하게 세우는 데 사용됩니다.

은사는 전적인 하나님의 선물입니다.

하나님은 섬김의 은사를 사용하기로 순종하는 사람들에게 다른 여러 가지 축복된 은사를 주십니다. 어떤 사람들은 자신들이 하나님께 간구하고 기도함으로 여러 가지 은사를 받을 수 있다고 생각합니다. 물론 하나님은 더 좋은 은사를 구하라고 말씀하셨습니다. 그러나 이 말씀은 우리가 은사를 구해야 받을 수 있다는 뜻이 아닙니다. 하나님은 우리에게 모든 좋은 은사를 주기를 원하시지만 처음부터 은사를 다 주시지는 않습니다. 하나님은 우리가 준비된 믿음의 분량만큼 성령님을 통해서 나누어주십니다. 그래서 먼저 섬기는 은사부터 사용해야 한다는 말입니다. 영어로 은사란 선물을 뜻하는 기프트(Gift)라는 것을 기억하십시오. 구해서 받는 것이 아니라 오직 그분의 뜻대로 나누어주시는 것입니다. 모든 것이 그분께 속했기 때문입니다. 야고보서 1:17을 읽고 빈칸을 채워보십시오.

온갖 좋은 은사와 온전한 선물이 다 위로부터 빛들의 아버지께로부터 내려오나니 그는 변함도 없으시고 회전하는 그림자도 없으시니라 (야고보서 1:17)

"온갖 좋은 (　　　)와 온전한 (　　　)이 다 위로부터 빛들의 (　　　)께로부터 내려오나니"

모든 것은 아버지께로부터 오는 것입니다. 그러므로 그분의 뜻에 따라 나눠주십니다. 그래서 작은 일에 순종하는 사람에게 큰 은사를 사용할 수 있도록 하십니다. 초등학교 어린 아들에게 집안의 금고 키를 맡기는 사람은 없습니다. 하나님도 순종하는 믿음의 분량대로 은사를 나누어주십니다. 그러므로 우리는 먼저 주님 앞에 순종하여 섬기는 은사를 사용하는 자가 되어야 합니다.

은사를 사용하는 사람들의 삶의 방식

그러므로 형제들아 내가 하나님의 모든 자비하심으로 너희를 권하노니 너희 몸을 하나님이 기뻐하시는 거룩한 산 제물로 드리라 이는 너희가 드릴 영적 예배니라 너희는 이 세대를 본받지 말고 오직 마음을 새롭게 함으로 변화를 받아 하나님의 선하시고 기뻐하시고 온전하신 뜻이 무엇인지 분별하도록 하라 내게 주신 은혜로 말미암아 너희 각 사람에게 말하노니 마땅히 생각할 그 이상의 생각을 품지 말고 오직 하나님께서 각 사람에게 나누어 주신 믿음의 분량대로 지혜롭게 생각하라 (로마서 12:1-3)

로마서 12:1-3을 읽어보면 순종에 필요한 것이 어떤 것인지 당신에게 알려줄 것입니다. 이 말씀에 의하면, 당신이 하나님께 순종하기 위해 해서는 안 되는 일들이 있습니다. 그것이 무엇입니까?

1. ________를 ________받지 말라!
2. 마땅히 ________할 그 이상의 ________을 품지 말라!

또한 당신이 꼭 해야만 될 세 가지 일이 있습니다. 그것이 무엇입니까?

1. 너희 몸을 하나님이 기뻐하시는 ______________로 드리라!
2. 마음을 새롭게 함으로 ________를 받아라!
3. 하나님의 ________하시고 ________하시고 ________하신 뜻이 무엇인지 ________ 하라!

당신의 주인이신 그리스도께 순종하기 위해서 위의 다섯 가지 일을 행해야만 합니다. 순종은 구체적인 것입니다. 위의 다섯 가지 말씀이 당신의 생활 속에서 어떻게 적용되어야 하는지를 생각하십시오. 베드로전서 1:13-16에도 역시 순종에 대해서 이야기하고 있습니다. 지금 이 성경구절을 찾아 읽어보십시오. 14절에 의하면 순종이 당신을 어떤 곳에서 방향을 돌리게 합니까?

그러므로 너희 마음의 허리를 동이고 근신하여 예수 그리스도께서 나타나실 때에 너희에게 가져다 주실 은혜를 온전히 바랄지어다 너희가 순종하는 자식처럼 전에 알지 못할 때에 따르던 너희 사욕을 본받지 말고 오직 너희를 부르신 거룩한 이처럼 너희도 모든 행실에 거룩한 자가 되라 기록되었으되 내가 거룩하니 너희도 거룩할지어다 하셨느니라
(베드로전서 1:13-16)

"전에 알지 못할 때에 따르던 너희 (　　　　)을 (　　　　) 말고"

14절에 의하면 이 모든 것은 이전에 당신이 알지 못했던 때부터 있었던 것입니다. 그러나 이제는 당신이 더 이상 알지 못하는 때가 아닙니다. 당신의 사욕(또는 정욕)을 좇는 모든 것은 당신의 옛 속성이며 바로 당신 자신입니다. 하나님보다 더 당신이 좋아하는 것이 바로 정욕인 것입니다. 이것은 우리가 버려야 합니다. 이제 내재하시는 새 속성인 그리스도가 하나님의 뜻을 당신에게 알게 하십니다. 우리는

새 속성이신 그리스도를 나타내는 방향으로 우리의 인생을 조정해야만 합니다. 이렇게 구체적으로 우리의 인생을 그리스도께 순종할 때 당신은 그리스도의 몸의 한 지체로서 당신에게 주신 은사를 잘 사용하게 될 것입니다.

은사를 거룩하게 사용하십시오.

오직 너희를 부르신 거룩한 이처럼 너희도 모든 행실에 거룩한 자가 되라 기록되었으되 내가 거룩하니 너희도 거룩할지어다 하셨느니라 (베드로전서 1:15-16)

베드로전서 1:15-16에는 중요한 낱말이 네 번이나 계속해서 나옵니다. 이 낱말은 거룩입니다. 왜 은사를 가진 사람들이 거룩한 삶을 살아야 합니까? 그것은 당신에게 은사를 주시는 하나님이 거룩한 분이시기 때문입니다. 만약 어떤 사람이 하나님의 은사를 자신의 정욕을 위해서 사용하려고 한다면 그 얼마나 끔직한 일이겠습니까?

한 미국신문에서 미국사람들이 가장 신뢰하지 못하는 사람들이 누구인지를 조사했습니다. 그런데 놀랍게도 텔레비전 방송 전도자들이 3위 안에 들어 있었습니다. 왜냐하면 이들 중 많은 사람들이 이미 하나님의 은사를 자신들의 정욕을 위해 사용했기 때문입니다. 참으로 안타까운 일입니다. 하나님의 복음을 위해 가장 효과적으로 쓰여질 수 있는 텔레비전 방송이 은사를 자신의 유익과 정욕을 위해 사용한 일부 사람들 때문에 망쳐지게 된 것입니다. 당신은 거룩하지 않게 은사를 사용함으로써 하나님이 주신 은사가 소용없게 된 것을 기억하십시오. 당신은 내재하신 그리스도께 순종함으로 당신의 은사가 거룩하게 사용되도록 해야 합니다. 얼마나 훌륭하고 좋은 은사를 많이 가지고 있느냐가 아니라 얼마나 그리스도께 순종함으로써 그 은사들이 거룩하게 쓰이느냐가 더욱 중요한 문제입니다.

얼마나 훌륭하고 좋은 은사를 많이 가지고 있느냐가 아니라 얼마나 그리스도께 순종함으로써 그 은사들이 거룩하게 쓰이느냐가 더욱 중요한 문제입니다.

말씀 묵상

오늘 공부를 통해 배우거나 깨달은 말씀은 무엇입니까?

말씀 적용

이 말씀을 당신의 삶 속에서 어떻게 적용하겠습니까?

다섯째 날: 나는 나를 표현합니다.

은사를 사용하는 것이 축복입니다.

이미 당신은 지금 당장 사용할 수 있는 은사인 섬기는 은사를 가지고 있음을 배웠습니다. 다른 더 훌륭한 은사를 찾기 전에 먼저 섬기는 은사를 활용하도록 순종하는 것이 필요합니다. 하나님은 한꺼번에 많은 은사를 주시지 않습니다. 또한 갑자기 크고 놀라운 은사를 주시지 않습니다. 당신이 섬기는 은사에 순종할 때, 준비된 사랑의 통로를 통하여 다른 모든 은사들이 흘러나갈 수 있도록 하십니다. 그러므로 당신은 하나님께 더 좋은 은사를 달라고 구하기 전에 당신이 이미 가지고 있는 섬기는 은사에 순종할 수 있도록 기도하십시오. 그러나 이 말은 다른 은사들에 대해 무관심하거나 사용하지 말라는 것이 아닙니다. 당신은 사역자입니다. 당신이 다른 지체를 섬기며, 하나님 나라 확장을 위해 가져야 될, 가장 알맞은 은사를 달라고 구하여야 합니다. 뿐만 아니라 이미 주셔서 당신이 가지고 있는 은사들을 발견해서 사용하고 발전시켜야 합니다. 은사를 주시는 이는 하나님이시지만, 주신 그 은사를 발전시킬 책임은 우리에게 있습니다. 아무리 좋은 보화가 있다고 하더라도 사용하지 않으면 아무런 소용이 없는 것입니다. 예수님은 달란트 비유를 통해 한 달란트를 땅에 묻어놓고 쓰지 않은 종에게 뭐라고 말씀하셨는지 대답해 보십시오. 마태복음 25:24-30을 읽고 써보십시오.

____

____

이제 당신은 당신이 가지고 있는 섬기는 은사와 다른 은사들이 사랑의 통로를 통해 풍성히 흐를 수 있도록 순종해야만 합니다. 실수와 실패를 두려워하지 마십시오. 하나님의 능력을 믿고 당신 안에 잠재

한 달란트 받았던 자는 와서 이르되 주인이여 당신은 굳은 사람이라 심지 않은 데서 거두고 헤치지 않은 데서 모으는 줄을 내가 알았으므로 두려워하여 나가서 당신의 달란트를 땅에 감추어 두었었나이다 보소서 당신의 것을 가지셨나이다 그 주인이 대답하여 이르되 악하고 게으른 종아 나는 심지 않은 데서 거두고 헤치지 않은 데서 모으는 줄로 네가 알았느냐 그러면 네가 마땅히 내 돈을 취리하는 자들에게나 맡겼다가 내가 돌아와서 내 원금과 이자를 받게 하였을 것이니라 하고 그에게서 그 한 달란트를 빼앗아 열 달란트 가진 자에게 주라 무릇 있는 자는 받아 풍족하게 되고 없는 자는 그 있는 것까지 빼앗기리라 이 무익한 종을 바깥 어두운 데로 내쫓으라 거기서 슬피 울며 이를 갈리라 하니라 (마태복음 25:24-30)

된 성령의 은사를 발견하십시오. 그리고 사용하십시오. 은사는 쓰면 쓸수록 아름다운 열매를 맺게 해주고 성도를 행복해지도록 만듭니다. 당신에게 있는 섬기는 은사를 활용해서 하나님을 섬기고 다른 지체들을 사랑 안에서 섬기십시오. 그러면 하나님은 당신에게 더욱 귀한 은사를 주셔서 아름답고 귀한 사역자로 사용하실 것입니다. 당신은 이번 주 암송구절인 베드로전서 4:10을 꼭 기억해야 합니다.

"모두 자기가 받은 은사를 따라서, 하나님의 여러 가지 은혜를 맡은 선한 관리인으로서, 서로 봉사하십시오……그리하면 하나님께서 모든 일에 예수 그리스도로 말미암아 영광을 받으실 것입니다"(10-11절, 표준새번역)

당신 안에 잠자는 거인을 깨우십시오.

오래 전의 일입니다. 미국 텍사스의 어느 시골에서 한 농부가 농사를 짓다가 생각하기를 다른 사람들처럼 농사를 짓는 것보다는 땅에서 석유를 발견해서 부자가 되어야겠다고 생각했습니다. 그래서 그가 가진 밭을 팔아서 짐을 싸들고 미국 전역을 석유를 발견하기 위해 돌아다녔습니다. 그러나 그는 석유를 발견하지도 못하고 빈털터리가 되어 죽었습니다. 그런데 얼마 후 그가 팔았던 그 밭에서 텍사스 주 최대의 유전이 발견되었다는 신문기사가 발표되었습니다.

당신은 위의 이야기로부터 무슨 사실을 깨달았습니까? 하나님은 당신 안에 보물을 담아놓으셨습니다. 그 보물은 바로 예수 그리스도입니다. 예수 그리스도는 당신의 삶을 통해 다른 사람들에게 나타나기를 원하십니다. 당신이 단지 순종할 때 당신에게 주신 하나님의 은사를 통해 그리스도라는 보물의 가치가 다른 사람들에게 넘치게 될 것입니다. 지금 하나님은 당신 안에 있는 그리스도를 아실 뿐만 아니라 하나님이 당신에게 주신 각종 은사를 사용하기를 원하십니다. 그러면 당신은 어떻게 당신에게 주신 성령의 은사를 발견하고 사용할 수 있습니까? 여기에서 그 몇 가지 원리들을 간단히 공부하겠습니다. 은사를 발견하는 원리들을 배우기 전에 먼저 당신은 다음의 네 가지 기본 조건들을 갖추는 것이 필요합니다.

1. **당신은 그리스도인이 되어야 합니다.** 성령의 은사는 오직 그리스도의 몸의 지체들에게만 주어지는 것입니다. 그리스도가 내재해 계시지 않는 사람에겐 은사가 있을 수가 없습니다.

2. **당신은 성령의 은사를 믿어야 합니다.** 성령의 은사는 믿음의 문제입니다. 성령의 은사를 발견하려는 시도를 하기 전에 하나님이 당신에게 성령의 은사를 주셨다는 사실을 믿어야 합니다. 그러므로 당신은 성령의 은사에 대하여 좀 더 자세히 배워야 합니다.

3. **당신은 일하기를 원해야 합니다.** 하나님은 분명한 목적이 있어서 당신에게 은사를 주셨습니다. 그러므로 당신은 그 하나님의 뜻에 따르기를 원해야 합니다.

4. **당신은 기도해야 합니다.** 하나님은 당신이 당신의 은사를 사용하기를 원하시기 때문에 당신이 필요로 하는 모든 도움을 꼭 주십니다. 하나님이 도와주신다는 사실을 믿고 간구하십시오. 하나님은 풍성한 영적인 활동을 위하여 이미 당신 속에 정해 두셨던 아름다운 가능성을 열어주실 것입니다.

당신에게 주신 성령의 은사를 발견하는 실제적인 원리는 무엇입니까?

1. 하나님이 사용하시기 위한 사랑과 섬김의 통로가 될 수 있도록 당신의 마음을 여십시오.

2. 성령의 은사를 발견하기 위하여 간절히 사모하는 마음으로 기도하십시오.
3. 성령의 은사에 대하여 공부하십시오.
4. 하나님이 당신에게 주신 능력들을 통해 확인해 보십시오.
5. 당신이 지금 하고 있는 사역과 봉사하는 일들 속에서의 결과를 평가해 보십시오.
6. 당신을 잘 아는 다른 영적인 사람들의 말을 들어보십시오.
7. 당신이 갖고 있는 은사가 사용될 때 하나님의 영광을 나타내는지를 확인하십시오.

당신은 하나님의 형상대로 지음 받은 존재입니다. 그리고 당신 안에는 만왕의 왕이신 그리스도가 주인으로 내재하십니다. 당신은 모든 것을 할 수 있는 가능성을 부여받았습니다. 당신의 은사를 발견하고 사용해서 좀 더 효과적으로 하나님과 다른 지체들을 섬길 수 있습니다. 뿐만 아니라 당신 자신이 생각하지도 못했던 엄청난 하나님 사이즈의 일들을 할 수 있는 사역자가 될 수 있습니다. 그러나 혹시 지금 다른 은사들을 모른다고 초조해 하지 마십시오. 당신이 준비간 되면 그분은 당신을 통해 은사들이 강같이 흐르도록 하실 것입니다. 당신은 하나님의 형상대로 지음 받았습니다. 당신 안에 있는 거인을 깨우십시오. 하나님은 당신을 통해서 이루실 위대한 은사들을 담아주셨습니다. 하나님을 기대하십시오. 하나님이 주실 은사도 기다하십시오. 하나님이 주신 은사를 통해 당신이 귀한 일들을 하기를 기대하십시오. 그리고 그런 삶을 통해 참 기쁨과 행복을 누리기를 기대하십시오. 당신의 그런 꿈은 현실이 될 것입니다. 왜냐하면 예수님이 당신 인생의 주인이시기 때문입니다. 앞으로 당신 안에 있는 은사를 가지고 하나님을 섬기는 영적인 벤처 신자들이 되기를 바랍니다.

말씀 묵상

오늘 공부를 통해 배우거나 깨달은 말씀은 무엇입니까?

말씀 적용

이 말씀을 당신의 삶 속에서 어떻게 적용하겠습니까?

8단원 사랑해요! 하나님

8단원 암송구절: 역대상 29:11, 시편 121:1-2

사랑해요! 하나님

여호와여 위대하심과 권능과 영광과 승리와 위엄이 다 주께 속하였사오니 천지에 있는 것이 다 주의 것이로소이다 여호와여 주권도 주께 속하였사오니 주는 높으사 만물의 머리이심이니이다 (역대상 29:11)

내가 산을 향하여 눈을 들리라 나의 도움이 어디서 올까 나의 도움은 천지를 지으신 여호와에게서로다 (시편 121:1-2)

첫째 날: 하나님은 누구이십니까?

하나님을 아는 것이 성공의 비결입니다.

우리는 이제 예수님을 믿으므로 하나님과 특별한 관계가 되었습니다. 우리는 하나님의 자녀라고 확신하며 영원히 그와 함께 살게 될 것도 분명히 믿습니다. 성령님이 우리 마음 가운데 이런 확신을 갖도록 하셨습니다(로마서 8:16). 그러나 우리는 이제 추상적이거나 관념적으로 하나님을 아는 것이 아니라 우리 인생을 책임지시는 하나님 아버지를 우리 삶의 현장 속에서 확실히 알 필요가 있습니다. 오늘날 예수님을 믿는다고 하는 많은 사람 중에도 사실은 불신과 의심의 늪에서 허우적대며 사는 사람들이 있습니다. 또한 자신의 주위에서 일어나는 일에 대하여 이해하지 못하고, 하나님의 인도하심에 대해 믿지 못하고 그릇된 행동을 하곤 합니다. 그러나 우리가 하나님을 좀 더 확실히 알아갈 때 우리의 신앙은 더욱 굳게 설 것이며, 하나님의 자녀답게 행복한 삶을 살 수 있을 것입니다. 사실 인간이 가질 수 있

성령이 친히 우리의 영과 더불어 우리가 하나님의 자녀인 것을 증언하시나니 (로마서 8:16)

내 백성이 지식이 없으므로 망하는도다 네가 지식을 버렸으니 나도 너를 버려 내 제사장이 되지 못하게 할 것이요 네가 네 하나님의 율법을 잊었으니 나도 네 자녀들을 잊어버리리라
(호세아 4:6)

는 가장 위대한 생각과 지식은 하나님에 대한 것입니다. 호세아 4:6을 찾아서 답해 보십시오.

"내 백성이 (   ) 없으므로 망하는도다 네가 (   ) 버렸으니 나도 (   ) 버려 내 제사장이 되지 못하게 할 것이요 네가 네 하나님의 (   ) 잊었으니 나도 네 (   ) 잊어버리리라"

인간이 망하는 것은 능력이 없어서도 아니고 운이 따라주지 않아서도 아닙니다. 하나님을 아는 지식이 없어서 그런 것입니다. 그러나 인간 스스로 하나님을 발견할 수 없습니다. 하나님이 자신을 계시해 주시지 않으면 사람은 결코 그분을 알 수 없습니다. 그렇기 때문에 하나님은 자신이 누구신지를 성경을 통해 계시해 주셨습니다. 그러므로 우리는 성경을 통해 하나님을 좀 더 확실히 알고 그분이 원하시는 대로 사는 것이 중요합니다.

그러므로 우리가 여호와를 알자 힘써 여호와를 알자 그의 나타나심은 새벽 빛 같이 어김없나니 비와 같이, 땅을 적시는 늦은 비와 같이 우리에게 임하시리라 하니라 (호세아 6:3)

나는 인애를 원하고 제사를 원하지 아니하며 번제보다 하나님을 아는 것을 원하노라 (호세아 6:6)

호세아 6:3, 6에서 호세아가 강조한 것은 무엇입니까?

____

____

그러면 하나님은 어떤 분입니까? 성경은 하나님이 어떤 분인지 성경 속에 나오는 수많은 사건이나 환경을 통해서 우리에게 계시해 줍니다. 아래에 있는 각 성경구절을 찾아서 알맞은 하나님의 속성을 당신 자신의 말로 간단히 요약해서 적어넣으십시오.

슬프도소이다 주 여호와여 주께서 큰 능력과 펴신 팔로 천지를 지으셨사오니 주에게는 할 수 없는 일이 없으시니이다
(예레미야 32:17)

1. 예레미야 32:17(전능) = 무엇이든지 하실 수 있음

____

이는 우리 마음이 혹 우리를 책망할 일이 있어도 하나님은 우리 마음보다 크시고 모든 것을 아시기 때문이라 (요한일서 3:20)

2. 요한일서 3:20(전지) = 어떤 일이든지 다 알고 계심

____

3. 예레미야 23:24(편재) = 어느 곳에든지 존재하심

4. 시편 90:2(영원) = 처음과 끝이 없이 계속 계심

5. 야고보서 1:17(불변) = 세월이 가도 조금도 변하지 않음

하나님을 하나님 되게 하십시오.

이제 당신이 섬기는 하나님이 어떤 분인지 알았습니까? 그분은 얼마나 위대하고 높으신 분입니까? 정말로 하나님은 우리 인간의 지식과 지혜로 측량할 수 없는 분입니다. 이사야 40:28에서 말하고 있는 하나님에 대해서 당신의 말로 설명해 보십시오.

그분은 영원하시고, 땅 끝까지 창조하셨으며, 피곤도 모르고, 지칠 줄도 모르며, 지혜가 무궁하신 분이라고 말합니다. 왜냐하면 요한복음 4:24에 말하는 것처럼 하나님은 영이시기 때문입니다. 당신은 이와 같이 위대하신 하나님을 섬기고 있는 것입니다. 그분은 영원히 살아계시며, 우리에게 영광과 존귀를 받으시기에 합당한 분입니다. 그러면 우리는 성경을 통해 하나님을 완전히 알 수 있을까요? 디모데전서 6:15-16을 지금 찾아서 읽어보고 당신이 발견할 수 있는 사실들을 간단히 적어보십시오.

그러면 이와 같이 위대하신 하나님을 섬기고 있는 당신의 삶은 어

여호와의 말씀이니라 사람이 내게 보이지 아니하려고 누가 자신을 은밀한 곳에 숨길 수 있겠느냐 여호와가 말하노라 나는 천지에 충만하지 아니하냐 (예레미야 23:24)

산이 생기기 전, 땅과 세계도 주께서 조성하시기 전 곧 영원부터 영원까지 주는 하나님이시니이다 (시편 90:2)

온갖 좋은 은사와 온전한 선물이 다 위로부터 빛들의 아버지께로부터 내려오나니 그는 변함도 없으시고 회전하는 그림자도 없으시니라 (야고보서 1:17)

너는 알지 못하였느냐 듣지 못하였느냐 영원하신 하나님 여호와, 땅 끝까지 창조하신 이는 피곤하지 않으시며 곤비하지 않으시며 명철이 한이 없으시며 (이사야 40:28)

하나님은 영이시니 예배하는 자가 영과 진리로 예배할지니라 (요한복음 4:24)

기약이 이르면 하나님이 그의 나타나심을 보이시리니 하나님은 복되시고 유일하신 주권자이시며 만왕의 왕이시며 만주의 주시요 오직 그에게만 죽지 아니함이 있고 가까이 가지 못할 빛에 거하시고 어떤 사람도 보지 못하였고 또 볼 수 없는 이시니 그에게 존귀와 영원한 권능을 돌릴지어다 아멘 (디모데전서 6:15-16)

떻습니까? 당신이 섬기고 있는 위대하신 하나님이 당신의 삶에 얼만큼의 영향력을 주고 있습니까? 오늘날 많은 사람이 하나님을 믿는다고 하면서도 자기가 섬기는 하나님이 자신의 삶 속에서 전혀 영향을 주지 못하고 있음을 발견하게 됩니다. 참으로 안타까운 일입니다. 그것은 하나님이 자신에게 있어서 어떠한 분인지 확실히 깨닫지 못하기 때문입니다. 위대하신 하나님이 바로 당신의 주님이십니다.

이제 당신은 성경의 몇 구절을 찾아보아야 합니다. 그 구절은 다윗왕이 하나님의 성전을 건축하려고 모든 것을 준비한 뒤에 자기가 섬기는 하나님이 어떤 분인지를 감격 속에 고백하는 내용입니다. 역대상 29:10-14의 말씀을 주의 깊게 읽고 다윗이 고백한 내용 중에서 하나님에 대해 발견할 수 있는 사실들을 찾아 당신 자신의 말로 간단히 요약하십시오.

다윗이 온 회중 앞에서 여호와를 송축하여 이르되 우리 조상 이스라엘의 하나님 여호와여 주는 영원부터 영원까지 송축을 받으시옵소서 여호와여 위대하심과 권능과 영광과 승리와 위엄이 다 주께 속하였사오니 천지에 있는 것이 다 주의 것이로소이다 여호와여 주권도 주께 속하였사오니 주는 높으사 만물의 머리이심이니이다 부와 귀가 주께로 말미암고 또 주는 만물의 주재가 되사 손에 권세와 능력이 있사오니 모든 사람을 크게 하심과 강하게 하심이 주의 손에 있나이다 우리 하나님이여 이제 우리가 주께 감사하오며 주의 영화로운 이름을 찬양하나이다 나와 내 백성이 무엇이기에 이처럼 즐거운 마음으로 드릴 힘이 있었나이까 모든 것이 주께로 말미암았사오니 우리가 주의 손에서 받은 것으로 주께 드렸을 뿐이니이다
(역대상 29:10-14)

____

____

하나님은 당신의 주님이십니다. 왜냐하면 원래 이세상의 모든 것은 다 하나님의 것이기 때문입니다. 이 말 속에 담긴 의미는 우리 인생의 모든 지배권과 소유권이 하나님께 있다는 것입니다. 구원이란 영원한 생명 되신 하나님께 우리 인생 전체가 소유된 것을 의미합니다. 멸망과 사망의 주인인 사탄의 소유권에서 영생과 생명의 주인이신 하나님께로 우리의 소유권과 지배권이 바뀐 사건이 바로 구원입니다. 따라서 당신이 구원받았다는 것은 이제 당신의 생명과 인생의 모든 것이 전적으로 하나님께 소유되었다는 말과 같은 것입니다. 또한 구원받았다는 것은 당신의 인생을 하나님이 책임지고 인도하며 돌보신다는 것을 의미합니다.

인생은 재미로 사는 것이 아니라 의미로 사는 것입니다.

이제 당신의 운명은 안전하게 되었습니다. 그러므로 당신은 하나님이 당신 인생의 온전한 주인이 되시도록 순종하고 맡기는 삶을 살

아야 합니다. 이것이 당신을 행복하게 합니다. 인생은 재미로 사는 것이 아니라 의미로 사는 것입니다. 마귀의 자녀로 내가 하고 싶은 일을 해보는 재미로 사는 것이 아니라 하나님의 자녀답게 가치 있고 의미 있는 일을 하며 사는 것입니다. 당신의 주님이신 하나님이 당신을 통해 더 이상 사람들의 조롱거리가 되게 하지 마십시오. 당신은 주님의 것입니다. 하나님으로 하나님 되시게 하고, 하나님의 자녀답게 당당하고 자신 있고 아름답게 사십시오.

말씀 묵상

오늘 말씀을 통해 당신이 배운 것은 무엇입니까?

말씀 적용

오늘 배운 사실, 즉 "위대하신 하나님이 당신의 주님이시다"라는 말씀이 당신의 삶(가정, 직장, 교회) 속에서 표현된다면 어떤 변화가 있어날 것인지 말해 보십시오.

둘째 날: 하나님은 어떤 분이십니까?

하나님을 알면 행복이 보입니다.

첫째 날에 우리는 우리가 섬기는 하나님이 누구이신가에 대하여 배웠습니다. 오늘은 우리가 섬기는 하나님이 어떤 분이신가, 또한 어떠한 성품들을 가지고 계신가에 대하여 배우도록 합니다. 우리 모두는 하나님의 형상대로 지으심을 받았습니다. 따라서 우리는 하나님의 형상과 성품을 따라 살아야 합니다. 그것이 하나님이 원하시는 일입니다. 하나님의 형상을 닮지 않으면 우리는 하나님의 나라에 들어갈 수 없습니다. 아래의 성경구절을 읽고, 해당되는 모든 구절을 알맞게 설명하고 있는 곳에 써넣으십시오(시편 119:137, 요한일서 4:16, 베드로전서 1:15-16, 요한일서 1:9, 이사야 6:2-3).

1. 의로우신 하나님: (   )

하나님은 의로우십니다. 이 말은 하나님은 불의하고 잘못된 일을 행하시지 않는다는 의미입니다. 하나님은 의로우신 분이기 때문에 나쁜 일을 하실 수 없습니다. 따라서 하나님은 하나님의 형상을 입은 우리에게도 하나님의 성품을 따라 의로운 삶을 살도록 요청하고 계십니다(마태복음 5:48).

2. 거룩하신 하나님: (   )

하나님만이 거룩하신 분입니다. 이 말은 하나님은 더럽고 추악한 일을 하시지 않는다는 의미입니다. 하나님은 깨끗하십니다. 죄가 없으시기 때문입니다. 그래서 하나님은 우리 인간도 하나님처럼 거룩하게 살기를 원하십니다. 따라서 하나님의 자녀들인 우리는 하나님

여호와여 주는 의로우시고 주의 판단은 옳으니이다
(시편 119:137)

그러므로 하늘에 계신 너희 아버지의 온전하심과 같이 너희도 온전하라 (마태복음 5:48)

오직 너희를 부르신 거룩한 이처럼 너희도 모든 행실에 거룩한 자가 되라 기록되었으되 내가 거룩하니 너희도 거룩할지어다 하셨느니라 (베드로전서 1:15-16)

스랍들이 모시고 섰는데 각기 여섯 날개가 있어 그 둘로는 자기의 얼굴을 가리었고 그 둘로는 자기의 발을 가리었고 그 둘로는 날며 서로 불러 이르되 거룩하다 거룩하다 거룩하다 만군의 여호와여 그의 영광이 온 땅에 충만하도다 하더라
(이사야 6:2-3)

의 성품을 따라 거룩하게 살아야 합니다. 그러나 하나님을 위하는 일만이 거룩한 일이라는 것을 기억하십시오. 왜냐하면 하나님만이 거룩하신 분이기 때문입니다.

하나님이 우리를 사랑하시는 사랑을 우리가 알고 믿었노니 하나님은 사랑이시라 사랑 안에 거하는 자는 하나님 안에 거하고 하나님도 그의 안에 거하시느니라
(요한일서 4:16)

3. 사랑이신 하나님: (   )

하나님은 사랑이십니다. 사랑이라는 헬라어에는 몇 가지 종류가 있습니다. 크게 세 가지로 나뉘는데 첫 번째는 에로스 사랑입니다. 이것은 남녀 간의 사랑을 말합니다. 두 번째는 필레오 사랑입니다. 이것은 친구 간의 우정을 말합니다. 세 번째는 아가페 사랑입니다. 이것은 부모가 자식을 사랑하는 것을 의미합니다. 아무런 조건도 대가도 없이 무조건적으로 사랑하는 것이 바로 아가페 사랑입니다. 성경에서 인간에 대한 하나님의 사랑을 말할 때 바로 이 단어를 사용합니다. 하나님의 사랑은 아가페 사랑입니다. 하나님을 배반하고 영원히 죽을 수밖에 없는 우리를 불쌍히 여기고 사랑하시되 우리 죄를 위해 독생자 예수 그리스도까지 십자가에서 죽으시도록 조건 없는 아가페 사랑을 하셨습니다(요한복음 3:16). 그리고 이런 사랑을 우리에게 베풀어주신 것을 은혜라고 합니다. 은혜란 대가 없이 거저 주는 것을 의미합니다. 그래서 하나님은 우리도 무조건적인 하나님의 사랑을 경험한 자답게 하나님의 형상을 입은 자로서 하나님을 사랑하고, 다른 지체들을 내 몸처럼 사랑하기를 원하십니다.

하나님이 세상을 이처럼 사랑하사 독생자를 주셨으니 이는 그를 믿는 자마다 멸망하지 않고 영생을 얻게 하려 하심이라
(요한복음 3:16)

여호와여 주는 의로우시고 주의 판단은 옳으니이다
(시편 119:137)

4. 판단이 공정하신 하나님(심판하시는 하나님): (   )

사람들은 하나님이 사랑이시기 때문에 아무도 지옥 가는 사람이 없을 것이라고 합니다. 그러나 하나님은 의롭고 공정하신 분이기 때문에 사람이 행한 대로 심판하셔야 합니다. 편파적으로 봐주실 수가 없습니다. 그래서 죽을 수밖에 없는 우리를 죄 없다고 그냥 봐주고 용서해 주신 것이 아니라 예수님을 대신 죽게 하신 것입니다. 하나님

은 공정하시기 때문에 하나님의 사랑을 거절하는 모든 사람과 그리스도의 복음에 순종하지 아니하는 모든 사람을 심판하십니다. 이것이 하나님의 공의로우심입니다.

5. 용서하시는 하나님: (　　　　　　)

하나님은 아가페 사랑의 하나님이시고, 의로우신 분이기 때문에 우리가 지은 죄를 자백하면 언제든지 용서해 주십니다. 우리는 인간이기 때문에 이 세상에 살 동안 불가불 반복해서 죄를 지을 수밖에 없습니다. 그러나 우리가 진심으로 죄를 주님 앞에 자백하고 용서를 구하면 주님은 우리의 모든 죄를 용서해 주십니다(요한일서 1:9). 이것을 회개라고 말합니다. 사실 사람이 가지고 있는 모든 문제는 그가 하나님에 대하여 가지고 있는 개념(Concept)과 관련되어 있습니다. 하나님이 어떤 분이신가를 이해하지 못하면 마음속 깊이 많은 갈등을 하게 됩니다. 만일 당신이 하나님은 용서하시는 분임을 믿지 않는다면 당신은 계속해서 당신이 짓고 있는 죄에 억눌려 지내게 될 것입니다. 그러면 당신은 위의 다섯 가지 하나님의 성품을 잘 알지 못할 경우 어떤 문제들이 당신에게 발생할 수 있을지 자신의 현재 생활에 비추어서 설명해 보십시오.

만일 우리가 우리 죄를 자백하면 저는 미쁘시고 의로우사 우리 죄를 사하시며 우리를 모든 불의에서 깨끗하게 하실 것이요
(요한일서 1:9)

1. 의: ______________________________

____

____

2. 거룩: ______________________________

____

____

3. 사랑: ______________________________

____

____

4. 공의: ______________________________

____

____

5. 용서: ______________________________

____

____

하나님은 왜 당신으로 하여금 하나님의 성품을 닮아가는 삶을 살도록 하십니까? 마태복음 5:48을 찾아서 답해 보십시오.

그러므로 하늘에 계신 너희 아버지의 온전하심과 같이 너희도 온전하라 (마태복음 5:48)

____

하나님은 온전하신 분이기 때문입니다. 그러므로 하나님의 자녀인 우리도 온전한 모습으로 살기를 원하십니다. 따라서 데살로니가전서 5:23을 보면 "평강의 하나님이 친히 너희를 온전히 거룩하게 하시고 또 너희 온 영과 혼과 몸이 우리 주 예수 그리스도께서 강림하실 때에 흠 없게 보전되기를 원하노라"고 말씀하고 있습니다. 디모데후서 3:16-17을 찾아서 읽고 하나님이 왜 우리에게 성경을 주셨는지 대답해 보십시오.

모든 성경은 하나님의 감동으로 된 것으로 교훈과 책망과 바르게 함과 의로 교육하기에 유익하니 이는 하나님의 사람으로 온전하게 하며 모든 선한 일을 행할 능력을 갖추게 하려 함이라 (디모데후서 3:16-17)

____

이제 당신은 하나님의 성품을 따라 살면서 하나님의 자녀답게 온전한 삶으로 성숙하는 것이 중요합니다. 그것이 하나님의 뜻입니다. 뿐만 아니라 우리 인간의 행복은 세상의 쾌락을 누리는 데 있는 것이 아니라 하나님의 성품을 닮아가고 온전해져 가는 과정 가운데서 얻어진다는 사실을 기억하십시오.

말씀 묵상

오늘 말씀을 통해 당신이 깨달은 것은 무엇입니까?

말씀 적용

깨달은 것을 당신의 삶 속에서 어떻게 구체적으로 적용하겠습니까?

셋째 날: 하나님의 이름들

믿음은 하나님을 바라보는 것이 아니라 만나는 것입니다.

하나님이 누구이시며, 어떤 분이신지 하나님에 대해 객관적으로 아는 것도 중요하지만, 그 하나님이 나에게 어떤 분이신가를 주관적으로 아는 것은 더 중요합니다. 따라서 우리는 우리의 생활 속에서 위대하신 하나님을 만나는 경험을 해야 합니다. 백화점의 물건이 아무리 멋있고 훌륭해도 자신의 것이 되지 않으면 아무런 소용이 없습니다. 마찬가지로 아무리 하나님이 위대하셔도 당신이 하나님을 체험하지 않는다면, 당신은 단지 백화점에 전시되어 있는 물건을 바라만 보는 그런 신앙인이 될 뿐입니다. 그러나 신앙은 아이쇼핑이 아닙니다. 단지 하나님을 바라만 보는 것이 아닙니다. 이제 온전히 하나님께 순종함으로 당신의 구체적인 삶의 현장 속에서 위대하신 하나님을 만나는 체험을 하십시오. 그럴 때 당신은 보다 능력 있고 확신 있는 믿음의 삶을 살게 될 것입니다. 아래의 성경구절을 주의 깊게 읽고 해당되는 내용의 성경구절을 써넣으십시오(창세기 22:9-14, 출애굽기 15:22-26, 사사기 6:24, 출애굽기 17:8-15, 창세기 16:8-13).

하나님이 그에게 일러 주신 곳에 이른지라 이에 아브라함이 그 곳에 제단을 쌓고 나무를 벌여 놓고 그의 아들 이삭을 결박하여 제단 나무 위에 놓고 손을 내밀어 칼을 잡고 그 아들을 잡으려 하니 여호와의 사자가 하늘로부터 그를 불러 이르시되 아브라함아 아브라함아 하시는지라 아브라함이 이르되 내가 여기 있나이다 하매 사자가 이르시되 그 아이에게 네 손을 대지 말라 그에게 아무 일도 하지 말라 네가 네 아들 네 독자까지도 내게 아끼지 아니하였으니 내가 이제야 네가 하나님을 경외하는 줄을 아노라 아브라함이 눈을 들어 살펴본즉 한 숫양이 뒤에 있는데 뿔이 수풀에 걸려 있는지라 아브라함이 가서 그 숫양을 가져다가 아들을 대신하여 번제를 드렸더라 아브라함이 그 땅 이름을 여호와 이레라 하였으므로 오늘날까지 사람들이 이르기를 여호와의 산에서 준비되리라 하더라

(창세기 22:9-14)

그런즉 너희는 먼저 그의 나라와 그의 의를 구하라 그리하면 이 모든 것을 너희에게 더하시리라

(마태복음 6:33)

1. 준비하시는 하나님(여호와 이레): (　　　　　　)

하나님은 우리의 아버지이십니다. 아버지는 자녀가 필요한 모든 것을 준비하시고 채워주시는 분입니다. 따라서 아브라함처럼 온전히 하나님을 경외하며 하나님께 순종하는 성도들을 위하여, 하나님은 필요한 모든 것을 준비하시며 채워주십니다. 그러므로 우리가 성경에 있는 부요의 법칙대로 살면 하나님은 우리의 필요를 채워주시고 생각하지 못한 방법으로 준비해 주십니다. (부요의 법칙이란 마태복음 6:33에 있는 것처럼 먼저 그의 나라와 그의 의를 구하면 우리에게 필요한

모든 것을 공급하시고 준비해 주시는 하나님의 법칙입니다.)

2. 승리를 주시는 하나님(여호와 닛시): (   )

이스라엘 민족을 위해 승리를 주시는 하나님은, 우리가 아말렉보다 더 어려운 시험과 어려움 속에 있을 때라도 환경과 문제를 바라보는 것이 아니라 하나님을 신뢰하며 말씀에 순종하면, 하나님의 능력으로 넉넉히 이길 수 있도록 승리를 주십니다. 베드로전서 1:6-7에서 베드로는 "그러므로 너희가 이제 여러 가지 시험으로 말미암아 잠깐 근심하게 되지 않을 수 없으나 오히려 크게 기뻐하는도다 너희 믿음의 확실함은 불로 연단하여도 없어질 금보다 더 귀하여 예수 그리스도께서 나타나실 때에 칭찬과 영광과 존귀를 얻게 할 것이니라"고 말합니다.

3. 평안을 주시는 하나님(여호와 샬롬): (   )

기드온이 자기에게 말씀하신 하나님의 말씀을 신뢰하지 못하고 의심할 때 여호와의 사자는 기드온에게 확신과 평안한 마음을 주셨습니다. 우리가 불안하고 불확실한 상황 가운데 있을 때 위대하신 하나님께 순종하면, 하나님은 우리에게 세상이 주는 것 같지 않은 참 평안을 주십니다. 그리스도인은 편안함을 추구하는 사람이 아니라 평안함을 추구하는 사람입니다. 그래서 요한복음 14:27에서 예수님은 "평안을 너희에게 끼치노니 곧 나의 평안을 너희에게 주노라 내가 너희에게 주는 것은 세상이 주는 것과 같지 아니하니라 너희는 마음에 근심하지도 말고 두려워하지도 말라"고 말씀하십니다.

4. 치료하시는 하나님(여호와 라파): (   )

하나님은 우리 인간의 모든 질병을 치료할 수 있는 능력을 가지신

그 때에 아말렉이 와서 이스라엘과 르비딤에서 싸우니라 모세가 여호수아에게 이르되 우리를 위하여 사람들을 택하여 나가서 아말렉과 싸우라 내일 내가 하나님의 지팡이를 손에 잡고 산꼭대기에 서리라 여호수아가 모세의 말대로 행하여 아말렉과 싸우고 모세와 아론과 훌은 산 꼭대기에 올라가서 모세가 손을 들면 이스라엘이 이기고 손을 내리면 아말렉이 이기더니 모세의 팔이 피곤하매 그들이 돌을 가져다가 모세의 아래에 놓아 그가 그 위에 앉게 하고 아론과 훌이 한 사람은 이쪽에서, 한 사람은 저쪽에서 모세의 손을 붙들어 올렸더니 그 손이 해가 지도록 내려오지 아니한지라 여호수아가 칼날로 아말렉과 그 백성을 쳐서 무찌르니라 여호와께서 모세에게 이르시되 이것을 책에 기록하여 기념하게 하고 여호수아의 귀에 외워 들리라 내가 아말렉을 없이하여 천하에서 기억도 못 하게 하리라 모세가 제단을 쌓고 그 이름을 여호와 닛시라 하고

(출애굽기 17:8-15)

기드온이 여호와를 위하여 거기서 제단을 쌓고 그것을 여호와 살롬이라 하였더라 그것이 오늘까지 아비에셀 사람에게 속한 오브라에 있더라 (사사기 6:24)

모세가 홍해에서 이스라엘을 인도하매 그들이 나와서 수르 광야로 들어가서 거기서 사흘 길을 걸었으나 물을 얻지 못하고 마라에 이르렀더니 그 곳 물이 써서 마시지 못하겠으므로 그 이름을 마라라 하였더라 백성이 모세에게 원망하여 이르되 우리가 무엇을 마실까 하매 모세가 여호와께 부르짖었더니 여호와께서 그에게 한 나무를 가리키시니 그가 물에 던지니 물이 달게 되었더라

거기서 여호와께서 그들을 위하여 법도와 율례를 정하시고 그들을 시험하실새 이르시되 너희가 너희 하나님 나 여호와의 말을 들어 순종하고 내가 보기에 의를 행하며 내 계명에 귀를 기울이며 내 모든 규례를 지키면 내가 애굽 사람에게 내린 모든 질병 중 하나도 너희에게 내리지 아니하리니 나는 너희를 치료하는 여호와임이라 (출애굽기 15:22-26)

이르되 사래의 여종 하갈아 네가 어디서 왔으며 어디로 가느냐 그가 이르되 나는 내 여주인 사래를 피하여 도망하나이다 여호와의 사자가 그에게 이르되 네 여주인에게로 돌아가서 그 수하에 복종하라 여호와의 사자가 또 그에게 이르되 내가 네 씨를 크게 번성하여 그 수가 많아 셀 수 없게 하리라 여호와의 사자가 또 그에게 이르되 네가 임신하였은즉 아들을 낳으리니 그 이름을 이스마엘이라 하라 이는 여호와께서 네 고통을 들으셨음이니라 그가 사람 중에 들나귀 같이 되리니 그의 손이 모든 사람을 치겠고 모든 사람의 손이 그를 칠지며 그가 모든 형제와 대항해서 살리라 하니라 하갈이 자기에게 이르신 여호와의 이름을 나를 살피시는 하나님이라 하였으니 이는 내가 어떻게 여기서 나를 살피시는 하나님을 뵈었는고 함이라 (창세기 16:8-13)

분입니다. 왜냐하면 인간을 만든 분이 바로 하나님이시기 때문입니다. 그래서 우리가 병들고 아플 때 하나님께 구하면 하나님은 우리의 영혼과 몸, 모두를 치료하십니다. 고통 중에서 낙심하지 말고 욥처럼 신실하게 하나님을 사랑하는 마음으로 기도하면 여호와 라파의 하나님이 치료하실 것입니다. 성경 속에는 이렇게 치유되고 회복된 많은 사람의 이야기가 나와 있습니다. 치료하시는 하나님을 경험하십시오.

5. 나를 보시는(감찰하시는) 하나님(엘 로이): (   )

이 말은 영어로 "You are the God who sees me"라는 뜻으로 나를 보시는 하나님이란 의미입니다. 하갈이 주인 사래의 핍박을 피하여 도망할 때 비록 그녀는 고독한 모습으로 혼자 있다고 생각했지만 하나님은 그녀를 보고 계셨습니다. 그녀는 결코 혼자가 아니었습니다. 우리가 외롭고 자신이 혼자인 것 같은 고독을 느낄 때에도 하나님은 우리를 보고 계시며 영원토록 함께하십니다. 오늘날 많은 사람이 자신이 경험한 하나님에 대하여 간증합니다. 그러면 당신을 만나주신 하나님은 어떤 분입니까? 개인적인 예를 하나 들어서 이번 주에 사람들과 나누십시오. 사람들과 나누기 위해서 당신이 체험한 하나님에 대해서 아래에 간단히 요약해 보십시오.

아마도 어떤 분은 위의 질문에 쓸 대답이 없을 수도 있습니다. 그러나 실망하지 마십시오. 하나님은 자신을 전심으로 찾고 찾으면 만나주신다고 예레미야 29:13에 약속하고 계십니다. 당신은 당신의 생활 속에서, 삶의 현장 속에서 하나님을 만나기를 구하십시오. 이 말의 의미는 하나님의 놀랍고 위대하신 속성들을 경험하라는 것입니다. 어떤 사람들은 하나님을 보여달라고 합니다. 그러나 하나님은 영이시기에 볼 수 없습니다. 그러나 그분은 살아계신 분이기 때문에 만나고 경험할 수는 있습니다. 예를 들어, 시편 46:1-3에서 한 사람의 고백을 들어봅시다.

너희가 온 마음으로 나를 구하면 나를 찾을 것이요 나를 만나리라 (예레미야 29:13)

"하나님은 우리의 피난처이시며, 우리의 힘이시며, 재난이 있을 때에는 우리 곁에 계시는 구원자이시니, 땅이 흔들리고 산이 무너져 바다 속으로 빠져들어도, 우리는 두려워하지 않는다. 물이 소리를 내면서 거품을 내뿜고 산들이 노하여서 뒤흔들려도, 우리는 두려워하지 않는다"(표준새번역)

이 사람은 하나님이 자신에게 힘이 되는 분이신 것을 경험했기에 어떠한 어려운 상황이 닥쳐도 두려워하지 않겠다고 고백합니다. 이것이 그가 만난 하나님이었습니다. 우리의 환경은 다 다르고 성격도 다릅니다. 그러므로 우리가 체험하는 하나님도 다 다를 것입니다. 그러나 하나님은 우리의 아버지이십니다. 다른 사람을 만나주신 하나님이 우리도 만나주실 것입니다. 따라서 당신은 당신의 생활 속에서 하나님을 체험할 수 있도록 하나님께 순종하는 생활을 하여야 합니다. 하나님께 순종하지 않고 하나님을 경험할 수는 없습니다. 하나님은 어제나 오늘이나 영원토록 살아계시며 변함이 없으신 분입니다. 삶의 현장 속에서 하나님을 만날 수 있도록 큰 믿음을 가지고 하나님의 성품을 닮아가도록 경건의 훈련을 하십시오. 당신은 살아계신 하나님을 분명히 체험하게 될 것입니다.

말씀 묵상

오늘 말씀을 통해 당신이 배운 것은 무엇입니까?

말씀 적용

오늘 배운 것 외에도 수많은 하나님의 이름이 있을 수 있습니다. 당신이 경험하기 원하는 하나님의 이름을 써보고 하나님께 기도하십시오. 그리고 믿음으로 순종하는 삶을 사십시오.

넷째 날: 삼위일체 하나님

하나님 나라의 신비 – 삼위일체

처음으로 교회에 나와서 신앙생활을 하는 분들이 잘 이해하지 못하는 것 중에 하나가 삼위일체 하나님에 대한 것입니다. 분명히 하나님은 한 분이라고 하면서 예수님도 하나님이라고 하고, 성령님도 하나님이라고 하니 도대체 하나님은 몇 분인지 잘 이해할 수가 없습니다. 자 이제 우리가 섬기는 하나님은 도대체 몇 분이며, 어떻게 되는 것인지를 공부해 보도록 합시다. 먼저 우리가 오해하고 있는 것들 중에 가장 첫째 되는 문제는, 하나님이 한 분이라고 할 때 숫자적으로 한 분이라고 생각하는 것입니다. 그러나 하나님이 한 분이라고 할 때 이 한 분의 의미는 숫자적으로(Number) 하나란 의미가 아닙니다. 그러면 어떤 성도들은 십계명에서 첫 번째 계명인 나 외에는 다른 신들을 네게 두지 말라는 말은 무엇이냐고 물을 것입니다. 그러나 이것은 삼위일체 하나님만이 유일무이한 살아계신 참신이라는 것이지 숫자적으로 하나란 뜻은 아닙니다.

요한복음 14:16을 찾아보십시오. 거기에는 분명히 구하신 예수님이 있고, 그 구하는 것에 응답하신 하나님이 있고, 응답에 의해 보내심을 받은 성령님이 있습니다. 마태복음 28:1-20에서도 아버지 하나님과 아들 예수님과 성령님을 구분하고 있습니다. 다른 여러 구절들에서도 이렇게 서로를 구분하고 있습니다(사도행전 1:6-7, 요한복음 16:7, 요한복음 14:16). 이렇게 볼 때 하나님은 분명히 숫자적으로 한 분이 아닙니다. 그러면 또 어떤 이들은 요한복음 10:30에 예수님이 "나와 아버지는 하나이니라"고 말씀하신 것은 무슨 뜻이냐고 물을지 모릅니다. 그러나 이 말은 "나와 아버지가 숫자적으로 하나다"라고 말한 것이 아닙니다. 만일 숫자적으로 하나라고 말씀하셨다면 "너희

> 내가 아버지께 구하겠으니 그가 또 다른 보혜사를 너희에게 주사 영원토록 너희와 함께 있게 하리니 (요한복음 14:16)

> 그들이 모였을 때에 예수께 여쭈어 이르되 주께서 이스라엘 나라를 회복하심이 이 때니이까 하니 이르시되 때와 시기는 아버지께서 자기의 권한에 두셨으니 너희가 알 바 아니요 (사도행전 1:6-7)

> 그러나 내가 너희에게 실상을 말하노니 내가 떠나가는 것이 너희에게 유익이라 내가 떠나가지 아니하면 보혜사가 너희에게로 오시지 아니할 것이요 가면 내가 그를 너희에게로 보내리니 (요한복음 16:7)

> 내가 아버지께 구하겠으니 그가 또 다른 보혜사를 너희에게 주사 영원토록 너희와 함께 있게 하리니 (요한복음 14:16)

가 믿고 있는 하나님이 바로 나다"라고 말씀하셨어야 했습니다. 그러면 "하나님은 한 분이다" 하는 말은 무엇입니까? 그것은 우리가 며칠 동안 공부한 것처럼 하나님의 속성과 성품에 있어서 하나라는 말입니다. 즉 하나님의 본질(Nature)에 있어서 하나라는 의미입니다.

그는 근본 하나님의 본체시나 하나님과 동등됨을 취할 것으로 여기지 아니하시고 오히려 자기를 비워 종의 형체를 가지사 사람들과 같이 되셨고
(빌립보서 2:6-7)

빌립보서 2:6-7을 찾아서 써보십시오.

____

____

여기에서 설명하고 있는 본체라는 말은 영어로 "Nature"를 말하는데 본질, 본성, 근본 등을 의미하는 것입니다. 숫자적이며 외형적인 것에서 하나가 아니라 그 본질에서 하나란 말입니다. 하나님은 영이십니다. 숫자적으로 셀 수 없습니다. 우리가 숨 쉬고 있는 공기를 공기 하나, 공기 둘 이렇게 셀 수 있습니까? 보이지 않는 것을 숫자적으로 말할 수는 없습니다. 예를 들면, 어떤 부모가 자기 자녀를 사랑하는 것을 보고 "당신 부부는 어찌도 그렇게 자식을 사랑하는 것이 똑같아"라고 말했을 때 이것이 숫자적으로 하나란 의미는 아닙니다. 이것은 부모가 자식을 사랑하는 사랑의 본질이 똑같다는 것입니다. 물론 엄마 아빠가 자식을 사랑하는 것이 똑같을 수는 없겠지만, 하나님(하나님, 예수님, 성령님)은 그 본성과 본질에 있어서 한 치의 오차도 없이 똑같은 분입니다. 하나님이시기 때문입니다. 지금까지 배운 전능하시고, 전지하시며, 사랑이시고, 의로우시며, 거룩하신 이 하나님의 본질에 있어서 모든 것이 조금도 다르지 않고 완전히 하나라는 것입니다. 그래서 삼위(세 분)이지만 (그 본질에 있어서) 일체이신 한 분 하나님입니다.

좀 더 쉽게 설명을 해볼까요? 물은 그 본질이 H_2O라는 근본요소로 구성되어 있습니다. 온도에 따라 얼음(고체)이 되고, 물(액체)이 되고, 수증기(기체)가 되지만, 그 근본 요소는 H_2O라는 것입니다. 이

것은 양태론을 설명하려고 하는 것이 아닙니다. 삼위되신 하나님의 본질이 하나이심을 강조하는 것입니다(양태론: 한 분 하나님이 성부 하나님으로, 예수님으로, 성령님으로 모습을 바꾸어 나타나셨다는 이론을 의미합니다). 원래 삼위일체란 개념은 인간 세상에 없는 개념이기 때문에 인간의 제한된 지식을 가지고는 완전하게 설명할 수가 없습니다. 다만 인간 편에서 삼위일체 하나님을 이해할 수 있도록 설명하는 것뿐입니다. 따라서 우리가 하나님을 믿고 그분이 누구이신지 인간 편에서 설명한다면 하나님, 예수님, 성령님, 이렇게 세 분 하나님이 계시는데 그 본질과 본성에 있어서 완전히 한 분이시라는 것으로 이해해야 합니다. 본질에 있어서 완전하신 한 분 하나님이십니다. 그러므로 하나님은 세 분이 완전히 동등하시며 본질에 있어서도 완전히 하나이십니다. 창세기 2:24에 하나님은 아담과 하와를 창조하시고 둘이 한 몸을 이루라고 하시며 나누지 못한다고 말씀하셨는데 이때 하나라는 개념과 같은 것입니다. 그러므로 하나님은 비록 세 분의 신격을 가지고 계시지만 그 본질에 있어서는 완전히 하나이신 한 분 하나님이십니다. 이 세 분 하나님은 완전한 하나로서 영원 전부터 함께 계셨고, 함께 일하셨으며, 함께 존재하십니다.

이러므로 남자가 부모를 떠나 그 아내와 합하여 둘이 한 몸을 이룰지로다 (창세기 2:24)

하나님은 연구의 대상이 아니라 믿음의 대상입니다.

아마도 당신은 이렇게 설명한 것들에 대하여 완전히 이해하지 못했을 것입니다. 그러나 그것이 당연한 것입니다. 우리가 하나님에 대하여 완전히 이해할 수는 없습니다. 제한된 인간의 지식으로 그분을 알 수가 없기 때문입니다. 인간이 만든 컴퓨터도 이해할 수 없는 지능을 가지고 어떻게 천지를 만드신 하나님을 이해할 수 있겠습니까? 나도 나를 이해할 수가 없는데 말입니다. 그래서 첫째 날에 배운 것처럼 주님이 재림하시는 때 우리는 확실히 알게 될 것입니다. 고린도전서 13:12을 찾아서 써보십시오.

우리가 지금은 거울로 보는 것 같이 희미하나 그 때에는 얼굴과 얼굴을 대하여 볼 것이요 지금은 내가 부분적으로 아나 그 때에는 주께서 나를 아신 것 같이 내가 온전히 알리라 (고린도전서 13:12)

지금 죄악 된 육신으로 제한된 우리의 지성을 가지고는 결코 하나님에 대하여 이해할 수 없습니다. 왜냐하면 하나님은 우리의 연구의 대상이 아니라 믿음의 대상이시기 때문입니다. 요한복음 20:28에서 부활한 예수님의 소식을 믿지 않았던 도마의 고백을 찾아서 읽고 간단히 써보십시오.

도마가 대답하여 이르되 나의 주님이시요 나의 하나님이시니이다 (요한복음 20:28)

비록 나의 이성과 나의 논리와 나의 경험으로는 믿어지지 않지만 말씀을 통해 계시하신 사실을 믿는 것입니다. 그러므로 우리는 도마처럼 의심하고 믿지 못하는 것이 아니라 하나님의 말씀에 기초해서 의심 없이 믿는 복된 믿음을 가져야 합니다. **우리는 삼위일체 하나님은 세 신격체이신 성부 하나님, 성자 하나님(예수님), 성령 하나님(성령님)이 그 본질에 있어서 한 치의 오차도 없으시며, 동등한 권리와 완전히 하나 된 속성을 가지신 한 분 하나님이시라는 것을 믿어야 합니다.** 하나님은 믿음의 대상이지 연구의 대상이 아닙니다. 아들이 아버지를 연구하고 검토해서 아버지로 인정하는 것이 아니라 그분의 사랑 때문에 믿는 믿음으로 인정하는 것입니다.

말씀 묵상

오늘 당신이 삼위일체 하나님에 대하여 새롭게 깨달은 사실은 무엇인지 적어보십시오.

말씀 적용

오늘 말씀을 통해서 배운 사실을 당신의 삶 속에서 어떻게 적용하며 살기를 원합니까?

다섯째 날: 삼위일체 하나님이 하신 일

동등하시며 함께 일하시며 완전히 한 분이신 하나님

"하나님은 삼위일체이시다"라는 사실은 성경에 나오는 하나님의 명칭을 통해서도 알 수 있습니다. 창세기 1:26과 여러 구절들을 보면 하나님이란 단어는 복수형(우리)입니다. 하나님은 숫자적으로 한 분이 아니란 말입니다. 마태복음 28:19-20에도 아버지와 아들과 성령의 이름으로 나아가도록 명령합니다. 왜냐하면 하나님은 삼위일체이시기 때문입니다. 물론 성경에 직접적으로 하나님이 삼위일체이시라는 말은 없습니다. 그러나 성경 전체를 통해서 볼 때 여러 곳에서 하나님이 삼위일체이심을 직접적으로 혹은 간접적으로 증거합니다. 이제 우리는 삼위일체 하나님이 하신 일들을 통해 하나님의 삼위일체되심에 대해서 공부해 보도록 하겠습니다. 먼저 이 삼위일체 하나님은 항상 같이 일하신다는 것입니다. 창조사역이나, 구원사역이나, 모든 일들 속에서 하나님은 같이 일하십니다.

하나님이 이르시되 우리의 형상을 따라 우리의 모양대로 우리가 사람을 만들고 그들로 바다의 물고기와 하늘의 새와 가축과 온 땅과 땅에 기는 모든 것을 다스리게 하자 하시고 (창세기 1:26)

그러므로 너희는 가서 모든 민족을 제자로 삼아 아버지와 아들과 성령의 이름으로 침(세)례를 베풀고 내가 너희에게 분부한 모든 것을 가르쳐 지키게 하라 볼지어다 내가 세상 끝날까지 너희와 항상 함께 있으리라 하시니라
(마태복음 28:19-20)

먼저 창조사역에서 같이 일하신 삼위일체 하나님을 봅시다. 창세기 1:1에 "태초에 하나님이 천지를 창조하시니라"고 했습니다. 그러나 여기에 나오는 하나님은 삼위일체 하나님을 의미합니다. 여기서 사용된 하나님이라는 히브리어 "엘로 힘"이 복수형인 것을 통해서 알 수 있습니다.

태초에 말씀이 계시니라 이 말씀이 하나님과 함께 계셨으니 이 말씀은 곧 하나님이시니라 그가 태초에 하나님과 함께 계셨고 만물이 그로 말미암아 지은 바 되었으니 지은 것이 하나도 그가 없이는 된 것이 없느니라
(요한복음 1:1-3)

다시 말하면, 성부 하나님은 창조 계획을 하셨고, 성자 예수님은 창조 사역을 하셨으며(요한복음 1:1-3), 성령 하나님은 창조된 모든 만물에 생명(창세기 2:7)과 질서를 주시고 아름답게(창세기 1:2) 하셨습니다. 좀 더 자세히 설명을 하면, 창조를 계획하신 삼위일체 하나님이 창조를 결정하신 후에, 성부 하나님이 창조를 디자인하시고, 예수

여호와 하나님이 땅의 흙으로 사람을 지으시고 생기를 그 코에 불어넣으시니 사람이 생령이 되니라 (창세기 2:7)

땅이 혼돈하고 공허하며 흑암이 깊음 위에 있고 하나님의 영은 수면 위에 운행하시니라
(창세기 1:2)

님은 그 디자인에 따라 직접 만드셨으며, 성령님은 만드신 것에 생명과 질서를 주시고 더욱 아름답게 만드셨습니다. 요한복음 1:1-3을 읽고 아래에 간단히 요약해서 써보십시오.

이 말씀에 보면 태초에 말씀이 계셨는데 이 말씀은 곧 하나님이시라고 합니다. 그리고 세상은 이 말씀으로 창조가 되었다고 합니다. 그리고 말씀이신 하나님이 세상에 오셨는데 그분이 바로 예수님이라고 설명합니다. 따라서 예수님도 창조사역에 참여하셨음을 알 수가 있습니다. 이 말씀의 의미는 삼위일체 하나님이 불완전하다는 의미가 아니라 함께 일하셨다는 것입니다. 왜냐하면 하나님은 그 속성과 본질에 있어서 완전한 한 분이시기 때문입니다. 사람이 서로 싸우는 이유는 성격과 취향과 본질이 다르기 때문입니다. 그러나 하나님은 모든 것에서 완전한 하나이십니다. 그래서 하나님은 함께 일하십니다.

구원사역에서도 마찬가지입니다. 삼위일체 하나님은 전 인류를 구원하기 위한 계획을 가지셨습니다. 그래서 성부 하나님은 구원 사역을 계획하셨고(사도행전 4:12), 예수님은 그 구원 사역을 행하셨으며(십자가 사건을 통해, 요한복음 5:24), 성령님은 구원 사역이 온전히 이루어지도록 일하십니다. 삼위일체 하나님은 이렇게 구원 사역에 있어서도 함께 일하셨습니다. 특별히 성자 예수님은 직접 육신의 몸을 입고 이 땅에 오셨고 전 인류의 죄를 위해 십자가를 지셨습니다. 그래서 누구든지 이 예수님을 통하지 않고는 하나님께로 갈 수가 없습니다(요한복음 14:6). 뿐만 아니라 성령님도 구원 사역에서 함께 일하셨습니다. 하나님은 예수님이 이 땅에 성령님을 통하여 처녀 탄생을 하도록 마리아를 준비하셨으며(누가복음 1:26), 예수님은 준비된 그 몸을 취하셔서 인간의 몸으로 이 땅에 오셨으며(요한복음 3:16), 성령님은 잉태된 예수님이 처녀의 몸에서 탄생하실 수 있도록 역사하셨습니다(누가복음 1:35). 이와 같이 삼위일체 하나님은 모든 일에 있어

태초에 말씀이 계시니라 이 말씀이 하나님과 함께 계셨으니 이 말씀은 곧 하나님이시니라 그가 태초에 하나님과 함께 계셨고 만물이 그로 말미암아 지은 바 되었으니 지은 것이 하나도 그가 없이는 된 것이 없느니라
(요한복음 1:1-3)

다른 이로써는 구원을 받을 수 없나니 천하 사람 중에 구원을 받을 만한 다른 이름을 우리에게 주신 일이 없음이라 하였더라
(사도행전 4:12)

내가 진실로 진실로 너희에게 이르노니 내 말을 듣고 또 나 보내신 이를 믿는 자는 영생을 얻었고 심판에 이르지 아니하나니 사망에서 생명으로 옮겼느니라
(요한복음 5:24)

예수께서 이르시되 내가 곧 길이요 진리요 생명이니 나로 말미암지 않고는 아버지께로 올 자가 없느니라 (요한복음 14:6)

여섯째 달에 천사 가브리엘이 하나님의 보내심을 받아 갈릴리 나사렛이란 동네에 가서
(누가복음 1:26)

하나님이 세상을 이처럼 사랑하사 독생자를 주셨으니 이는 그를 믿는 자마다 멸망하지 않고 영생을 얻게 하려 하심이라
(요한복음 3:16)

천사가 대답하여 이르되 성령이 네게 임하시고 지극히 높으신 이의 능력이 너를 덮으시리니 이러므로 나실 바 거룩한 이는 하나님의 아들이라 일컬어지리라
(누가복음 1:35)

서 함께, 그리고 동등하게 완전한 하나로 일하십니다. 이것이 바로 삼위일체의 신비입니다. 이와 같이 삼위일체 하나님은 구원사역에 있어서도 함께 일하셨습니다. 왜냐하면 하나님은 인간을 사랑하시는 그 사랑의 마음이 완전히 똑같기 때문입니다. 이같이 삼위일체 하나님은 함께 일하시며 그 본질과 본성에 있어서 완전히 똑같기 때문에 삼위일체 하나님이십니다. 그러므로 우리는 이 삼위일체 하나님이 동등하고, 완전하며, 함께 일하시고, 똑같이 영광을 받으시기에 합당한 완전한 한 분이라는 사실을 알아야 합니다. 하나님은 정말로 완전한 한 분입니다.

오늘날 어떤 사람들은 성령님을 하나의 능력이나 하나님의 힘으로 생각하는데, 성령님도 동일한 하나님이십니다. 특별히 구원에 있어서 성령님은 우리 신자들이 하나님의 영광을 위하여, 내재하신 그리스도께 순종하는 삶을 살도록 돕는 사역을 하십니다. 그렇기 때문에 우리는 더욱더 성령 충만한 삶을 살아야 합니다. 뿐만 아니라 하나님의 자녀답게 살도록 도우시는 성령님의 능력을 구해야 합니다. 9단원에서는 세상 안에서 역사하시며, 일하시는 능력의 성령님에 대하여 공부하도록 하겠습니다.

말씀 묵상

오늘 말씀을 통해 새롭게 깨달은 사실은 무엇입니까?

말씀 적용

하나님에 대한 당신의 개인적인 신앙고백을 적어보십시오.

9단원 함께해요! 성령님

9단원 암송구절: 에베소서 5:17-18, 갈라디아서 5:22-23

함께해요! 성령님

그러므로 어리석은 자가 되지 말고 오직 주의 뜻이 무엇인가 이해하라 술 취하지 말라 이는 방탕한 것이니 오직 성령으로 충만함을 받으라(에베소서 5:17-18)

오직 성령의 열매는 사랑과 희락과 화평과 오래 참음과 자비와 양선과 충성과 온유와 절제니 이같은 것을 금지할 법이 없느니라
(갈라디아서 5:22-23)

첫째 날: 성령님은 누구이십니까?

하나님이신 성령님

우리는 8단원에서 삼위일체 되신 하나님에 대하여 배웠습니다. 그래서 우리는 성령님도 삼위일체 하나님이시라는 것을 알았습니다. 그러면 성령님은 누구이십니까? 오늘날 많은 신자가 성령님을 단지 하나님의 힘이나 하나의 영이라고 생각합니다. 또는 단지 하나님의 능력이라고 생각합니다. 그러나 분명한 것은 성령님은 하나님이십니다. 똑같이 우리에게 경배와 찬양을 받으셔야만 될 하나님이십니다. 하늘에 계신 성부 하나님은 모든 만물을 다스리십니다. 그리고 성자 하나님이신 예수님은 우리를 구원하기 위하여 인간의 몸을 입고 이 땅에 오셔서 전 인류를 위한 대속 제물이 되셨습니다. 그리고 이제 예수님이 승천하신 뒤로는 성령 하나님이 구원받은 자들이 그 구원을 온전히 이룰 수 있도록 도우십니다. 그리고 우리가 구원받은 하나님의 자녀처럼 살 수 있도록 날마다 새로운 능력을 주십니다. 우리가

우리 안에 내재하신 그리스도께 온전히 순종하며 살도록 성령님이 영적인 새 힘을 주신다는 말입니다. 그렇기 때문에 성령 하나님은 사실 구원받은 우리에게 가장 가까운 분이십니다. 그래서 우리는 날마다 성령 충만을 받아야만 합니다.

볼지어다 내가 내 아버지께서 약속하신 것을 너희에게 보내리니 너희는 위로부터 능력으로 입혀질 때까지 이 성에 머물라 하시니라 (누가복음 24:49)

먼저 누가복음 24:49을 읽으십시오. 예수님이 부활 후 승천하시면서 성령님에 대하여 어떻게 약속하셨습니까? 예수님은 다른 보혜사 즉 성령님을 이 땅에 보내겠다고 약속하셨습니다. 그러면 성령님은 이 땅에 언제 어떻게 오셨습니까? 사도행전 2:1-4을 읽고 본문의 내용을 자신의 말로 간단히 설명해 보십시오.

오순절 날이 이미 이르매 그들이 다같이 한 곳에 모였더니 홀연히 하늘로부터 급하고 강한 바람 같은 소리가 있어 그들이 앉은 온 집에 가득하며 마치 불의 혀처럼 갈라지는 것들이 그들에게 보여 각 사람 위에 하나씩 임하여 있더니 그들이 다 성령의 충만함을 받고 성령이 말하게 하심을 따라 다른 언어들로 말하기를 시작하니라 (사도행전 2:1-4)

____

____

예수님은 이 땅에 인간의 몸으로 오셨지만, 성령님은 능력의 모습 그대로 우리에게 임하였습니다. 성령님이 승천하신 예수님을 대신하여 이 땅에 오신 사건이 바로 오순절 사건입니다. 그러므로 오순절 사건은 예수님이 이 땅에 다시 탄생하실 필요가 없는 것처럼, 반복될 필요가 없는 한 번 있는 사건입니다. 그리고 오순절 사건을 통하여 성령님은 자신이 놀라운 능력을 가지고 계신 분임을 온 세상에 알려주셨습니다. 여러 가지 기적을 통해 성령님이 이 땅에 오신 것을 분명하게 선포하셨습니다. 이런 사실을 체험한 제자들은 숨어있던 마가의 다락방에서 나와 성령님의 능력을 힘입고 나가서 담대하게 예수님의 부활을 증거하였습니다. 예수님은 제자들을 3년 동안 훈련시키셨고, 성령님은 훈련된 제자들이 능력의 사도들이 될 수 있도록 새로운 능력과 힘을 주셨습니다. 따라서 우리도 먼저 훈련을 통해 우리 자신을 바로 세우고 성령님의 능력을 받아야 합니다. 성령님의 능력을 받지 않으면 아무리 많은 훈련을 하고, 많이 알고 있어도 예수님의 제자들처럼 능력 있는 삶을 살지 못합니다. 그렇기 때문에 우리는 양육훈련을 통하여 바로 알고 바로 믿을 뿐 아니라 또한 성령님의 능력을 받도록 간구해야 합니다.

성령님과 나와의 관계

그러면 지금 우리에게 직접적으로 역사하시는 성령님과 우리는 어떤 관계가 있습니까? 많은 사람이 예수님은 이 땅에 사람으로 오셨으니까 믿겠는데, 성령님은 보이지 않으니 존재하시는지 어떻게 알 수 있느냐고 질문합니다. 그러나 우리가 분명히 알아야 할 것은 성령님은 영이시기 때문에 우리가 볼 수 없다는 것입니다. 다만 그분의 능력과 역사하심의 결과를 따라 확인할 수가 있습니다. 예수님은 성령님이 임하시는 것을 어떻게 알 수 있다고 했습니까? 요한복음 3:5-8을 읽고 당신의 말로 써보십시오.

예수께서 대답하시되 진실로 진실로 네게 이르노니 사람이 물과 성령으로 나지 아니하면 하나님의 나라에 들어갈 수 없느니라 육으로 난 것은 육이요 영으로 난 것은 영이니 내가 네게 거듭나야 하겠다 하는 말을 놀랍게 여기지 말라 바람이 임의로 불매 네가 그 소리는 들어도 어디서 와서 어디로 가는지 알지 못하나니 성령으로 난 사람도 다 그러하니라 (요한복음 3:5-8)

____

____

성령님이 임하시는 것을 우리는 볼 수 없습니다. 그러나 바람이 불 때 그 바람을 볼 수 없지만, 바람이 분 후에 그 결과를 통해서 바람이 분 것을 알 수 있는 것처럼, 우리는 성령님이 계신 것을 성령의 역사와 그 능력의 결과를 통해서 알 수가 있습니다. 그러나 우리는 성령님이 보이지는 않지만 확실한 하나의 신격을 가지신 분임을 알아야 합니다. 에베소서 4:30에 보면 성령님은 우리가 하나님의 뜻대로 살지 못할 때 근심하신다고 했습니다. 이것은 무엇입니까? 성령님도 신격을 가지신 분입니다. 성령님은 단지 하나님의 능력이나 힘이 아니라 우리가 하나님 뜻대로 살지 못할 때 근심하시는 하나님입니다. 우리를 하나님의 자녀답게 살도록 인도하시는 삼위일체 하나님이라는 말입니다. 로마서 8:26을 찾아보십시오. 성령님은 우리를 위하여 어떻게 하십니까? 적어보십시오.

하나님의 성령을 근심하게 하지 말라 그 안에서 너희가 구원의 날까지 인치심을 받았느니라 (에베소서 4:30)

이와 같이 성령도 우리의 연약함을 도우시나니 우리는 마땅히 기도할 바를 알지 못하나 오직 성령이 말할 수 없는 탄식으로 우리를 위하여 친히 간구하시느니라 (로마서 8:26)

____

우리는 이제 성령님이 친히 우리를 위하여 간구하시는 것을 알아야 합니다. 따라서 그 성령님이 근심하시지 않도록 성령님의 뜻에 순종하는 삶을 살아야 합니다. 왜냐하면 성령님은 우리가 온전한 하나님의 자녀가 되도록 인도하시기 때문입니다. 만약 우리가 성령님의 인도하심을 거절한다면 우리는 하나님의 자녀가 아닙니다. 로마서 8:14을 봅시다. 뭐라고 말씀하십니까? "무릇 하나님의 영으로 인도함을 받는 사람은 곧 하나님의 아들이라"고 합니다. 우리는 살아계시며 능력 되시는 성령님이 날마다 우리의 삶을 인도하도록 성령님의 인도하심에 순종해야 합니다. 이것이 영성의 삶입니다. 영성은 세상에서 도피해서 금욕생활을 하거나 세상을 등진 채 살아가거나 도덕적인 삶을 추구하는 것이 아니라 우리와 함께 계신 성령님의 인도하심대로 순종하는 삶입니다. 따라서 그리스도인은 본성을 따라 살지 말고 영성을 따라 살아야 합니다.

그리스도인은 본성을 따라 살지 말고 영성을 따라 살아야 합니다.

말씀 묵상

오늘 공부를 통해 깨달은 하나님의 말씀은 무엇입니까?

말씀 적용

지금쯤 당신은 「믿음의 삶」을 하면서 많은 것을 깨닫고 배웠을 것입니다. 또 성령님의 인도하심에 순종한 당신의 믿음을 통해서 여러 가지 열매를 맺었을 것입니다. 성령님이 당신과 함께하심을 당신의 삶 가운데 어떤 변화된 모습이나 열매로 증거할 수 있습니까?

둘째 날: 성령 침(세)례

그리스도인 됨의 출발 – 성령 침(세)례

요한은 물로 침(세)례를 베풀었으나 너희는 몇 날이 못되어 성령으로 침(세)례를 받으리라 하셨느니라 (사도행전 1:5)

먼저 사도행전 1:5을 찾아서 읽어보십시오. 예수님이 뭐라고 말씀하셨습니까?

____

____

물 침(세)례와 성령 침(세)례에 대하여 말씀하고 계십니다. 우리가 예수님을 믿고 물로 침(세)례를 한 번 받는 것처럼, 성령 침(세)례도 한 번 받습니다. 그러면 **성령 침(세)례의 의미는 무엇입니까? 지금까지 사탄의 지배 아래 있던 우리에게 성령님이 임하셨다는 의미입니다.** 또 성령 침(세)례받았다는 말은 구원받았다는 말입니다. 성령님은 구원받을 때 한 번 임하십니다. 그리고 결코 떠나시지 않습니다. 이것이 성령 침(세)례의 의미입니다. 그러므로 우리가 구원을 매일 다시 받을 필요가 없는 것처럼, 성령 침(세)례도 매일 새로 받을 필요가 없습니다. 왜냐하면 이것은 일회적인 사건이기 때문입니다. 어떤 사람들은 우리가 성령 침(세)례를 자주 받아야 한다고 말합니다. 그러나 이것은 성령 충만과 혼동하는 것입니다. 성령 충만은 우리가 매일, 그리고 새롭게 받아야 하지만 성령 침(세)례는 믿는 순간에 자동적으로 받는 것입니다. 성령 충만을 받으라는 말은 성경에서 명령으로 되어있지만 성령 침(세)례는 명령이 아닙니다. 왜냐하면 구원은 우리가 할 수 있는 일이 아니기 때문입니다.

우리가 유대인이나 헬라인이나 종이나 자유인이나 다 한 성령으로 침(세)례를 받아 한 몸이 되었고 또 다 한 성령을 마시게 하셨느니라 (고린도전서 12:13)

고린도전서 12:13을 찾아서 읽어보십시오. 우리가 어떻게 한 몸이 되었다고 합니까?

____

우리가 한 몸인데 한 성령님으로 침(세)례를 받아서 그렇게 되었다고 설명합니다. 성령님으로 침(세)례받는 사람들은 그 순간 똑같은 성령님이 임하게 되고, 똑같은 성령님을 소유하게 되어, 예수님 안에서 한 몸이 되는 것입니다. 그리고 이 사건을 가리켜서 성령 침(세)례라고 합니다. 그러니까 예수님을 믿는 순간에 성령님이 우리 안에 오시고 자동적으로 성령 침(세)례를 받게 되는 것입니다. 이것은 오순절 날 이 땅에 오신 성령님이 하시는 사역입니다.

구원의 보장이 되시는 성령님

또한 우리가 성령 침(세)례받은 것을 성경은 성령의 인치심을 받았다고 설명합니다. 에베소서 1:13-14을 보십시오.

"그 안에서 너희도 진리의 말씀 곧 너희의 구원의 복음을 듣고 그 안에서 또한 믿어 약속의 성령으로 인치심을 받았으니 이는 우리 기업의 보증이 되사……"(참고: 에베소서 4:30)

그러면 인(=도장)이란 무엇을 말합니까? 소유권을 말하는 것입니다. 성령님이 우리를 인치시고 가는 것이 아니라 성령님이 우리 안에 계시는 것 자체가 우리가 받은 구원의 증거가 됩니다. 성령 침(세)례를 통하여 우리 안에 성령님이 거하시기 때문에 우리는 인치심을 받은 것입니다. 그래서 이 사실이 우리에게 구원의 보증이 됩니다. 다시 말하면 성령님이 우리 안에 계시는 것이 우리가 받은 구원의 보장이 된다는 것입니다. 사도 바울도 로마서 8:9에서 이 사실을 설명하고 있습니다.

"만일 너희 속에 (　　　　　　)이 거하시면 너희가 육신에 있지 아니하고 (　　　　)에 있나니 누구든지 (　　　　　　　)이 없으면 그리스도의 사람

만일 너희 속에 하나님의 영이 거하시면 너희가 육신에 있지 아니하고 영에 있나니 누구든지 그리스도의 영이 없으면 그리스도의 사람이 아니라 (로마서 8:9)

이 아니라"

따라서 구원받은 신자들은 어제 배운 것처럼 항상 성령님의 인도하심을 따라 성령님께 순종하는 삶을 살아야만 합니다. 그러면 성령의 열매를 맺게 될 것입니다. 당신이 하나님의 은혜를 깨닫고 믿음으로 예수님을 구주로 받아들였다면 이미 당신은 성령 침(세)례를 받았고, 성령님이 당신 안에 분명히 거하십니다. 그리고 이 말은 당신이 구원받은 사람이라는 사실을 하나님이 인정하고 보증하신다는 의미이며, 당신의 구원은 하나님께 보장받게 되는 것입니다.

그러나 오늘날 많은 그리스도인이 자신들의 생활 속에서 위와 같은 사실을 의심하며 불안해 합니다. 왜냐하면 자신의 생활이 그렇지 못하기 때문입니다. 그러면 정말로 우리 안에 성령님이 계십니까? 우리는 정말로 성령 침(세)례를 받았을까요? 우리는 정말로 성령의 인치심을 받았을까요? 그러면 그 사실을 어떻게 알 수 있습니까? 우리에게 성령의 열매가 없다면 우리는 구원받지 못한 자입니까? 이런 많은 질문들이 있을 수 있습니다. 그러나 이것은 성령 충만에 대하여 잘 이해하지 못하고 있기 때문에 생기는 것입니다. 셋째 날부터 당신은 성령 충만한 생활에 대하여 배우게 될 것입니다.

말씀 묵상

오늘 공부를 통해 깨달은 하나님의 말씀은 무엇입니까?

말씀 적용

당신이 성령 침(세)례받은 것을 어떻게 알 수 있는지 말해 보십시오.

셋째 날: 성령 충만이란 무엇입니까?

술 취하지 말고 성령에 취하십시오.

한 번 성령 침(세)례 받은 그리스도인들은 이제 날마다 성령 충만한 삶을 사는 것이 중요합니다. 그러면 성령 충만이란 무엇입니까? 이것을 잘 설명해 주는 구절이 바로 9단원 암송구절인 에베소서 5:17-18입니다. 외워서 써보십시오.

그러므로 어리석은 자가 되지 말고 오직 주의 뜻이 무엇인가 이해하라 술 취하지 말라 이는 방탕한 것이니 오직 성령으로 충만함을 받으라
(에베소서 5:17-18)

"그러므로 어리석은 자가 되지 말고 오직 (   ) 무엇인가 이해하라 술 취하지 말라 이는 방탕한 것이니 오직 (   )을 받으라"

사도 바울은 우리가 성령 충만을 받기 전에 먼저 주의 뜻이 무엇인지 이해해야만 한다고 말합니다. 왜냐하면 성령 충만을 받는 것이 우리를 향하신 하나님의 뜻이기 때문입니다. 성령 충만을 받는 것이 하나님의 뜻인 줄 이해하고 깨닫는 자들은 날마다 성령 충만한 생활을 하기 위해 노력할 것입니다. 따라서 우리는 어리석은 자가 되지 말고 성령 충만한 삶을 살아야 합니다. 사도 바울은 성령 충만을 설명하기 위해 술 취하는 것과 비교하였습니다. 술에 취하면 어떠합니까? 술 취한 자의 특성을 당신이 아는 대로 써보십시오. 아마도 당신은 이렇게 해봄으로써 성령 충만한 것에 대한 원리를 발견할 수 있을 것입니다.

____

____

멀쩡했던 사람도 술에 취하면 평소와는 다른 행동을 합니다. 왜냐하면 술의 지배를 받기 때문입니다. 그래서 술 취한 자의 특성은 "술이 그 사람을 지배한다" 입니다. 술에 잔뜩 취해서 한 짓은 그 사람이

한 것이 아니라 술이 한 것입니다. 왜냐하면 술이 그 사람을 지배했기 때문입니다. 마찬가지로 성령 충만이란 성령님의 지배를 받는다는 말입니다. 오늘날 많은 사람이 성령 충만하면 종교적으로 어떤 신비한 상태에 들어가는 것으로 생각합니다. 또한 여러 가지 초자연적인 은사를 받고 사용하는 것으로 생각합니다. 그러나 성령 충만이란 성령님의 지배를 받는 것입니다. 성령님의 음성을 듣는 것입니다. 내 생각이 아니라 내 안에서 역사하시는 그분의 음성에 순종하며 사는 것입니다. 우리 생각이 성령님의 지배를 받고, 우리 생활이 성령님의 지배를 받는 것이 성령 충만한 삶입니다. 따라서 성령 충만이란 외적인 상태가 아니라 내적인 것입니다. 외적으로 나타나는 것은 단지 성령 충만의 결과일 뿐입니다. 왜냐하면 우리가 성령님의 지배를 받아서 성령 충만한 생활을 하게 되면 분명히 우리의 외적인 상태로 나타나기 때문입니다. 갈라디아서 5:22-23에 나오는 성령의 열매도 성령 충만의 결과입니다. 한번 써보십시오.

> 오직 성령의 열매는 사랑과 희락과 화평과 오래 참음과 자비와 양선과 충성과 온유와 절제니 이 같은 것을 금지할 법이 없느니라 (갈라디아서 5:22-23)

성령의 열매는 내가 맺고 싶다고 해서 맺어지는 것이 아닙니다. 내가 성령 충만하면 이런 성령의 열매들이 나를 통해 자연스럽게 나타나는 것입니다. 그러므로 우리가 성령의 열매를 맺기 위해서는 먼저 성령 충만을 받아야 합니다. 성령님의 음성에 귀를 기울여야 합니다. 내 안에서 말씀하시는 성령님의 음성을 듣고 순종하십시오. 또한 우리는 왜 성령 충만을 받아야 되는지도 확실히 알아야 합니다. 로마서 8:5-6을 읽고 당신의 말로 간단히 요약해 보십시오.

> 육신을 따르는 자는 육신의 일을, 영을 따르는 자는 영의 일을 생각하나니 육신의 생각은 사망이요 영의 생각은 생명과 평안이니라 (로마서 8:5-6)

우리는 더 이상 육신에 속한 자가 아니기 때문에 영의 생각을 좇아야만 합니다. 왜냐하면 영의 생각이 바로 생명과 평안이기 때문입니다. 따라서 성령 충만한 사람은 비록 육신적으로는 편안한 삶을 살 수 없을지 몰라도 환경과 문제를 초월해 내면에서 우러나는 진정한 평안을 경험하게 될 것입니다. 이것은 우리가 암송한 에베소서 5:17-18에 잘 나타나 있습니다. 성령 충만은 우리의 선택이 아닙니다. 그리스도인이라면 누구든지 성령 충만한 삶을 살아야 합니다. 하나님의 뜻이요, 명령이기 때문입니다. 그러므로 우리는 "성령 충만이란 성령의 지배를 받는 생활이다"라는 것을 확실히 알고, 또한 왜 성령 충만을 받아야 되는지도 깨달아, 성령님의 음성에 귀를 기울이고 순종하는 삶을 통해 성령 충만한 삶이 되도록 간구해야겠습니다.

성령 충만이란 성령의 지배를 받는 생활입니다.

말씀 묵상

오늘 공부를 통해 깨달은 하나님의 말씀은 무엇입니까?

말씀 적용

최근 당신에게 순종을 원하시는 성령님의 음성 때문에 갈등하거나 고민했던 적이 있다면 말해 보십시오.

넷째 날: 성령 충만한 삶을 사십시오.

어떻게 성령 충만한 삶을 살 수 있습니까?

셋째 날에 우리는 성령 충만이란 무엇인가에 대하여 배웠습니다. 그러면 어떻게 성령 충만을 받을 수 있을까요? 우리는 영적으로 새로 태어나는 순간 성령 침(세)례를 통하여 성령님을 받습니다(로마서 8:16, 고린도전서 12:3). 그러나 그 순간부터 신자들이 얼마나 성령님의 인도하심에 따르느냐에 의해 신앙은 점차적으로 성장하게 됩니다. 사실 모든 그리스도인이 성령님의 인도하심 아래 살지만 모두가 다 성령 충만한 생활을 하는 것은 아닙니다. 왜냐하면 아직도 우리 속에서는 옛 속성이 죄성과 본성을 따라 살도록 잡아당기기 때문입니다. 그래서 우리 마음속에는 끊임없는 갈등이 있습니다. 그러므로 100퍼센트 성령 충만한 생활을 한다는 것은 육신의 몸을 입고 있는 동안에는 불가능한 일일지도 모릅니다. 그러나 그럼에도 불구하고 우리는 성령 충만한 생활을 해야만 합니다. 왜냐하면 하나님의 명령이기 때문입니다. 그러면 어떻게 성령 충만한 생활을 할 수 있을까요?

성령이 친히 우리의 영과 더불어 우리가 하나님의 자녀인 것을 증언하시나니 (로마서 8:16)

그러므로 내가 너희에게 알리노니 하나님의 영으로 말하는 자는 누구든지 예수를 저주할 자라 하지 아니하고 또 성령으로 아니하고는 누구든지 예수를 주시라 할 수 없느니라 (고린도전서 12:3)

1. 말하는 입이 되지 말고 듣는 귀가 되십시오.

말하는 것은 내 주장과 내 생각을 말하는 것입니다. 자기 주장은 죄의 본질이기 때문에 말한다는 것은 성령님께 순종하지 않는 인간의 교만을 의미합니다. 그러나 듣는 귀란 공감하고 순종하는 삶의 태도를 말합니다. 성령 충만한 삶을 살려면 무엇보다도 듣는 귀가 되어야 합니다. 하나님의 말씀에 공감하고 말씀대로 살려고 애쓰는 것입니다. 이것은 하나님과 교제하는 생활(R. T.)을 통해서 이루어집니다. 말씀을 읽고 공부하고 묵상하는 과정 속에서 역사하시는 성령님의 음성에 귀를 기울이십시오. 그리고 기도하십시오. 기도도 내 주장을 하는 것이 아니라 말하고 동시에 듣는 것입니다. 하나님께 당신의 간구를 드렸으면 조용히 들으십시오. 당신의 내면에서 말씀하시는 성령님의 음성에 귀를 기울이십시오. 당신은 하나님과 조용하게 단날 수 있는 시간과 장소와 열정이 필요합니다. 하나님과 교제하는 시간을 갖기 위해서 언제, 어디서, 어떤 말씀을 가지고 할 것인지 계획을 세워보고 실행하십시오.

2. 당신의 죄에 대해 절망하고 하나님의 은혜 안에 희망을 두십시오.

사람이 죽을 수밖에 없는 운명이 된 것은 우리의 죄 때문입니다. 그래서 죄는 우리에게 절망이었습니다. 그러나 하나님의 은혜로 우리에게는 희망이 생겼습니다. 우리의 행위와는 관계없이, 우리의 업적과 능력과는 관계없이, 오직 하나님의 은혜를 따라 우리는 구원을 얻게 되었습니다. 은혜란 아무런 조건이나 대가나 자격심사 없이 주어지는 선물을 의미합니다. 따라서 우리는 더 이상 죄에 희망을 두어서는 안 됩니다. 죄는 마치 냉장고 안에 보관되어 있는 유통기한이 지난 오래된 우유와 같습니다. 죄에는 희망이 없습니다. 죄에 대해 절망하십시오. 이 말은 죄의 유혹에 쉽게 굴복하여 끌려다니며 죄의 속성대로 살아서는 안 된다는 의미입니다. 따라서 죄를 지었으면 하나님의 은혜 앞에 나아가 회개해야 합니다. 절대로 죄에게 기회와 희망을 주어서는 안 됩니다. 죄에게 순종하는 것이 아니라 오직 성령님께만 순종해야 합니다. 오직 성령님이 나의 생각과 생활을 인도하시도록 성령님의 음성에 민감하게 반응하여 그분의 인도하심에 순종해야 합니다. 사람은 본래가 불순종하려는 옛 속성을 가지고 있기 때문에 의도적으로, 그리고 무의식적으로 성령님과 반대되는 삶을 살려고 합니다. 왜냐하면 그것이 옛 속성의 특성이기 때문입니다.

예를 들어, 어머니가 몸이 좀 아프셨습니다. 그래서 아버지가 딸에게 "애야 오늘 저녁식사 설거지는 네가 좀 할래" 하고 말씀하십니다. 그러자 딸은 "그렇지 않아도 제가 하려고 했는데 아버지가 시켜서 안 할래요"라고 말합니다. 하려고 했는데 시켰기 때문에 안 한다는 것입니다. 물론 다 그렇지는 않겠지만 원래 인간은 불순종하려는 속성을 가지고 있습니다. 어쩌면 당신도 어렸을 때 이와 비슷한 경험을 했을지 모릅니다. 아무튼 인간은 본질상 하나님의 뜻에 불순종하는 삶을 살려고 합니다. 이것이 죄입니다. 그러나 죄에는 희망이 없습니다. 하나님의 은혜만이 우리에게 희망입니다. 유통기한이 지난 죄를 회개하고 내버리십시오. 그러면 성령 충만한 삶을 살게 될 것입니다. 요한일서 1:9을 찾아서 아래에 써보십시오.

만일 우리가 우리 죄를 자백하면 그는 미쁘시고 의로우사 우리 죄를 사하시며 우리를 모든 불의에서 깨끗하게 하실 것이요
(요한일서 1:9)

만일 당신의 죄를 주님 앞에 고백하고 용서를 구했다면 당신은 이제 성령 충만한 생활을 하기 위한 가능성을 가지고 있는 것입니다. 상처는 감추는 것이 아니라 드러내야 합니다. 당신의 죄를 하나님의 은혜 앞에 드러내십시오. 당신이 지금까지 간직하고 감추어왔던 죄가 무엇인지 하나님 앞에 솔직히 고백하고 회개하십시오.

죄는 성령님이 우리를 인도하지 못하도록 가로막고 있습니다. 당신은 하나님과 교제하는 시간을 통하여 당신이 지은 죄를 날마다 회개하고 성령 충만을 받도록 계속해서 기도해야 합니다. 그러면 당신은 성령 충만한 삶을 통해 성령의 열매를 맺게 될 것입니다.

3. 당신 삶의 모든 분야에서 성령님이 지배하시도록 기꺼이 순종하십시오.

사람들이 성령 충만한 삶을 살지 못하는 이유는 그들이 알고 있는 것만큼 순종하지 않기 때문입니다. 당신은 당신 삶의 모든 분야에서 성령님이 당신을 지배하시도록 기꺼이 순종해야 합니다. 그래서 성령 충만한 삶은 당신이 얼마만큼 성령님의 인도하심에 순종하느냐에 달렸습니다. 이것은 당신이 결단할 문제입니다. 로마서 6:16을 찾아서 써보십시오.

"너희 자신을 ( )으로 내주어 누구에게 ( )하든지 그 순종함을 받는 자의 종이 되는 줄을 너희가 알지 못하느냐 혹은 ( )으로 사망에 이르고 혹은 ( )으로 의에 이르느니라"

너희 자신을 종으로 내주어 누구에게 순종하든지 그 순종함을 받는 자의 종이 되는 줄을 너희가 알지 못하느냐 혹은 죄의 종으로 사망에 이르고 혹은 순종의 종으로 의에 이르느니라
(로마서 6:16)

라인하르트는 이렇게 말했습니다. "선택하는 것 외에는 달리 선택의 여지가 없다. 결정하는 것은 당신 손에 달렸다." 성령님은 당신의 삶을 인도하시지만 그 인도하심을 받아들이는 것은 당신의 선택에 달려 있습니다. 당신 자신을 죄에게 내어주든지 성령님의 인도하심에 내어주든지 당신이 선택할 문제입니다. 기억하십시오. 당신이 성령 충만한 삶을 살기 원한다면 당신은 기꺼이 성령님의 인도하심을 따라 순종해야 합니다. 그럴 때 성령님은 당신의 연약함을 위하여 친히 간구하시며, 도우실 것입니다. 로마서 8:26-27을 찾아서 당신의 말로 써보십시오.

____

____

____

이와 같이 성령도 우리의 연약함을 도우시나니 우리는 마땅히 기도할 바를 알지 못하나 오직 성령이 말할 수 없는 탄식으로 우리를 위하여 친히 간구하시느니라 마음을 살피시는 이가 성령의 생각을 아시나니 이는 성령이 하나님의 뜻대로 성도를 위하여 간구하심이니라 (로마서 8:26-27)

말씀 묵상

오늘 공부를 통해 깨달은 하나님의 말씀은 무엇입니까?

말씀 적용

깨달은 말씀을 어떻게 당신의 삶 속에서 적용하겠습니까?

다섯째 날: 강한 그리스도인

유한대 신앙을 버리고 무한대 신앙을 소유하십시오.

이번 주에 우리는 계속해서 성령님에 대하여 배우고 있으며 또한 성령 충만한 삶을 살아야 하는 것을 배웠습니다. 그러나 아무리 많이 배우고, 훈련해도 성령님의 능력이 그 사람 속에 임하지 않으면, 결코 능력 있고, 강한 그리스도인으로서 살아갈 수가 없습니다. 성령 충만하지 않고는 참된 그리스도인으로 살아갈 수가 없다는 말입니다. 넷째 날에 배운 대로 당신의 마음을 완전히 열어 회개하고, 성령님이 당신의 생각과 삶을 지배하시도록 기꺼이 순종하겠다고 결심하십시오. 그러면 성령님이 당신에게 성령님의 능력을 체험하도록 하실 것입니다. 강한 그리스도인이 되도록 하실 것입니다. 토마스 바나샤는 이렇게 말했습니다. "너의 날개를 완전히 펼치기 전까지는 네가 얼마나 높이 날아오를 수 있는지 아무도 예견할 수 없다." 우리는 우리가 얼마나 강하고 엄청난 능력을 소유한 사람인지를 알지 못합니다. 성령 충만하여 성령님의 인도하심을 따라 살면 우리는 우리가 미처 상상하지 못했던 엄청난 능력과 힘 있는 삶을 살게 될 것입니다. 환경을 초월하고 문제를 초월하여 사망의 음침한 골짜기를 다닐지라도 해를 받지 않을 것입니다(시편 23편). 마가복음 9:23을 찾아서 써 보십시오.

____

____

예수께서 이르시되 할 수 있거든 이 무슨 말이냐 믿는 자에게는 능히 하지 못할 일이 없느니라 하시니 (마가복음 9:23)

보면 보입니다.

그러면 우리는 성령님의 인도함을 어떻게 알며 어떻게 순종할 수 내가 밤낮 간구하는 가운데 쉬지 않고 너를 생각하여 청결한 양심으로 조상적부터 섬겨 오는 하나님께 감사하고 (디모데후서 1:3)

아나니아라 하는 사람이 그의 아내 삽비라와 더불어 소유를 팔아 그 값에서 얼마를 감추매 그 아내도 알더라 얼마만 가져다가 사도들의 발 앞에 두니 베드로가 이르되 아나니아야 어찌하여 사탄이 네 마음에 가득하여 네가 성령을 속이고 땅 값 얼마를 감추었느냐 땅이 그대로 있을 때에는 네 땅이 아니며 판 후에도 네 마음대로 할 수가 없더냐 어찌하여 이 일을 네 마음에 두었느냐 사람에게 거짓말한 것이 아니요 하나님께로다 아나니아가 이 말을 듣고 엎드러져 혼이 떠나니 이 일을 듣는 사람이 다 크게 두려워하더라 젊은 사람들이 일어나 시신을 싸서 메고 나가 장사하니라 세 시간쯤 지나 그의 아내가 그 일어난 일을 알지 못하고 들어오니 베드로가 이르되 그 땅 판 값이 이것뿐이냐 내게 말하라 하니 이르되 예 이것뿐이라 하더라 베드로가 이르되 너희가 어찌 함께 꾀하여 주의 영을 시험하려 하느냐 보라 네 남편을 장사하고 오는 사람들의 발이 문 앞에 이르렀으니 또 너를 메어 내가리라 하니 곧 그가 베드로의 발 앞에 엎드러져 혼이 떠나는지라 젊은 사람들이 들어와 죽은 것을 보고 메어다가 그의 남편 곁에 장사하니 온 교회와 이 일을 듣는 사람들이 다 크게 두려워하니라 (사도행전 5:1-11)

있습니까? 성령님은 우리의 양심을 통하여 인도하십니다. 예수님을 믿기 전에 우리의 양심은 우리가 하는 일이 하나님께 불순종하는 일이라도 깨닫지 못했습니다. 그러나 예수님을 믿은 후에 성령님이 우리의 양심을 지배하시기 때문에 양심을 통하여 선악을 알도록 인도하십니다(디모데후서 1:3). 그러므로 우리는 양심이 인도하는 대로 따르면 성령님의 인도하심을 알 수가 있습니다. (물론 이 말은 성령님이 꼭 양심을 통하여서만 인도하신다는 것은 아닙니다. 다른 여러 가지의 방법을 통해서도 인도하십니다. 그러나 무엇이 성령님의 인도하심인지 모를 때 일반적으로 그렇다는 것입니다.)

예를 들어, 성령님이 이번 주에 감사할 조건이 있을 때 감사헌금을 10만 원 정도 해야겠다는 마음을 주셨다고 합시다. 그런데 하루가 지나니까 여러 가지 이유로 인해 5만 원으로 줄어들었습니다. 또 하루가 지나니까 여러 가지 형편으로 3만 원으로 줄어들었습니다. 드디어 주일날이 되었고 마음속에 이런 생각이 듭니다. "안 하면 어때! 마음이 문제지!" 그러나 당신의 신앙 양심은 이렇게 합리화한 당신의 태도에 대해서 죄책감을 느끼게 합니다. 그래서 하지 않으면 좀 꺼림칙하니까 1만 원을 봉투에 넣어 감사헌금으로 바칩니다. 그러나 이것은 성령님의 인도하심을 따르는 것이 아닙니다. 이 사람은 벌써 자신의 양심을 속였습니다. 다시 말하면, 성령님의 인도하심에 순종하지 않은 것입니다. 돈이 문제가 아닙니다. 헌금을 드리는 그의 태도가 문제입니다. 바로 이와 비슷한 사건이 사도행전 5:1-11에 나와 있습니다. 이 말씀을 읽고 아나니아와 삽비라가 왜 죽었는지 그 이유를 찾아서 자신의 말로 써보십시오.

아마도 당신은 여러 가지 이유를 쓰셨을 것입니다. 그러나 그들은 성령님을 속였기 때문에 죽었습니다(사도행전 5:3). 다시 말하면 성령님의 인도하심에 순종하기를 거절했다는 말입니다. 위의 말씀은

자신의 재산을 팔아 바치지 않으면 죽는다는 것이 아닙니다. 헌금 액수가 작다고 말하는 것도 아닙니다. 누구도 이들 부부에게 자신의 재산을 팔아 바치라고 하지 않았습니다. 다만 그들 스스로가 자신의 양심 속에서 성령님이 인도하시는 대로 결정했을 뿐입니다. 그런데 그들은 성령님의 인도하심을 온전히 따른 것이 아니라 따른 것처럼 위장을 했습니다. 다시 말하면, 속였다는 말입니다. 그러나 성령님은 영이시기에 속임을 당하지 않으십니다. 차라리 성령님을 속이기보다는 그렇게 할 믿음이 생길 때까지 보류하면서, 온전히 바칠 만한 믿음이 생기도록 기도하는 것이 나았을는지도 모릅니다. 아나니아와 삽비라의 교훈을 통해 우리에게 하나님이 주시기 원하는 말씀은 성령님 안에 사는 자들은 성령님의 인도하심에 순종하는 삶을 살기 원한다는 것입니다. 갈라디아서 5:25을 찾아서 빈칸을 채워보십시오.

"만일 우리가 (   ) 살면 또한 (   ) 행할지니"

순종하면 열매를 맺습니다.

성령님 안에서 사는 자들은 성령님 안에서 행해야 합니다. 이것이 하나님이 기뻐하시는 것입니다. 기꺼이 성령님 안에서 행하겠다는 순종의 자세가 필요합니다. 이렇게 우리가 순종하여 성령 충만하면 우리의 일상생활에서 그리스도의 성품이 드러나게 됩니다. 다시 말하면 성령의 열매가 맺히게 됩니다(갈라디아서 5:22-23). 그래서 자연스럽게 우리의 삶을 통하여 그리스도의 사랑이 다른 지체들에게 강같이 흐르게 될 것입니다. 또한 성령 충만하면 교회의 필요에 따라 각 사람에게 각종 은사가 나타나게 됩니다(로마서 12:6-8, 고린도전서 12:4-11). 이 말은 우리가 성령님의 능력을 체험하는 생활을 하게 된다는 것을 의미합니다. 그저 머리로만 알고 있는 신앙이 아니라, 우리의 생활 속에서 성령님의 능력이 나타나는 체험적인 신앙생활을

만일 우리가 성령으로 살면 또한 성령으로 행할지니
(갈라디아서 5:25)

오직 성령의 열매는 사랑과 희락과 화평과 오래 참음과 자비와 양선과 충성과 온유와 절제니 이 같은 것을 금지할 법이 없느니라
(갈라디아서 5:22-23)

우리에게 주신 은혜대로 받은 은사가 각각 다르니 혹 예언이면 믿음의 분수대로, 혹 섬기는 일이면 섬기는 일로, 혹 가르치는 자면 가르치는 일로, 혹 위로하는 자면 위로하는 일로, 구제하는 자는 성실함으로, 다스리는 자는 부지런함으로, 긍휼을 베푸는 자는 즐거움으로 할 것이니라
(로마서 12:6-8)

은사는 여러 가지나 성령은 같고 직분은 여러 가지나 주는 같으며 또 사역은 여러 가지나 모든 것을 모든 사람 가운데서 이루시는 하나님은 같으니 각 사람에게 성령을 나타내심은 유익하게 하려 하심이라 어떤 사람에게는 성령으로 말미암아 지혜의 말씀을, 어떤 사람에게는 같은 성령을 따라 지식의 말씀을, 다른 사람에게는 같은 성령으로 믿음을, 어떤 사람에게는 한 성령으로 병 고치는 은사를, 어떤 사람에게는 능력 행함을, 어떤 사람에게는 예언함을, 어떤 사람에게는 영들 분별함을, 다른 사람에게는 각종 방언 말함을, 어떤 사람에게는 방언들 통역함을 주시나니 이 모든 일은 같은 한 성령이 행하사 그의 뜻대로 각 사람에게 나누어 주시는 것이니라
(고린도전서 12:4-11)

할 수 있다는 말입니다. 종종 사람들은 말씀만 강조합니다. 그러나 그들은 놀라운 성령님의 능력을 체험하지 못하는 차가운 신앙생활을 하게 됩니다. 반면에 어떤 사람들은 성령님의 능력만 강조합니다. 그러나 그들은 머리까지 뜨거워져서 무엇이 올바른 하나님의 뜻인지 분별하지 못하는 맹목적이고, 감정적인 신앙생활을 하게 됩니다. 분명한 것은 우리의 머리로는 무엇이 하나님의 뜻인지 올바르게 분별하는 말씀을 배우고, 우리의 가슴으로는 성령님의 능력을 체험하여 성령 충만한 생활을 하는 균형 잡힌 신앙생활을 해야만 한다는 것입니다. 그러므로 이 양육훈련을 머리로만 하지 마시기 바랍니다. 온전히 순종하는 믿음을 가져서 성령님의 능력이 당신의 삶 가운데서 체험되어질 수 있도록 하십시오.

이와 같이 성령도 우리의 연약함을 도우시나니 우리는 마땅히 기도할 바를 알지 못하나 오직 성령이 말할 수 없는 탄식으로 우리를 위하여 친히 간구하시느니라 (로마서 8:26)

또 아들들에게 권하는 것 같이 너희에게 권면하신 말씀도 잊었도다 일렀으되 내 아들아 주의 징계하심을 경히 여기지 말며 그에게 꾸지람을 받을 때에 낙심하지 말라 주께서 그 사랑하시는 자를 징계하시고 그가 받아들이시는 아들마다 채찍질하심이라 하였으니 너희가 참음은 징계를 받기 위함이라 하나님이 아들과 같이 너희를 대우하시나니 어찌 아버지가 징계하지 않는 아들이 있으리요 징계는 다 받는 것이거늘 너희에게 없으면 사생자요 친아들이 아니니라
(히브리서 12:5-8)

무릇 징계가 당시에는 즐거워 보이지 않고 슬퍼 보이나 후에 그로 말미암아 연단 받은 자들은 의와 평강의 열매를 맺느니라 그러므로 피곤한 손과 연약한 무릎을 일으켜 세우고
(히브리서 12:11-12)

좋은 나무 되기를 포기하면 나쁜 열매를 맺습니다.

그러면 우리가 성령 충만한 생활을 살라는 하나님의 명령에 순종하지 않을 때 성령님은 어떻게 하십니까? 성령님은 다음과 같은 4가지 단계를 사용하십니다.

1. **양심이 경고를 합니다.** 우리 양심이 성령 충만한 삶을 살도록 계속적으로 경고합니다.

2. **탄식하심으로 대신 기도하십니다(로마서 8:26).** 우리를 위하여 성령님이 대신 탄식하며 간절히 간구하십니다.

3. **징계와 채찍으로 경고하십니다(히브리서 12:5-8, 11-12).** 우리가 성령 충만한 삶을 살도록 우리 삶 속에서 징계와 채찍으로 깨닫게 하십니다.

4. 육은 죽이고 영만 살리십니다(고린도전서 5:5). 성령님으로 행하지 않고 하나님의 영광을 가릴 때 육을 죽이고 영만 살리는 부끄러운 구원을 주십니다.

이런 자를 사탄에게 내주었으니 이는 육신은 멸하고 영은 주 예수의 날에 구원을 받게 하려 함이라 (고린도전서 5:5)

말씀 묵상

오늘 공부를 통해 깨달은 하나님의 말씀은 무엇입니까?

말씀 적용

깨달은 말씀을 당신의 삶 속에서 어떻게 구체적으로 적용하겠습니까?

10단원 파워채널 : 기도

10단원 암송구절: 요한복음 15:7, 주기도문

파워채널 : 기도

너희가 내 안에 거하고 내 말이 너희 안에 거하면 무엇이든지 원하는 대로 구하라 그리하면 이루리라 (요한복음 15:7)

하늘에 계신 우리 아버지여 이름이 거룩히 여김을 받으시오며 나라가 임하시오며 뜻이 하늘에서 이루어진 것같이 땅에서도 이루어지이다 오늘 우리에게 일용할 양식을 주시옵고 우리가 우리에게 죄 지은 자를 사하여 준 것같이 우리 죄를 사하여 주시옵고 우리를 시험에 들게 하지 마시옵고 다만 악에서 구하시옵소서 나라와 권세와 영광이 아버지께 영원히 있사옵나이다 아멘

(주기도문)

첫째 날: 기도란 무엇입니까?

기도는 영이신 하나님과 만나는 통로입니다.

하나님은 영으로 존재하시고 우리 인간은 육으로 존재하기 때문에 근본적으로 하나님과 사람은 만날 수도 통할 수도 없습니다. 그렇기 때문에 사람은 영이신 하나님을 볼 수도 없고, 이성으로 이해할 수도 없으며, 증명할 수도 없습니다. 그러나 로마서 1:19-20에 보면 "이는 하나님을 알 만한 것이 그들 속에 보임이라 하나님께서 이를 그들에게 보이셨느니라 창세로부터 그의 보이지 아니하는 것들 곧 그의 영원하신 능력과 신성이 그가 만드신 만물에 분명히 보여 알려졌나니 그러므로 그들이 핑계하지 못할지니라"고 말씀하고 계십니다. 만물 속에 깃든 하나님의 손길을 통해서 하나님을 알 수 있다는 말입니다. 그러나 불행하게도 사람들은 로마서 1:21의 말씀대로 "하나님을 알되 하나님으로 영화롭게도 아니하며 감사하지도 아니하고 오히려 그 생각이 허망하여지며 미련한 마음이 어두워졌나니 스스로 지혜

있다 하나 어리석게 되어……" 창조주 하나님을 부인하고 자기들의 생각과 주장대로 살아가고 있는 것입니다.

태초에 말씀이 계시니라 이 말씀이 하나님과 함께 계셨으니 이 말씀은 곧 하나님이시니라 그가 태초에 하나님과 함께 계셨고 만물이 그로 말미암아 지은 바 되었으니 지은 것이 하나도 그가 없이는 된 것이 없느니라
(요한복음1:1-3)

예수께서 이르시되 빌립아 내가 이렇게 오래 너희와 함께 있으되 네가 나를 알지 못하느냐 나를 본 자는 아버지를 보았거늘 어찌하여 아버지를 보이라 하느냐
(요한복음 14:9)

따라서 하나님은 자신을 증거하시고 사람들을 구원하시고자 독생자 예수님을 이 땅에 보내셔서 보이지 아니하시는 하나님이 살아계신 분임을 육체로 나타내 증명하셨습니다(요한복음 1:1-3). 그리고 예수님은 이 땅에 사시는 동안 자연을 지배하고, 죽음을 정복하며, 질병을 치유하고, 사탄을 다스리는 이적과 표적을 통해 온 우주 만물의 주인이신 하나님이 살아계심을 증명하셨습니다. 요한복음 14:9을 찾아서 써보십시오.

"예수께서 이르시되 빌립아 내가 이렇게 오래 너희와 함께 있으되 네가 나를 알지 못하느냐 나를 ( ) 자는 ( )를 보았거늘 어찌하여 ( )를 보이라 하느냐"

그래서 육신의 몸을 입고 오신 예수님의 생애를 직접 경험한 제자 요한은 요한일서 1:1-3에서 하나님이신 예수님에 대해서 이렇게 말하고 있습니다.

"태초부터 있는 생명의 말씀에 관하여는 우리가 들은 바요 눈으로 본 바요 자세히 보고 우리의 손으로 만진 바라 이 생명이 나타내신 바 된지라 이 영원한 생명을 우리가 보았고 증언하여 너희에게 전하노니 이는 아버지와 함께 계시다가 우리에게 나타내신 바 된 이시니라 우리가 보고 들은 바를 너희에게도 전함은 너희로 우리와 사귐이 있게 하려 함이니 우리의 사귐은 아버지와 그 아들 예수 그리스도와 더불어 누림이라"

9단원에서 우리가 배운 것처럼 예수님을 믿는 자들은 하나님의 영이 거하는 영적인 존재가 되었으며 영이신 하나님과 통할 수 있는 존재가 되었습니다. 따라서 영적 존재가 된 인간이 영이신 하나님과 육

의 제한을 넘어서 통하고 만나고 교제하는 것이 바로 기도인 것입니다. 따라서 기도는 육으로 제한을 입고 있으면서도 영이신 하나님과 교제하고 그분을 만나는 유일한 방식이요, 통로가 됩니다. 고린도전서 2:12을 읽어보십시오.

"우리가 세상의 (　　)을 받지 아니하고 오직 하나님으로부터 온 (　　)을 받았으니 이는 우리로 하여금 하나님께서 우리에게 (　　　)로 주신 것들을 알게 하려 하심이라"

우리가 세상의 영을 받지 아니하고 오직 하나님으로부터 온 영을 받았으니 이는 우리로 하여금 하나님께서 우리에게 은혜로 주신 것들을 알게 하려 하심이라
(고린도전서 2:12)

따라서 우리는 기도를 통해서 하나님을 만나며 하나님이 우리에게 은혜로 값없이 주신 능력과 축복의 선물을 알고 받을 수 있게 된 것입니다. 마태복음 7:7-8을 찾아서 읽어보십시오.

"(　　　　) 그리하면 너희에게 주실 것이요 (　　　　) 그리하면 찾아낼 것이요 문을 (　　　　) 그리하면 너희에게 열릴 것이니 구하는 이마다 받을 것이요 찾는 이는 찾아낼 것이요 두드리는 이에게는 열릴 것이니라"

구하라 그리하면 너희에게 주실 것이요 찾으라 그리하면 찾아낼 것이요 문을 두드리라 그리하면 너희에게 열릴 것이니 구하는 이마다 받을 것이요 찾는 이는 찾아낼 것이요 두드리는 이에게는 열릴 것이니라
(마태복음 7:7-8)

기도는 기도 이상의 것입니다.

이제 그리스도인은 누구든지 예수님의 이름으로 구하면 하나님의 능력과 힘을 삶 가운데서 경험하며 살 수 있게 되었습니다. 그리고 계속적으로 성령 충만한 생활을 하기 위해서, 또한 성령님의 능력을 받는 생활을 하기 위해서 무엇보다도 기도하는 생활이 필요합니다. 우리와 하나님의 관계 때문에 **"기도는 기도 이상의 것입니다." 기도는 하나님과의 만남이며 하나님과의 대화입니다. 즉 하나님과 커뮤니케이션하는 시간입니다.** 육을 입고 있는 우리가 영이신 하나님과 통할 수 있는 유일한 방법이 바로 기도이기 때문입니다. 그러므로 기도는 대단히 중요한 것입니다. 또한 기도는 하나님이 이 땅에서 우리

가 승리하는 삶을 살도록 힘을 주시는 통로요, 방법입니다. 뿐만 아니라 기도가 중요한 이유는 우주에서 가장 중요한 분과의 만남이기 때문입니다. 그러나 불행하게도 오늘날 우리는 불신앙 때문에 이러한 능력을 사용하지 못하고 있습니다. 초대교회의 신자들은 기도하는 방법을 알았고, 역사를 변화시킬 수 있는 하나님의 능력을 믿었기 때문에 놀라운 역사를 이룰 수 있었습니다. 그러나 오늘날 그리스도인들은 초대교회 신자들처럼 기도를 하지 않기 때문에 초대교회 같은 능력을 경험하지 못하고 있습니다. 하나님은 변하시지 않았는데 신자들의 신앙이 변했습니다. 마가복음 9:23을 찾아서 아래에 써보십시오.

예수께서 이르시되 할 수 있거든 이 무슨 말이냐 믿는 자에게는 능히 하지 못할 일이 없느니라 하시니 (마가복음 9:23)

기도란 무엇입니까?

그리스도인은 기도를 통해 하나님을 만나게 되며, 기도를 통해 하나님의 뜻을 알고, 기도를 통해 우리의 요구를 하나님께 말하게 됩니다. 따라서 그리스도인은 기도하지 않고는 아무것도 할 수 없습니다. 어떤 사람은 이렇게 말했습니다. "하나님과 우리 사이는 우리의 무릎과 마룻바닥 사이이다." 기도하는 순간이 바로 하나님을 만나는 순간입니다. 날마다 기도하십시오. 그러나 많은 그리스도인이 기도에 대해 오해를 하고 있습니다. 그것은 다음과 같습니다.

내가 너희에게 분부한 모든 것을 가르쳐 지키게 하라 볼지어다 내가 세상 끝날까지 너희와 항상 함께 있으리라 하시니라 (마태복음 28:20)

1. 기도는 자기 혼자서 하는 참선이나 명상이 아닙니다. 또한 멀리 떨어진 분께 외치는 것도 아닙니다.

내가 그리스도와 함께 십자가에 못 박혔나니 그런즉 이제는 내가 사는 것이 아니요 오직 내 안에 그리스도께서 사시는 것이라 이제 내가 육체 가운데 사는 것은 나를 사랑하사 나를 위하여 자기 자신을 버리신 하나님의 아들을 믿는 믿음 안에서 사는 것이라 (갈라디아서 2:20)

기도는 살아계신 하나님, 나와 함께 계신 그분과 만나는 것입니다. 그분은 우리와 항상 함께 계십니다(마태복음 28:20, 갈라디아서 2:20). 구약시대에는 멀리 하늘에 계신 하나님께 기도했지만 지금은 우리와 함께 계신 하나님께 기도합니다. 구약에서 하나님은 저 높은 보좌에 계셨습니다. 그리고 하나님의 백성들을 아주 특별한 경우에만 만나러 오셨습니다. 하지만 신약에서는 성령님이 우리 속에 항상 거하십니다(고린도후서 13:5). 사실상 이것이 신약과 구약의 주된 차이점입니다. 하나님은 우리 안에 계십니다(에베소서 3:14-21). 우리와 함께 계신 그분께 우리는 기도하는 것입니다.

2. 기도는 나의 소원을 일방적으로 아뢰는 것이 아닙니다. 기도의 목적은 하나님과의 관계를 더욱 깊게 하는 데 있습니다(요한복음 15:7).

자녀들은 부모님께 무엇인가를 항상 요구하기 위해서만 대화하지 않습니다. 오히려 부모님과의 관계 때문에 그런 것들을 요구합니다. 기도는 하나님과의 거래가 아니라 관계입니다. 나에게 필요한 것이 있으면 우리는 아버지 하나님께 구할 수 있습니다. 그러나 그것은 하나님과의 관계 안에서 행해지는 자연스러운 것입니다. 요구 때문에 관계가 있는 것이 아니라 관계 때문에 요청하는 것입니다.

3. 기도는 일이 아니라 생활입니다. 예수님은 기도를 그리스도인이 해야 할 일로서 주신 것이 아니라 그리스도인의 생활로서 주셨습니다.

특별한 모임이나 예배 때만 드리거나 하루 중 정해진 어떤 시간에만 기도하는 것은 일입니다. 기도는 우리의 삶이 되어야 합니다. 주님은 우리가 항상 기도하기를 원하셨지, 특별한 때만 기도하기를 원하지 않으셨습니다. 기도는 우리의 삶 전체를 하나님과 나누는 것입니다. 데살로니가전서 5:17의 "쉬지 말고 기도하

너희는 믿음 안에 있는가 너희 자신을 시험하고 너희 자신을 확증하라 예수 그리스도께서 너희 안에 계신 줄을 너희가 스스로 알지 못하느냐 그렇지 않으면 너희는 버림 받은 자니라 (고린도후서 13:5)

이러므로 내가 하늘과 땅에 있는 각 족속에게 이름을 주신 아버지 앞에 무릎을 꿇고 비노니 그의 영광의 풍성함을 따라 그의 성령으로 말미암아 너희 속사람을 능력으로 강건하게 하시오며 믿음으로 말미암아 그리스도께서 너희 마음에 계시게 하시옵고 너희가 사랑 가운데서 뿌리가 박히고 터가 굳어져서 능히 모든 성도와 함께 지식에 넘치는 그리스도의 사랑을 알고 그 너비와 길이와 높이와 깊이가 어떠함을 깨달아 하나님의 모든 충만하신 것으로 너희에게 충만하게 하시기를 구하노라 우리 가운데서 역사하시는 능력대로 우리가 구하거나 생각하는 모든 것에 더 넘치도록 능히 하실 이에게 교회 안에서와 그리스도 예수 안에서 영광이 대대로 영원무궁하기를 원하노라 아멘 (에베소서 3:14-21)

너희가 내 안에 거하고 내 말이 너희 안에 거하면 무엇이든지 원하는 대로 구하라 그리하면 이루리라 (요한복음 15:7)

라"는 원어의 의미는 "줄 기침한다"는 뜻입니다. 기침은 내가 원할 때만, 그리고 정해진 시간에만 하는 것이 아닙니다. 아무 때나 시간과 장소를 가리지 않고 나옵니다. 기도도 마찬가지입니다. 아무 때나 어디서나 항상 해야 합니다. 왜냐하면 기도는 일이 아니라 우리의 생활 자체이기 때문입니다. 물론 우리도 자녀와 특별한 때, 특별한 시간에 집중적으로 이야기할 수 있습니다. 이와 같이 때때로 우리는 집중적으로, 특별한 곳에서, 특별한 때에(예를 들어, 수련회나 금식기도 등등) 기도하는 것도 필요합니다. 그러나 기도는 특별한 일이 아니라 하나님을 떠나서는 살 수 없는 우리의 삶입니다.

기도는 특별한 일이 아니라 하나님을 떠나서는 살 수 없는 우리의 삶입니다.

4. 기도는 종교적인 말을 의미 없이 되풀이하거나 같은 말을 자꾸 반복하는 것이 아닙니다. 하나님은 인격이신 분입니다. 이미 그 분은 기도하기 전에 우리가 필요한 것이 무엇인지 알고 계십니다(마태복음 6:7-8).

또 기도할 때에 이방인과 같이 중언부언하지 말라 그들은 말을 많이 하여야 들으실 줄 생각하느니라 그러므로 그들을 본받지 말라 구하기 전에 너희에게 있어야 할 것을 하나님 너희 아버지께서 아시느니라 (마태복음 6:7-8)

이 말은 기도를 한 번만 하고 하지 말라는 의미가 아닙니다. 확실한 믿음을 가지고 기도하라는 말입니다. 따라서 확실한 믿음은 우리의 기도를 계속적으로 반복하거나, 중언부언하게 만들지 않습니다. 기도의 결과는 우리에게 속한 것이 아닙니다. 들어주시든 안 들어주시든 모든 결정은 하나님이 하십니다. 다만 우리는 믿음을 가지고 기도하는 것이 필요할 뿐입니다. 하나님은 많은 말을 반복하는 것을 원하시지 않고 단지 믿음을 원하십니다. 믿음이 클수록 말은 줄어들고 행동이 나타납니다. 그러나 말이 줄어든다는 것이 기도의 횟수가 줄어든다는 것을 의미하는 것은 아닙니다. 날마다 더욱더 기도하는 삶을 사십시오.

말씀 묵상

오늘 말씀을 통해서 깨닫거나 배운 것은 무엇입니까?

말씀 적용

깨닫거나 배운 것을 당신의 삶 속에서 어떻게 적용하겠습니까?

둘째 날: 기도는 왜 해야 합니까?

기도는 선택이 아니라 필수입니다.

첫째 날에 당신은 기도란 무엇인지에 대하여 공부했습니다. 그러면 기도는 누구에게 하는 것이며 왜 해야 합니까?

기도는 성령님을 통하여 주 예수 그리스도의 이름으로 하나님 아버지께 하는 것입니다. 우리의 기도는 그리스도로 말미암아 유효하게 되고 성령님에 의해 하나님 아버지께 전달됩니다. 예수님이 가르쳐 주신 성경적인 모범은 하나님께 기도하는 것입니다. 그래서 예수님은 주기도문을 통해 기도의 대상이 누구인지를 가르쳐 주십니다. 마태복음 6:9을 보면 "그러므로 너희는 이렇게 기도하라 하늘에 계신 우리 아버지여 이름이 거룩히 여김을 받으시오며"라고 말씀하십니다. 기도는 하나님 아버지께 하는 것입니다.

그리고 이렇게 하나님 아버지께 기도할 때 예수님과 성령님은 우리를 위하여 함께 기도해 주십니다. 로마서 8:34을 읽고 요약해 써보십시오. 예수님이 어떻게 해주십니까?

누가 정죄하리요 죽으실 뿐 아니라 다시 살아나신 이는 그리스도 예수시니 그는 하나님 우편에 계신 자요 우리를 위하여 간구하시는 자시니라 (로마서 8:34)

____

____

로마서 8:26-27을 읽고 자신의 말로 요약해 써보십시오. 성령님은 어떻게 해주십니까?

이와 같이 성령도 우리의 연약함을 도우시나니 우리는 마땅히 기도할 바를 알지 못하나 오직 성령이 말할 수 없는 탄식으로 우리를 위하여 친히 간구하시느니라 마음을 살피시는 이가 성령의 생각을 아시나니 이는 성령이 하나님의 뜻대로 성도를 위하여 간구하심이니라 (로마서 8:26-27)

____

____

그러면 하나님께 기도할 수 있는 사람은 어떤 사람입니까? 누가 하나님께 기도할 수 있습니까? 말할 것도 없이 그리스도께 속한 사람입니다. 하나님 아닌 다른 신들을 믿는 사람들도 본능적으로 기드합니다. 그러나 진정한 기도는 그리스도 안에서 하나님의 자녀가 된 자들만이 할 수 있습니다. 당신이 전혀 모르는 사람의 자녀가 당신에게 무리한 요구를 할 때 당신은 결코 들어주지 않을 것입니다. 하나님은 그리스도를 통하여 하나님의 자녀가 된 사람들이 기도할 때 응답하십니다. 단순히 응답하시는 것이 아니라 가장 좋은 것으로 주십니다. 하나님은 우리에게 최고의 것이 아니라 최선의 것을 주십니다. 마태복음 7:11을 찾아서 빈칸을 채워보십시오.

"너희가 악한 자라도 (　　　　) 것으로 자식에게 줄 줄 알거든 하물며 하늘에 계신 너희 아버지께서 구하는 자에게 (　　　　) 것으로 주시지 않겠느냐"

너희가 악한 자라도 좋은 것으로 자식에게 줄 줄 알거든 하물며 하늘에 계신 너희 아버지께서 구하는 자에게 좋은 것으로 주시지 않겠느냐 (마태복음 7:11)

우리에겐 기도해야 할 분명한 이유가 있습니다.

그러면 우리는 왜 기도를 해야 합니까? 우리에게 필요한 것이 없고 문제가 없더라도 우리는 꼭 기도해야 합니까? 그렇습니다. 우리는 기도해야 합니다.

1. 살기 위해서 기도해야 합니다(시편 91:11).

그가 너를 위하여 그의 천사들을 명령하사 네 모든 길에서 너를 지키게 하심이라 (시편 91:11)

고통이나 두려움 때문에 막연하게 기도한 것 외에는 전혀 기도해본 적이 없는 사람이 있을지도 모릅니다. 또한 기도를 믿지 못하는 사람이 있을지도 모릅니다. 그래서 해보려고 했지만 크게 실망하거나 환멸을 느꼈을지도 모릅니다. 또 여러 가지 압박으로 인하여 마음에 상처를 입은 사람도 있을 수 있습니다. 다른 사람이 해를 끼친 경우도 있고, 생활고로 인해 상처를 입은 경우도 있을 것입니다. 혹시 과거의 뼈아픈 기억으로 인해 결코 치유 받지 못하는 고통에 시달릴 수도 있습니다. 그래서 하나님조차 자신에게는 아무런 도움도 주지 못할 것이라고 미리 단정해 버린 사람도 있을 것입니다. 또 죄책감으로 인해 자신은 하나님과 너무 멀리 떨어져 있어 기도가 응답 받지 못할 것이라고 체념하고 있는 사람도 있을 것입니다. 또 예수님을 믿었지만 기도의 능력을 경험하지 못하고 수년 동안 형식적이고 말뿐인 기도에 그친 사람이 있을 수도 있습니다. 그리고 기도는 했지만 눈에 보이는 성과물이 거의 없어서 하나님에 대해 실망한 사람도 있을 것입니다. 또 하나님은 자신이 도저히 접근할 수 없는 분처럼 느껴지는 사람도 있을 것입니다. 그러나 이런 모든 사람에게 하나님의 마음은 활짝 열려져 있습니다. 하나님은 누구든지 기쁨으로 받아들이십니다. 실제적으로 예수님은 세리와 죄인들의 친구라고 비난을 받으셨으며, 예수님 자신도 누가복음 5:32에 보면 "내가 의인을 부르러 온 것이 아니요 죄인을 불러 회개시키러 왔노라"고 말씀하고 있습니다. 신앙은 이상이 아니라 현실이며 꿈이 아니라 실재입니다. 하나님은 사람들의 지위고하, 빈부귀천, 남녀노소를 막론하고 예수님을 믿고 주의 이름을 부르는 이들의 기도에 응답하시며 그들의 꿈과 비전이 이루어지도록 하십니다(시편 91:15). 우리는 힘든 세상에서 내 힘이 아니라 하나님의 힘으로 살기 위해 기도해야 합니다.

그가 내게 간구하리니 내가 그에게 응답하리라 그들이 환난 당할 때에 내가 그와 함께 하여 그를 건지고 영화롭게 하리라 (시편 91:15)

2. 우리는 하나님과의 관계 때문에 기도해야 합니다(요한복음 15:5).

나는 포도나무요 너희는 가지라 그가 내 안에, 내가 그 안에 거하면 사람이 열매를 많이 맺나니 나를 떠나서는 너희가 아무 것도 할 수 없음이라 (요한복음 15:5)

하나님은 우리의 아버지이십니다. 아버지 되신 하나님과 교제하는 것은 당연한 것입니다. 하나님은 우리가 기도로써 하나님과 대화나누기를 원하십니다. 왜냐하면 하나님은 우리가 그분의 자녀로서 풍성한 삶을 누리며 살기를 원하시기 때문입니다(요한복음 10:10). 그런데 풍성한 삶이란 하나님과의 올바른 관계 속에서만 나오는 것입니다. 그렇기 때문에 우리는 기도를 통해 하나님과 대화를 나누어야만 합니다. 만일 우리가 기도하지 않으면 결코 하나님의 능력 안에서

도둑이 오는 것은 도둑질하고 죽이고 멸망시키려는 것뿐이요 내가 온 것은 양으로 생명을 얻게 하고 더 풍성히 얻게 하려는 것이라 (요한복음 10:10)

풍성한 삶을 경험할 수 없습니다. 오늘날 많은 가정이 깨어지는 이유가 무엇인지 아십니까? 그것은 부모와 자녀의 대화가 없기 때문입니다. 우리는 하나님을 떠나서는 아무것도 할 수 없는 존재입니다. 하나님 아버지와의 사랑의 관계를 위해서 항상 기도해야 합니다.

3. 열매 맺는 삶을 살기 위해 기도해야 합니다(요한복음 15:1-4).

> 나는 참포도나무요 내 아버지는 농부라 무릇 내게 붙어 있어 열매를 맺지 아니하는 가지는 아버지께서 그것을 제거해 버리시고 무릇 열매를 맺는 가지는 더 열매를 맺게 하려 하여 그것을 깨끗하게 하시느니라 너희는 내가 일러준 말로 이미 깨끗하여졌으니 내 안에 거하라 나도 너희 안에 거하리라 가지가 포도나무에 붙어 있지 아니하면 스스로 열매를 맺을 수 없음 같이 너희도 내 안에 있지 아니하면 그러하리라
> (요한복음 15:1-4)

그리스도인이라면 누구나 성령의 열매를 맺게 되어 있습니다. 열매 없는 삶은 그리스도인의 삶이 아닙니다. 그러나 이 열매는 하나님과 얼마나 친밀하게 교제하느냐에 달려 있습니다. 육을 입은 인간이 하나님과 교제할 수 있는 방법은 기도를 통해서 가능합니다. 따라서 우리는 날마다 기도하는 삶을 살아야 합니다. 어떤 사람은 기도를 호흡이라고도 설명합니다. 숨을 쉬지 않고 살 수 없듯이 우리도 기도하지 않고는 살 수 없음을 설명하는 것입니다. 기도하지 않고 하나님과 교제할 수 없으며 기도하지 않고 열매를 맺을 수는 없습니다. 기도를 통해 하나님의 사랑과 돌봄과 능력을 받게 됩니다. 그리고 기도를 통해 하나님과 관계를 맺게 되는 것입니다. 따라서 우리는 열매 맺는 삶을 위해 기도해야 합니다.

4. 하나님의 계획을 이루기 위해 기도해야 합니다(마태복음 5:13-14).

> 너희는 세상의 소금이니 소금이 만일 그 맛을 잃으면 무엇으로 짜게 하리요 후에는 아무 쓸 데 없어 다만 밖에 버려져 사람에게 밟힐 뿐이니라 너희는 세상의 빛이라 산 위에 있는 동네가 숨겨지지 못할 것이요
> (마태복음 5:13-14)

성경에 보면 기도를 통해 병든 자가 고침 받고, 자연이 정복되며, 감옥에 갇혔던 자들이 풀려나고, 심지어 죽은 자가 일어나는 놀라운 사건들이 이루어지는 것을 알 수 있습니다. 그리스도인은 하나님의 능력으로 힘 있는 삶을 살게 됩니다. 그런데 많은 신자가 그렇게 살지 못합니다. 하나님은 과거에만 일하시는 것이 아니라 지금도 여전히 기도에 응답하시는 분입니다. 하나님은 오늘날도 신자의 기도를 통해 살아계신 하나님에 대한 많은 증거를 보여주기를 원하십니다.

그러나 많은 신자가 믿음의 기도를 하지 않고 살아갑니다. 그렇기 때문에 그들의 생활을 통하여 하나님은 많은 일을 나타내실 수가 없습니다. 왜 많은 하나님의 자녀가 이 세상에서 살아가는 동안 무기력하게 살아갑니까? 기도하지 않아서 그렇습니다. 우리를 향하신 하나님의 뜻은 우리의 삶을 통하여 하나님의 능력이 나타나고 하나님의 계획이 이루어지는 것입니다. 때문에 우리는 우리를 통해 하나님의 계획이 이루어지도록 기도하는 생활을 해야 합니다.

말씀 묵상

오늘 말씀을 통해서 깨닫거나 배운 것은 무엇입니까?

말씀 적용

깨닫거나 배운 것을 당신의 삶 속에서 어떻게 적용하겠습니까?

셋째 날: 어떻게 기도합니까?

이렇게 기도하십시오.

많은 신자가 하나님께 어떻게 기도를 하느냐고 질문을 합니다. 그러나 기도에는 어떻게 한다는 방법이 없습니다. 어떤 집에서는 자녀가 부모에게 말할 때 "아버님 어머님, 학교에 다녀오겠습니다"라고 합니다. 그러나 어떤 집에서는 자녀가 "아빠 엄마, 나 학교 갔다 올게"라고 말합니다. 이 둘 중에 어떤 것도 잘못된 것은 없습니다. 다만 그 말의 표현이 다를 뿐입니다. 지금 예를 든 두 집의 자녀 모두 그들의 부모에 대한 사랑과 관계에는 이상이 없습니다. 다만 표현의 차이일 뿐입니다. 중요한 것은 자녀와 부모의 관계이지 표현방법이 아닙니다. "아버님 어머님, 학교에 다녀오겠습니다"라고 공손히 말해도 그 자녀의 마음속에 부모에 대한 불신과 미움이 숨겨져 있다면 그것은 잘못된 것입니다. 그래서 사실 기도의 표현방법보다는 기도의 동기와 관계가 중요한 것입니다. 하나님 아버지께 보다 친밀감을 느끼는 사람은 좀 더 쉽게 하나님께 기도할 것입니다. 그러면 우리는 하나님께 아무렇게나 기도해도 됩니까? 아닙니다. 아무리 친밀해도 자녀가 부모에게 지켜야 될 예의가 있는 것처럼, 하나님의 자녀들도 하나님 아버지께 기도할 때에 알아야 될 기본적인 원리가 있습니다. 물론 이것이 절대적인 것은 아닙니다. 다만 성경적인 원리들을 설명하는 것입니다.

여호와여 위대하심과 권능과 영광과 승리와 위엄이 다 주께 속하였사오니 천지에 있는 것이 다 주의 것이로소이다 여호와여 주권도 주께 속하였사오니 주는 높으사 만물의 머리이심이니이다 부와 귀가 주께로 말미암고 또 주는 만물의 주재가 되사 손에 권세와 능력이 있사오니 모든 사람을 크게 하심과 강하게 하심이 주의 손에 있나이다 우리 하나님이여 이제 우리가 주께 감사하오며 주의 영화로운 이름을 찬양하나이다 (역대상 29:11-13)

우리의 손에 손가락이 다섯 개가 있듯이 두 손 모아 드리는 기도에는 다섯 가지 요소가 있습니다. 이것을 알면 균형 있는 기도의 삶을 사는 데 많은 도움이 됩니다.

1. 하나님께 존경과 경배를 표현하십시오. 이것은 하나님의 성품

과 속성을 인정하는 것입니다. 그분은 우리의 존경과 경배를 받으시기에 합당한 분입니다. 하나님의 은혜와 사랑, 능력과 위엄, 그리고 그분의 권세에 대해서 깊은 존경과 경배를 드리십시오. 아래의 구절들에서 무엇을 존경하고 경배해야 하는지 당신에게 특별히 생각되는 것들을 써보십시오.

역대상 29:11-13: ______________________________

____

시편 145:1-9: ______________________________

____

____

왕이신 나의 하나님이여 내가 주를 높이고 영원히 주의 이름을 송축하리이다 내가 날마다 주를 송축하며 영원히 주의 이름을 송축하리이다 여호와는 위대하시니 크게 찬양할 것이라 그의 위대하심을 측량하지 못하리로다 대대로 주께서 행하시는 일을 크게 찬양하며 주의 능한 일을 선포하리로다 주의 존귀하고 영광스러운 위엄과 주의 기이한 일들을 나는 작은 소리로 읊조리리이다 사람들은 주의 두려운 일의 권능을 말할 것이요 나도 주의 위대하심을 선포하리이다 그들이 주의 크신 은혜를 기념하여 말하며 주의 의를 노래하리이다 여호와는 은혜로우시며 긍휼이 많으시며 노하기를 더디 하시며 인자하심이 크시도다 여호와께서는 모든 것을 선대하시며 그 지으신 모든 것에 긍휼을 베푸시는도다 (시편 145:1-9)

2. 당신의 죄를 고백하십시오! 하나님께 당신의 죄를 고백하고 하나님 앞에서 그것을 시인하는 것입니다. 하나님의 자녀답지 못하게 살았던 모든 죄악과 불신과 자기를 주장했던 자신의 죄를 솔직하고 겸손하게 고백하십시오. 회개하지 아니한 죄가 하나님과 당신 사이를 가로막습니다. 그러나 당신의 죄악 됨에도 불구하고 하나님은 변함없이 당신을 사랑하고 계심을 잊지 마십시오. 아래의 구절을 읽고 당신의 말로 써보십시오.

요한일서 1:9: ______________________________

시편 32:5-6: ______________________________

____

만일 우리가 우리 죄를 자백하면 그는 미쁘시고 의로우사 우리 죄를 사하시며 우리를 모든 불의에서 깨끗하게 하실 것이요 (요한일서 1:9)

내가 이르기를 내 허물을 여호와께 자복하리라 하고 주께 내 죄를 아뢰고 내 죄악을 숨기지 아니하였더니 곧 주께서 내 죄악을 사하셨나이다 (셀라) 이로 말미암아 모든 경건한 자는 주를 만날 기회를 얻어서 주께 기도할지라 진실로 홍수가 범람할지라도 그에게 미치지 못하리이다 (시편 32:5-6)

3. 하나님께 감사를 표현하십시오! 표현하지 않는 사랑은 사랑이 아닙니다. 하나님이 당신에게 주신 모든 것에 대해서, 마음에 들지 않는 일까지도 하나님께 감사하십시오. 감사하는 삶을 통하여 당신은 하나님이 당신을 위해 예비하신 풍성함을 더 잘 알게 될 것입니다. 말로, 행동으로, 물질로 감사하십시오. 감사에 인색한 자가 되지

범사에 우리 주 예수 그리스도의 이름으로 항상 아버지 하나님께 감사하며 (에베소서 5:20)

또 무엇을 하든지 말에나 일에나 다 주 예수의 이름으로 하고 그를 힘입어 하나님 아버지께 감사하라 (골로새서 3:17)

감사함으로 그의 문에 들어가며 찬송함으로 그의 궁정에 들어가서 그에게 감사하며 그의 이름을 송축할지어다 (시편 100:4)

이로써 우리도 듣던 날부터 너희를 위하여 기도하기를 그치지 아니하고 구하노니 너희로 하여금 모든 신령한 지혜와 총명에 하나님의 뜻을 아는 것으로 채우게 하시고 주께 합당하게 행하여 범사에 기쁘시게 하고 모든 선한 일에 열매를 맺게 하시며 하나님을 아는 것에 자라게 하시고 그의 영광의 힘을 따라 모든 능력으로 능하게 하시며 기쁨으로 모든 견딤과 오래 참음에 이르게 하시고 우리로 하여금 빛 가운데서 성도의 기업의 부분을 얻기에 합당하게 하신 아버지께 감사하게 하시기를 원하노라 (골로새서 1:9-12)

이는 그들로 마음에 위안을 받고 사랑 안에서 연합하여 확실한 이해의 모든 풍성함과 하나님의 비밀인 그리스도를 깨닫게 하려 함이니 그 안에는 지혜와 지식의 모든 보화가 감추어져 있느니라 내가 이것을 말함은 아무도 교묘한 말로 너희를 속이지 못하게 하려 함이니 (골로새서 2:2-4)

그러므로 너희 죄를 서로 고백하며 병이 낫기를 위하여 서로 기도하라 의인의 간구는 역사하는 힘이 큼이니라 (야고보서 5:16)

말고 감사에 풍요로운 자가 되십시오.

에베소서 5:20: ______________________________

골로새서 3:17: ______________________________

시편 100:4: ______________________________

4. **다른 사람을 위해 기도하십시오!**(중보기도) 다른 사람의 상황을 알아서 그들의 필요를 위해서 하나님께 구하는 것입니다. 왜냐하면 우리는 한 몸이요, 한 지체이기 때문입니다. 중보기도는 엄청난 위력이 있습니다. 아브라함의 중보기도를 통해서 조카 롯이 소돔과 고모라에서 구출을 받았습니다. 그러면 우리는 다른 사람들의 무엇을 위해 기도해야 합니까?

골로새서 1:9-12: ______________________________

____

골로새서 2:2-4: ______________________________

____

야고보서 5:16: ______________________________

디모데전서 2:2: ______________________________

5. **자신의 필요를 위해 기도하십시오!** 이것은 자녀가 필요한 것을 부모에게 요청하듯이 우리가 필요한 것은 무엇이나 하나님께 요청하는 것입니다. 하나님은 우리를 향한 그분의 생각은 재앙이 아니라 평안이라고 말씀하셨습니다(예레미야 29:11). 또한 생명이고 풍성한 삶이라고 말씀하셨습니다(요한복음 10:10). 우리가 이 땅에서 행복하고 기쁘고 풍성한 삶을 누리며 사는 것이 하나님의 뜻입니다. 그러므로 우리는 우리의 필요를 위해서 기도할 수 있습니다. 누가복음 11:11-12을 찾아서 읽고 당신의 말로 요약해 보십시오.

____

기도에 대한 하나님의 응답들

모든 그리스도인은 하나님께 기도할 수 있습니다. 그러나 얼마나 열심히 하나님께 기도했느냐도 중요하지만 하나님이 어떻게 응답하시는가는 훨씬 더 중요합니다. 하나님은 우리의 기도에 대해 다음과 같이 응답하십니다.

1. YES(그래). 하나님은 우리의 기도에 즉각적으로 응답하십니다. 이런 예가 성경에 수없이 나와 있으며 많은 성도들이 경험하고 있습니다(이사야 65:24).

2. NO(안 돼). 우리의 기도에 "안 돼"라고 응답하십니다. 왜냐하면 우리의 생각과 하나님의 생각이 다르기 때문입니다. 하나님은 우리가 잘되도록 인도하십니다. 합력해서 선을 이루도록 하시지 무조건 들어주시지 않습니다. 그러나 이것은 우리를 향한 하나님의 사랑입니다(로마서 8:28).

3. WAIT(기다려). 어떤 기도는 한참 뒤에 응답하십니다. 우리가 그 기도의 응답을 받을 만큼 준비가 되지 않았기 때문입니다. 초등학교 3학년인 제 아들이 얼마 전 핸드폰을 사달라고 졸랐습니다. 그러나 저의 대답은 "기다려"였습니다. 이 응답도 우리를 향한 하나님의 사랑입니다.

4. OTHER(다른 방법으로). 때때로 하나님은 우리의 기도와는 다른 방법으로 응답하십니다. 왜냐하면 주님은 우리에게 가장 최선의 것이 무엇인지 아시기 때문입니다. 그러므로 우리는 하나님이 기도에 응답하시는 방법을 잘 이해해야 합니다(이사야 55:8-9).

임금들과 높은 지위에 있는 모든 사람을 위하여 하라 이는 우리가 모든 경건과 단정함으로 고요하고 평안한 생활을 하려 함이라
(디모데전서 2:2)

너희 중에 아버지 된 자로서 누가 아들이 생선을 달라 하는데 생선 대신에 뱀을 주며 알을 달라 하는데 전갈을 주겠느냐
(누가복음 11:11-12)

그들이 부르기 전에 내가 응답하겠고 그들이 말을 마치기 전에 내가 들을 것이며
(이사야 65:24)

우리가 알거니와 하나님을 사랑하는 자 곧 그의 뜻대로 부르심을 입은 자들에게는 모든 것이 합력하여 선을 이루느니라
(로마서 8:28)

이는 내 생각이 너희의 생각과 다르며 내 길은 너희의 길과 다름이니라 여호와의 말씀이니라 이는 하늘이 땅보다 높음 같이 내 길은 너희의 길보다 높으며 내 생각은 너희의 생각보다 높음이니라 (이사야 55:8-9)

기도에 대한 그리스도인의 올바른 태도들

1. 항상 예수님의 이름으로 기도하십시오(요한복음 14:12-14).

"내가 진실로 진실로 너희에게 이르노니 나를 믿는 자는 내가 하는 일을 그도 할 것이요 또한 그보다 큰 일도 하리니 이는 내가 아버지께로 감이라 너희가 내 이름으로 무엇을 구하든지 내가 행하리니 이는 아버지로 하여금 아들로 말미암아 영광을 받으시게 하려 함이라 내 이름으로 무엇이든지 내게 구하면 내가 행하리라"

우리가 하나님 아버지께 기도할 수 있는 까닭은 바로 십자가에 피 흘려 돌아가시기까지 우리를 사랑하시고 희생하신 예수 그리스도의 은혜 때문입니다. 그래서 하나님은 예수님의 이름으로 기도해야만 들어주신다고 약속하셨습니다. 예수님의 이름에 능력이 있는 것입니다. 따라서 우리는 모든 기도를 예수님의 이름으로 해야 합니다.

2. 의심하지 말고 기도하십시오(야고보서 1:6-7).

"오직 믿음으로 구하고 조금도 의심하지 말라 의심하는 자는 마치 바람에 밀려 요동하는 바다 물결 같으니 이런 사람은 무엇이든지 주께 얻기를 생각하지 말라"

기도하고 의심하는 것은 하나님을 믿지 못하는 것입니다. 믿음이 없이는 하나님의 능력이 일어나지 않습니다.

예수께서 즉시 손을 내밀어 그를 붙잡으시며 이르시되 믿음이 작은 자여 왜 의심하였느냐 하시고 (마태복음 14:31)

마태복음 14:31을 읽고 당신의 말로 요약해 써보십시오.

예수님은 의심하지 않고 하나님을 믿으며 무엇이든지 기도하고 구하면 그대로 되리라고 약속하셨습니다. 의심하지 말고 기도하십시오(마가복음 11:22-24).

> 예수께서 그들에게 대답하여 이르시되 하나님을 믿으라 내가 진실로 너희에게 이르노니 누구든지 이 산더러 들리어 바다에 던져지라 하며 그 말하는 것이 이루어질 줄 믿고 마음에 의심하지 아니하면 그대로 되리라 그러므로 내가 너희에게 말하노니 무엇이든지 기도하고 구하는 것은 받은 줄로 믿으라 그리하면 너희에게 그대로 되리라
> (마가복음 11:22-24)

3. 자신의 정욕에 쓰려고 기도하지 마십시오(야고보서 4:3).

"구하여도 받지 못함은 정욕으로 쓰려고 잘못 구하기 때문이라"

의심하지 않고 기도하면 무엇이나 주신다고 해서 아무것이나 구하라는 말씀은 아닙니다. 기도는 하나님의 뜻에 맞게 나의 삶을 조정해 가는 것입니다. 하나님의 자녀답게 살 때 진정한 행복과 기쁨이 있는 것이기에, 하나님의 말씀에 순종하는 삶을 살 수 있도록 하나님께 나아가는 것이 기도입니다. 그러므로 나의 육신적인 쾌락과 이기심과 욕심을 위해서 기도하면 하나님은 "안 돼"라고 응답하십니다. 야고보서 1:15에 보면 "욕심이 잉태한즉 죄를 낳고 죄가 장성한즉 사망을 낳느니라"고 했습니다. 우리의 욕심과 정욕에 쓰려고 구하는 것은 잘못된 기도입니다.

4. 낙심하지 말고 기도하십시오(누가복음 18:1-7).

"예수께서 그들에게 항상 기도하고 낙심하지 말아야 할 것을 비유로 말씀하여 이르시되 어떤 도시에 하나님을 두려워하지 않고 사람을 무시하는 한 재판장이 있는데 그 도시에 한 과부가 있어 자주 그에게 가서 내 원수에 대한 나의 원한을 풀어 주소서 하되 그가 얼마 동안 듣지 아니하다가 후에 속으로 생각하되 내가 하나님을 두려워하지 않고 사람을 무시하나 이 과부가 나를 번거롭게 하니 내가 그 원한을 풀어 주리라 그렇지 않으면 늘 와서 나를 괴롭게 하리라 하였느니라 주께서 또 이르시되 불의한 재판장이 말한 것을 들으라 하물며 하나님께서 그 밤낮 부르짖는 택하신 자들의 원한을 풀어 주지 아니하시겠느냐 그들에게 오래 참으시겠느냐"

때때로 하나님은 우리의 기도에 너무나 오랫동안 응답해 주시지 않는 것처럼 느껴질 때가 있습니다. 그래서 많은 사람이 실족하고 지쳐서 기도하기를 멈춥니다. 누가복음 18:1-7을 읽고 느낀 점을 써 보십시오.

하나님은 항상 기도에 응답해 주시며 우리가 행복하기를 바라십니다. 그러나 때때로 하나님이 우리를 고통 중에 내버려두시며 기도에 응답하시지 않는 것처럼 느껴질 때 우리는 하나님의 깊은 뜻을 이해하고 하나님을 끝까지 신뢰하는 믿음으로 승리해야 합니다.

"이는 내 생각이 너희의 생각과 다르며 내 길은 너희의 길과 다름이니라" (이사야 55:8)

말씀 묵상

오늘 말씀을 통해서 깨닫거나 배운 것은 무엇입니까?

말씀 적용

깨닫거나 배운 것을 당신의 삶 속에서 어떻게 적용하겠습니까?

넷째 날: 무엇을 기도합니까?

기도의 용사가 되십시오.

아무리 기도에 대해서 많이 알고, 그 필요성을 알고 있다고 하더라도 기도를 하지 않으면 아무런 소용이 없습니다. 하나님이 성도들의 기도에 응답하시지 않는 이유 중 가장 큰 것은 기도하지 않기 때문입니다. 야고보서 4:2에 보면 "너희가 얻지 못함은 구하지 아니하기 때문이요"라고 말씀하고 있습니다. 그래서 주님은 "구하라! 찾으라! 두드리라!"고 말씀하십니다. 또한 데살로니가전서 5:17에서는 "쉬지 말고 기도하라"고 말씀하고 있습니다. 이사야 55:6을 찾아서 읽고 빈칸을 채워보십시오.

너희는 여호와를 만날 만한 때에 찾으라 가까이 계실 때에 그를 부르라 (이사야 55:6)

"너희는 여호와를 만날 만한 때에 (　　　) 가까이 계실 때에 그를 (　　　)"

먼저 그의 나라와 그의 의를 위해서 기도하십시오.

마태복음 6:33을 보면 "너희는 먼저 그의 나라와 그의 의를 구하라 그리하면 이 모든 것을 너희에게 더하시리라"고 말씀하셨습니다. 우리가 우리의 필요를 구하는 것도 중요합니다. 그러나 우리는 이 땅에 목숨 걸고 사는 존재들이 아닙니다. 하나님 나라를 바라보며 사는 자들입니다. 또한 세상의 재미를 위해서 사는 자들이 아니라 하나님 나라의 일을 위해 사는 사람들입니다. 따라서 우리는 목숨을 위해 사는 존재들이 아니라 영원을 목표로 사는 사람들인 것을 인식하고, 먼저 그의 나라와 그의 의를 위해 기도하는 삶을 살아야 합니다. 그럴 때 우리의 모든 필요는 하나님이 채워주실 것입니다.

그리스도의 몸 된 교회를 위해서 기도하십시오.

또한 당신은 교회를 위해 기도해야 합니다. 교회는 그리스도의 몸이자 우리가 함께 세워나가야 할 삶의 터전입니다. 따라서 당신은 몸된 교회를 위해서 기도해야 합니다. 건강한 교회, 교회의 사명을 다하는 교회가 되도록 기도해야 합니다. 또한 교회의 지도자들을 위해서 기도해야 합니다. 데살로니가전서 5:25에 보면 사도 바울은 성도들에게 교회의 지도자들을 위해서 기도하기를 요청하고 있습니다. 지도자가 올바로 서야 교회가 올바로 섭니다. 또한 교회의 성도들을 위해서 기도해야 합니다. 성도들은 함께 살아가야 할 그리스도 안의 한 몸 공동체이기 때문입니다(에베소서 4:12).

> 형제들아 우리를 위하여 기도하라 (데살로니가전서 5:25)

> 이는 성도를 온전하게 하여 봉사의 일을 하게 하며 그리스도의 몸을 세우려 하심이라 (에베소서 4:12)

잃어버린 영혼을 위해서 기도하십시오.

셋째 날에 우리가 배운 대로 여러 가지를 위하여 기도할 수 있을 것입니다. 그러나 잊지 마십시오. 기도는 일이 아니라 우리의 삶입니다. 다시 말하면 우리의 모든 것, 모든 문제, 모든 관심들이 하나님께 기도해야 할 대상입니다. 그러나 그 중에서도 특히 기도해야 할 제목이 있습니다. 디모데전서 2:3-4을 읽어보고 그것이 무엇인지를 아래에 써보십시오.

____

> 이것이 우리 구주 하나님 앞에 선하고 받으실 만한 것이니 하나님은 모든 사람이 구원을 받으며 진리를 아는 데에 이르기를 원하시느니라 (디모데전서 2:3-4)

하나님은 모든 사람들이 구원을 받으며 진리를 아는 데 이르기를 원하십니다. 그러므로 무엇보다도 당신은 믿지 아니하는 사람들을 위하여 기도하여야 합니다. 어떤 사람은 자기가 기도함으로 어떻게 다른 사람이 구원받을 수 있는지에 대하여 회의나 의심을 가지고 있을지도 모릅니다. 그러나 당신의 기도에 대한 응답은 기도하는 당신의 능력에 달려 있는 것이 아니라, 당신의 기도에 역사하시는 하나님의 능력에 속한 것입니다. 당신은 단지 그분의 능력에 모든 것을 맡기고 기도하는 것이 필요합니다. 잃어버린 영혼을 위해서 기도하는 자가 되십시오.

물론 다음 주에 당신은 전도에 대하여 공부할 것입니다. 그러나 기도는 전도보다 더 중요합니다. 왜냐하면 기도는 그리스도에 대하여 들으려는 사람이나 들으려 하지 않으려 하는 사람이나 모두를 위해서 할 수 있는 것이기 때문입니다. 어떤 그리스도인은 이렇게 말했습니다. "기도한 후에는 기도 이상의 것을 할 수 있다. 그러나 기도하기 전까지는 기도 이상의 것을 아무것도 할 수 없다." 이제 잃어버린 영혼을 위한 기도를 시작하십시오. 자기만을 위해서가 아니라 다른 사람을 위해서도 기도를 시작하십시오.

지금 잠깐 동안 당신의 주변에 있는 당신이 전도해야 할 대상자를 생각해 보십시오. 당신 주변에 복음을 듣기는 듣는데 교회에 나오지 않는 5명(복음을 용납하는 자들)을 생각해 보십시오. 그리고 복음에 대하여 싫어하고 거절하는 5명(복음을 거절하는 자들)도 생각해 보십시오. 다음 페이지에 그 사람들의 이름을 써보십시오. 그리고 그들을 위해 기도를 시작하십시오. 이것은 참으로 중요한 일입니다. 그러나 어떤 사람은 전도할 대상자가 없을지도 모릅니다. 당신의 신앙이 자랄수록 당신에게 불신자 친구들은 점차 줄어들 것입니다. 그렇기 때문에 당신이 예수님을 믿은 지 얼마 되지 않았다면 지금이야말로 전도할 수 있는 가장 좋은 기회인 것을 잊지 마시기 바랍니다.

복음을 용납하는 자들	복음을 거절하는 자들
1. ______	1. ______
2. ______	2. ______
3. ______	3. ______
4. ______	4. ______
5. ______	5. ______

※ "말씀 묵상"과 "말씀 적용"을 그냥 넘어가지 마시고 꼭 빈칸에 쓰십시오. 순종하는 것은 가장 중요한 훈련 중에 하나입니다.

말씀 묵상

오늘 말씀을 통해서 깨닫거나 배운 것은 무엇입니까?

말씀 적용

깨닫거나 배운 것을 당신의 삶 속에서 어떻게 적용하겠습니까?

다섯째 날: 파워인생

파워인생을 사는 비결

먼저 마가복음 9:17-29을 읽고 느낀 점을 써보십시오.

____

____

____

____

____

능치 못함이 없이 전능하시고 전지하신 하나님은 당신이 기도를 통해서 능력 있는 삶을 살기를 원하십니다. 세상의 졸장부가 아니라 대장부로 살기를 원하십니다. 숨어서 사는 바퀴벌레가 아니라 산 위의 빛으로 살기를 원하십니다. 없어도 되는 존재가 아니라 소금처럼 꼭 필요한 존재로 살기를 원하십니다. 그럼에도 불구하고 우리가 능력 있는 인생을 살지 못하는 것은 하나님을 믿지 못하고 기도하지 않기 때문입니다. 성도들의 삶 속에서 기도의 삶을 회복하면 하나님이 기대하시는 능력 있는 삶을 살 수 있습니다.

에베소서 3:20을 찾아서 읽어보십시오.

"우리 가운데서 역사하시는 능력대로 우리가 구하거나 (　　　)하는 (　　　) 것에 더 넘치도록 능히 하실 이에게"

고린도전서 2:9을 찾아서 읽어보십시오.

"기록 된 바 하나님이 자기를 사랑하는 자들을 위하여 예비하신 모든 것은

두리 중의 하나가 대답하되 선생님 말 못하게 귀신 들린 내 아들을 선생님께 데려왔나이다 귀신이 어디서든지 그를 잡으면 거꾸러져 거품을 흘리며 이를 갈며 그리고 파리해지는지라 내가 선생님의 제자들에게 내쫓아 달라 하였으나 그들이 능히 하지 못하더이다 대답하여 이르시되 믿음이 없는 세대여 내가 얼마나 너희와 함께 있으며 얼마나 너희에게 참으리요 그를 내게로 데려오라 하시매 이에 데리고 오니 귀신이 예수를 보고 곧 그 아이로 심히 경련을 일으키게 하는지라 그가 땅에 엎드러져 구르며 거품을 흘리더라 예수께서 그 아버지에게 물으시되 언제부터 이렇게 되었느냐 하시니 이르되 어릴 때부터니이다 귀신이 그를 죽이려고 불과 물에 자주 던졌나이다 그러나 무엇을 하실 수 있거든 우리를 불쌍히 여기사 도와 주옵소서 예수께서 이르시되 할 수 있거든이 무슨 말이냐 믿는 자에게는 능히 하지 못할 일이 없느니라 하시니 곧 그 아이의 아버지가 소리를 질러 이르되 내가 믿나이다 나의 믿음 없는 것을 도와 주소서 하더라 예수께서 무리가 달려와 모이는 것을 보시고 그 더러운 귀신을 꾸짖어 이르시되 말 못하고 못 듣는 귀신아 내가 네게 명하노니 그 아이에게서 나오고 다시 들어가지 말라 하시매 귀신이 소리 지르며 아이로 심히 경련을 일으키게 하고 나가니 그 아이가 죽은 것 같이 되어 많은 사람이 말하기를 죽었다 하나 예수께서 그 손을 잡아 일으키시니 이에 일어서니라 집에 들어가시매 제자들이 조용히 묻자오되 우리는 어찌하여 능히 그 귀신을 쫓아내지 못하였나이까 이르시되 기도 외에 다른 것으로는 이런 종류가 나갈 수 없느니라 하시니라

(마가복음 9:17-29)

우리 가운데서 역사하시는 능력대로 우리가 구하거나 생각하는 모든 것에 더 넘치도록 능히 하실 이에게 (에베소서 3:20)

기록된 바 하나님이 자기를 사랑하는 자들을 위하여 예비하신 모든 것은 눈으로 보지 못하고 귀로 듣지 못하고 사람의 마음으로 생각하지도 못하였다 함과 같으니라 (고린도전서 2:9)

(   )으로 보지 못하고 (   )로 듣지 못하고 사람의 (   )으로 생각하지도 못하였다 함과 같으니라"

문제는 우리의 문제가 너무 커서가 아니라 하나님을 믿지 않고 기도하지 않기 때문입니다. 하나님은 우리가 기대하는 것 이상으로 우리가 능력 있는 삶을 살기를 원하십니다. 따라서 우리는 기도하는 삶을 살아야 합니다. 하나님은 우리에게 좋은 것 아니면 나쁜 것을 주시는 것이 아니라, 최선의 것을 주기를 원하십니다. 앞으로 당신이 지쳐서 기도할 수 없을 때 다음의 두 가지 사실을 꼭 기억하십시오.

영접하는 자 곧 그 이름을 믿는 자들에게는 하나님의 자녀가 되는 권세를 주셨으니 (요한복음 1:12)

1. 하나님은 나의 아버지입니다(요한복음 1:12).

자녀는 아버지께 마땅히 구하고 얻을 권리가 있습니다. 자녀라는 단 한 가지 이유만으로도 우리는 당당하게 하나님께 기도할 수 있고 하나님은 우리에게 좋은 것으로 주십니다. 우리의 행위로 자녀 된 것이 아니라 은혜로 자녀 된 것이기 때문입니다. 은혜 안에서 당당하게 구하십시오.

구하라 그리하면 너희에게 주실 것이요 찾으라 그리하면 찾아낼 것이요 문을 두드리라 그리하면 너희에게 열릴 것이니 (마태복음 7:7)

2. 아버지는 반드시 응답하십니다(마태복음 7:7).

이웃집 아저씨는 응답하지 않아도 하나님은 반드시 응답하십니다. 독생자까지 우리에게 주셔서 사랑하신 우리의 아버지이기 때문입니다. 하나님은 세상의 아버지와는 분명히 다른 분입니다. 따라서 우리는 하나님을 신뢰하고 기도해야 합니다. 기도는 우리의 능력입니다.

기도는 내가 주인이 되어서 하는 것이 아니라 하나님이 주인이심을 인정하고 하는 것입니다. 그러나 어떤 사람들은 기도할 때 하나님이 우리의 주인인 것처럼 기도하지 않고, 마치 우리의 종인 것처럼 기도합니다. 한번 우리의 기도를 살펴봅시다. "주님, 돈 많이 벌 수 있도록 내 사업 좀 잘되게 해주세요!", "주님 더 나은 직업을 저에게 주십시오!", "주님 제 아이들이 학교에서 좋은 성적 받을 수 있도록 해주세요!", "이것도 해주시고 저것도 해주세요!"라고 합니다. 그러나 정말 하나님을 영화롭게 하는 기도는 "주님! 이것 좀 해주세요"라는 기도가 아니라 "주님! 제가 무엇을 하기를 원하십니까?"라는 기도입니다. "주님 세상 속에서 제가 하나님의 자녀로서 무엇을 하기를 원하십니까?" 이렇게 묻는 기도가 하나님이 원하시는 기도입니다. 물론 이 말은 우리가 하나님께 무엇을 요청해서는 안 된다는 말이 아닙니다. 이렇게 하나님의 뜻대로 먼저 살려는 기도의 자세를 가질 때 하나님은 우리에게 이렇게 물으실 것입니다. "내가 너를 위해 무엇을 해줄까?" 이것이 마태복음 6:33의 의미입니다. 따라서 우리는 하나님의 뜻대로 구하는 지혜로운 기도의 삶을 살아야 합니다. 요한일서 5:14을 읽어보십시오.

"그를 향하여 우리가 가진 바 담대함이 이것이니 그의 뜻대로 무엇을 구하면 들으심이라"

이번 주에 당신은 기도하는 생활에 대하여 배웠습니다. 그러나 당신이 아무리 많이 배우고, 많이 알고 있어도, 행하지 않으면 그것은 죽은 것입니다. 기도하는 생활이 당신의 생활이 될 수 있도록 하십시오. 기도를 통해 당신은 분명히 살아계신 하나님을 경험하게 될 것입니다.

말씀 묵상

오늘 말씀을 통해서 깨닫거나 배운 것은 무엇입니까?

말씀 적용

배운 것을 당신의 삶 속에서 어떻게 적용하겠습니까?

11단원 영원한 왕국 : 하나님 나라

11단원 암송구절: 마태복음 28:19-20, 사도행전 1:8

영원한 왕국 : 하나님 나라

그러므로 너희는 가서 모든 민족을 제자로 삼아 아버지와 아들과 성령의 이름으로 침(세)례를 베풀고 내가 너희에게 분부한 모든 것을 가르쳐 지키게 하라 볼지어다 내가 세상 끝날까지 너희와 항상 함께 있으리라 하시니라
(마태복음 28:19-20)

오직 성령이 너희에게 임하시면 너희가 권능을 받고 예루살렘과 온 유대와 사마리아와 땅 끝까지 이르러 내 증인이 되리라 하시니라 (사도행전 1:8)

첫째 날: 무엇을 위한 새 피조물입니까?

당신을 창조하시고 구원하신 하나님의 의도

그런즉 누구든지 그리스도 안에 있으면 새로운 피조물이라 이전 것은 지나갔으니 보라 새 것이 되었도다 (고린도후서 5:17)

고린도후서 5:17과 같이, 당신은 하나님으로부터 영원히 죽지 않는 새로운 생명을 선물로 받았고, 이제 당신은 새로운 피조물이 되었습니다. 그래서 새로운 피조물이 된 당신이 가진 권리와 특권인 기도에 대하여 10단원에서 공부했습니다. 그러나 당신은 배우는 것에서 끝나는 것이 아니라 끊임없는 기도 생활을 해야 합니다. 기도 생활은 당신이 보다 풍성한 삶을 살 수 있도록 해주는 엄청난 축복이요, 하나님의 선물이기 때문입니다. 만일 대통령이 당신에게 항상, 그리고 언제든지 전화할 수 있는 권리를 주었고, 전화하면 모든 것을 들어준다고 했다면 어떻게 하겠습니까? 만왕의 왕이요, 온 우주의 지배자이신 하나님이 당신에게 그 권리를 주셨습니다. 그것이 바로 기도입니다. 단지 전화하기만 하면 당신은 그분과 통화할 수 있습니다. 당신은 당신이 생각하는 것보다 훨씬 더 엄청난 권리와 특권을 소유하고 있습니다. 이

하나님이 자기 형상 곧 하나님의 형상대로 사람을 창조하시되 남자와 여자를 창조하시고 하나님이 그들에게 복을 주시며 하나님이 그들에게 이르시되 생육하고 번성하여 땅에 충만하라, 땅을 정복하라, 바다의 물고기와 하늘의 새와 땅에 움직이는 모든 생물을 다스리라 하시니라
(창세기 1:27-28)

도둑이 오는 것은 도둑질하고 죽이고 멸망시키려는 것뿐이요 내가 온 것은 양으로 생명을 얻게 하고 더 풍성히 얻게 하려는 것이라 (요한복음 10:10)

제 당신은 세상에 끌려다닐 필요도 없고 환경에 지배당할 필요도 없습니다. 창세기 1:27-28에 하나님이 당신을 창조하신 목적이 나와 있습니다. 찾아서 적어보십시오.

"하나님이 자기 형상 곧 하나님의 형상대로 사람을 창조하시되 남자와 여자를 창조하시고 하나님이 그들에게 복을 주시며 하나님이 그들에게 이르시되 생육하고 번성하여 땅에 ( )하라, 땅을 ( )하라, 바다의 물고기와 하늘의 새와 땅에 움직이는 모든 생물을 ( ) 하시니라"

또한 예수님이 죽으시고 희생해서 당신을 구원하신 목적이 요한복음 10:10에 기록되어 있습니다. 찾아서 적어보십시오.

"도둑이 오는 것은 도둑질하고 죽이고 멸망시키려는 것뿐이요 내가 온 것은 양으로 ( )을 얻게 하고 더 ( ) 얻게 하려는 것이라"

그러므로 성경에 기록된 대로 하나님이 주신 능력을 가지고 다스리고 정복하는 삶을 사십시오. 또한 생명과 풍성한 삶의 축복을 누리십시오. 문제에 끌려다니는 자가 되지 말고 하나님의 능력으로 문제를 뛰어넘고 해결하고 다스리는 자가 되십시오. 이것이 당신을 향한 하나님의 계획입니다.

하나님은 우리에게 기대가 있으십니다.

하나님은 아무런 공로와 자격도 없는 당신을 새로운 피조물로 만들어 주시고 이렇게 놀라운 특권을 주셨는데, 하나님이 당신을 새로운 피조물로 만들어주신 목적은 무엇이라고 생각합니까? 왜 하나님은 독생자 예수님을 당신을 위해서 그렇게 비참하게 죽게 만드셨다고 생각합니까? 과연 당신은 그럴 만한 가치가 있는 존재입니까? 먼

저 고린도후서 5:17-20을 찾아보십시오. 그리고 당신을 새로운 피조물로 만드신 하나님의 목적과 의도를 당신의 말로 간단히 써보십시오.

당신이 쓴 대답과 표현은 달라도 아마 화목하게 하는 말씀을 부탁받은 그리스도의 대사가 되었다고 썼을 것입니다. 하나님이 당신을 새로운 피조물로 만드신 것은 당신과 깨어진 관계를 회복해서 화목하길 원하시기 때문입니다. 뿐만 아니라 당신을 통하여 다른 사람들도 하나님과 화목하도록 하기를 원하십니다. 오늘날 많은 사람이 구원을 단지 우리가 죽어서 하나님 나라에 가는 것으로만 연관시켜서 생각합니다. 그러나 예수님이 천국에 간다는 개념을 구원과 관련시켜 말씀하신 것은 오직 강도와 나란히 십자가에 달리셨을 때뿐이었습니다. 왜냐하면 그 강도에게는 아무런 소망이 없었기 때문입니다. 예수님은 오히려 구원에 대하여 설명하실 때, 예수님을 따르는 생활이나 자기 희생, 자기 부인 등 이 세상에서의 생활을 강조하셨습니다. 왜냐하면 구원은 단지 천국에 가는 것 이상의 엄청난 뜻이 담겨져 있기 때문입니다.

예수님이 설명하신 구원은 오히려 이기심과 불순종, 그리고 하나님께 반항심으로 가득 찬 우리 자신의 옛 속성으로부터 벗어나 온전히 자신을 예수님께 복종시키고 섬기는 일을 시작하는 것입니다. 우리가 새로운 피조물로 만들어진 것은 단순히 하나님 나라에 가기 위해서만이 아니라 무엇인가 새로운 일을 시작하기 위해서입니다.

에베소서 2:8-10을 찾아서 읽어보십시오.

"너희는 그 은혜에 의하여 믿음으로 말미암아 구원을 받았으니 이것은 너

그런즉 누구든지 그리스도 안에 있으면 새로운 피조물이라 이전 것은 지나갔으니 보라 새 것이 되었도다 모든 것이 하나님께로서 났으며 그가 그리스도로 말미암아 우리를 자기와 화목하게 하시고 또 우리에게 화목하게 하는 직분을 주셨으니 곧 하나님께서 그리스도 안에 계시사 세상을 자기와 화목하게 하시며 그들의 죄를 그들에게 돌리지 아니하시고 화목하게 하는 말씀을 우리에게 부탁하셨느니라 그러므로 우리가 그리스도를 대신하여 사신이 되어 하나님이 우리를 통하여 너희를 권면하시는 것 같이 그리스도를 대신하여 간청하노니 너희는 하나님과 화목하라

(고린도후서 5:17-20)

너희는 그 은혜에 의하여 믿음으로 말미암아 구원을 받았으니 이것은 너희에게서 난 것이 아니요 하나님의 선물이라 행위에서 난 것이 아니니 이는 누구든지 자랑하지 못하게 함이라 우리는 그가 만드신 바라 그리스도 예수 안에서 선한 일을 위하여 지으심을 받은 자니 이 일은 하나님이 전에 예비하사 우리로 그 가운데서 행하게 하려 하심이니라
(에베소서 2:8-10)

희에게서 난 것이 아니요 하나님의 선물이라 행위에서 난 것이 아니니 이는 누구든지 자랑하지 못하게 함이라 우리는 그가 만드신 바라 그리스도 예수 안에서 (　　　) 일을 위하여 지으심을 받은 자니 이 일은 하나님이 전에 예비하사 우리로 그 가운데서 행하게 하려 하심이니라"

구원받음과 동시에 이전 것은 지나갔고, 새 것이 되었습니다. 이제 우리는 이전과는 전혀 다른 삶을 살기 위해 다시 태어난 것입니다. 다시 말하면 이제 하나님 나라를 위해 일하는 사명을 가진 새로운 피조물이 되었습니다. 이것이 바로 진정한 구원의 의미입니다. 우리는 세상 사람들처럼 단지 먹기 위해 사는 존재거나, 살기 위해 먹는 존재가 아닙니다. 더구나 죽지 못해 사는 존재는 더더욱 아닙니다. 우리는 하나님을 섬기기 위해 사는 존재입니다. 그렇기 때문에 우리가 진정한 구원의 의미를 알기 위해서는 우리가 꿈꾸고 소망하는 하나님 나라에 대하여 보다 정확히 알아야 합니다.

하나님 나라에 대하여 ……

우리는 예수님의 재림 후에 하나님 나라에 갈 것이며, 현재 또한 하나님 나라를 소망하며 살아야 합니다. 그러나 많은 성도들이 하나님 나라를 단지 죽어서 가는 어떤 장소적인 개념으로만 생각합니다. 그러나 예수님이 하나님 나라를 설명하실 때는 단지 구원받은 자들이 가는 어떤 장소적인 의미로만 말씀하시지 않았습니다. 예수님은 하나님 나라를 설명하실 때 '**하나님이 통치하시는 나라**'의 개념으로 말씀하셨습니다. 그래서 예수님은 예수님을 믿은 자들에게는 이미 천국이 임했노라고 말씀하셨고, 또한 천국은 확장되어 가는 것임을 설명하시기 위하여 누룩과 겨자씨 등의 비유를 들어 말씀하셨습니다. 이렇게 말씀하신 것은 "하나님 나라는 단지 하나님이 계신 공간적인 장소"만을 의미하는 것이 아니라는 뜻입니다. 하나님은 영이시

기에 어떤 공간적이고 물리적인 장소에 매여 계신 분이 아닙니다. 그분은 어디든지 계시며 무엇이든지 하실 수 있는 분입니다. 온 우주가 그분의 나라며 그분이 계신 곳입니다. 따라서 '하나님 나라는 하나님의 통치와 지배가 이루어지는 곳' 입니다. 하나님이 계시기 때문에 하나님 나라가 되는 것입니다. 하나님이 다스리시는 그 어느 곳이라도 하나님 나라입니다.

하나님 나라는 하나님의 통치와 지배가 이루어지는 곳입니다.

예를 들어, 한국에 있는 미국 대사관이 비록 한국에 위치하고 있지만 미국 대통령의 통치를 받고 있는 것과 같은 것입니다. 한국에서 아무리 죄를 지은 사람이라 해도 그 사람이 미국 대사관으로 피신하면 미국 대사나, 미국 대통령의 허락 없이는 한국 경찰이 미국 대사관 안으로 그 사람을 잡으러 들어갈 수가 없습니다. 왜냐하면 그곳은 미국 대통령의 통치를 받고 있기 때문입니다. 마찬가지로 우리가 비록 죄악 된 이 세상에 살고 있지만 하나님의 통치를 받는 자들이기 때문에 우리는 하나님 나라에 속한 자들입니다. 물론 지금 우리는 완성된 하나님 나라에서 살고 있지는 않습니다. 왜냐하면 하나님의 통치에 순종하는 사람들만이 모여서 사는 완성된 하나님 나라(예수님의 재림 때 완성될 것임)가 임할 때 비로소 하나님 나라는 영원하고 완전하게 이루어질 것이기 때문입니다.

그러므로 우리는 하나님을 섬기며 하나님 나라를 확장하는 일이 바로 하나님의 일인 것을 알아야 합니다. 그렇기 때문에 당신은 하나님 나라를 목표로 사는 사람답게 하나님을 섬기며 하나님 나라를 확장하는 일을 위해 당신 삶의 모든 우선순위를 재조정해야 합니다. 마태복음 6:33을 읽어보십시오.

"그런즉 너희는 먼저 그의 (　　　)와 그의 (　　　)를 구하라 그리하면 이 모든 것을 너희에게 더하시리라"

그런즉 너희는 먼저 그의 나라와 그의 의를 구하라 그리하면 이 모든 것을 너희에게 더하시리라 (마태복음 6:33)

그러므로 당신은 무엇보다도 당신의 삶 속에서 하나님의 통치(다스림)가 온전하게 이루어지도록 내재하신 성령님께 순종하는 삶을 살아야 하고(개인의 삶 속에서 하나님 나라가 확장 됨) 또한 아직 하나님을 알지 못하는 다른 사람들이 하나님의 나라에 들어오도록 화해자의 직분을 감당해야 합니다(세상 속에서 하나님의 나라가 확장 됨). 다시 말해서, 화해자가 된다는 것은 전도자가 된다는 것이며 또한 하나님의 다스림을 받지 않고 통치에 순종하지 않으며 자기 주장으로 사는 세상 사람들을 하나님 나라 시민으로 만든다는 것입니다.

이제 당신은 당신의 삶 속에서 하나님 나라의 확장을 위해 무엇을 할 수 있을지 생각해야 합니다. 우리는 하나님께 갚을 수 없는 은혜를 받은 자이기 때문입니다. 그러므로 당신의 내면에서 시작된 하나님 나라를, 당신의 생활 속에서 순종함으로 확장시킬 뿐 아니라, 다른 사람들도 하나님 나라에 들어오도록 화해자의 역할을 감당해야 할 사명이 당신에게 있습니다. 그러므로 전도하는 생활은 우리가 할 수 있을 때만 하는 취미생활이 아니라 당신의 삶을 걸고 이루어야 할 가장 값지고 귀한 일임을 깨달아야 합니다.

말씀 묵상

오늘 말씀을 통해 새롭게 배우거나 깨달은 것은 무엇입니까?

말씀 적용

깨달은 것을 당신의 삶 속에서 어떻게 구체적으로 적용하겠습니까?

둘째 날: 증거자가 되십시오.

세상에서 가장 중요한 일

데오빌로여 내가 먼저 쓴 글에는 무릇 예수께서 행하시며 가르치시기를 시작하심부터 그가 택하신 사도들에게 성령으로 명하시고 승천하신 날까지의 일을 기록하였노라 그가 고난 받으신 후에 또한 그들에게 확실한 많은 증거로 친히 살아 계심을 나타내사 사십 일 동안 그들에게 보이시며 하나님 나라의 일을 말씀하시니라 (사도행전 1:1-3)

일곱째 천사가 나팔을 불매 하늘에 큰 음성들이 나서 이르되 세상 나라가 우리 주와 그의 그리스도의 나라가 되어 그가 세세토록 왕 노릇 하시리로다 하니 (요한계시록 11:15)

또 그가 수정 같이 맑은 생명수의 강을 내게 보이니 하나님과 및 어린 양의 보좌로부터 나와서 길 가운데로 흐르더라 강 좌우에 생명나무가 있어 열두 가지 열매를 맺되 달마다 그 열매를 맺고 그 나무 잎사귀들은 만국을 치료하기 위하여 있더라 다시 저주가 없으며 하나님과 그 어린 양의 보좌가 그 가운데에 있으리니 그의 종들이 그를 섬기며 그의 얼굴을 볼 터이요 그의 이름도 그들의 이마에 있으리라 다시 밤이 없겠고 등불과 햇빛이 쓸 데 없으니 이는 주 하나님이 그들에게 비치심이라 그들이 세세토록 왕 노릇 하리로다 (요한계시록 22:1-5)

먼저 사도행전 1:1-3을 읽으십시오. 여기에는 십자가 사건 후 부활하신 예수님이 승천하시기 전까지 40일 동안 하신 일이 무엇인지 기록되어 있습니다. 그것은 무엇입니까?

____

____

만일 당신이 앞으로 40일밖에 살지 못한다면 당신은 무슨 일을 하겠습니까? 아마도 당신이 가장 하고 싶은 일을 하면서 지낼 것입니다. 그런데 예수님은 부활 후 승천하실 때까지 40일 동안 하나님 나라의 일들을 제자들에게 가르치신 것을 알 수 있습니다. 왜냐하면 이것이야말로 예수님이 이 땅에서 사역하신 목적이기 때문입니다. 하나님의 통치가 이 땅에 이루어지는 것, 모든 사람이 하나님의 나라에 들어오도록 하는 것이야말로 예수님 사역의 최종적인 목적이기 때문입니다. 요한계시록 11:15을 읽고 그 의미를 당신 자신의 말로 써보십시오.

____

____

결국 이 땅과 저 하늘에 하나님 나라가 완성될 것입니다. 그리고 주님이 재림하실 그 날에는 마치 신부를 위하여 단장된 것 같은 새 하늘과 새 땅에서, 모든 신자가 영원히 살게 될 것입니다(요한계시록 22:1-5). 예수님이 십자가에서 온 인류의 죄를 대신하여 죽으시고 이 복음을 믿는 자들을 구원하겠다고 약속하신 것은 죄 있는 자들은 하나님 나라에 들어갈 수가 없기 때문입니다. 이 죄를 없애야만 하나님이 계획하신 하나님 나라에 들어갈 수가 있기 때문에, 예수님이 친히 십자가에서 돌아가셔서 화해자의 역할을 감당하셨습니다. 그리고 우리에게도 화해자(전도자)의 사명을 주신 것입니다. 그러므로 예수님의 구속을 통하여 구원을 얻은 우리는 하나님의 통치(하나님 나라) 속으로 들어가야만 하고, 또 다른 사람들이 하나님의 통치(하나님 나라) 속으로 들어오도록 전도하는 생활(화해자의 역할)을 감당해야만 합니다. 그래서 교회의 가장 중요한 역할 중의 하나가 바로 하나님의 나라를 확장하는(전도하는) 것입니다. 교회는 죄악으로 물든 세상을 하나님의 통치를 받는 하나님 나라로 변화시켜야 합니다.

하나님 나라에 실업자는 없습니다.

그러나 오늘날 교회는 유람선과 같습니다. 일하는 자들은 선장과 몇 사람의 승무원들뿐입니다. 나머지 대부분의 신자들은 마치 유람선의 승객들처럼 편안히 앉아서 여행을 즐깁니다. 그러나 교회는 군함과 같아야 합니다. 군함에서는 승선한 모든 사람들이 각자의 맡은 일을 열심히 수행합니다. 그곳에서는 빈둥대며 노는 사람이 한 사람도 없습니다. 왜냐하면 그들은 그들의 사명이 무엇인지를 알기 때문입니다. 교회에서는 목사나 일부 신자들만 일을 감당하는 것이 아닙니다. 모두가 화해의 역할을 맡은 복음 사역자들입니다. 하나님 나라 확장을 위해 모두가 맡겨진 일을 감당하는 군함과 같아야 한다는 말입니다. 그러므로 우리 교회가 군함과 같은 교회가 되려면 무엇보다도 먼저 우리가 다른 사람들과 하나님을 화해시키는 자라는 것을 알아야 합니다. 예수님을 알지 못하는 자들이 자기 중심의 삶을 회개하고, 하나님의 지배에 순종하는 자가 될 수 있도록 일하는 화해자라는 말입니다. 사도행전 1:8을 읽어보십시오. 이 말씀은 예수님이 우리에게 승천하시기 전에 주신 마지막 말씀 중의 하나입니다.

고회는 유람선이 아니라 군함입니다.

오직 성령이 너희에게 임하시면 너희가 권능을 받고 예루살렘과 온 유대와 사마리아와 땅 끝까지 이르러 내 증인이 되리라 하시니라 (사도행전 1:8)

"오직 성령이 너희에게 임하시면 너희가 권능을 받고 예루살렘과 온 유대와 사마리아와 땅 끝까지 이르러 내 (   )이 되리라 하시니라"

이 말씀 속에서 예수님은 우리에게 무엇을 요구하고 계십니까? 증인이 되라는 것입니다. 그러면 증인이란 무엇입니까? 그 근본 뜻은 "증거를 밝히는 사람"입니다. 그러나 이 말은 헬라어로 "말투스"인데 순교자와 똑같은 말입니다. 증인이라는 이 단어에서 순교자란 영어 단어 Martyr가 나왔습니다. 그리스도를 증거했던 초대교회의 수많은 신자들이 죽임을 당했습니다. 그러므로 증인, 즉 증거자는 순교자였던 것입니다. 화해자는 증거자가 되어야 합니다. 증거자는 순교자가 되지 않고 화해자의 역할을 감당할 수는 없습니다.

그러면 우리는 어떻게 증거자가 되어야 합니까? 복음을 전하다 순교하기 위해 어디론가 가야만 합니까? 오늘날 우리 환경 속에서 어떻게 순교자가 될 수 있습니까? 증거자가 된다는 것은 무슨 뜻입니까? 증거는 설교와 다릅니다. 가르치는 것과도 다릅니다. 증거란 확실한 근거를 제시하는 것입니다. 당신이 그리스도를 구세주와 주님으로 믿을 때, 주님은 당신의 삶 속에 내재하시게 됩니다. 당신은 성령님이 당신에게 충만히 임하시도록 끊임없이 간구할 것입니다. 그리고 그 결과 당신의 인격과 성품은 변화 받게 될 것입니다. 이러한 변화가 당신 주변에 있는 사람들에게 계속해서 나타나게 될 때 당신은 증인이 되는 것입니다. 왜냐하면 당신은 확실한 증거를 가지고 있기 때문입니다. 그러나 그 증거는 당신 자신의 행위의 결과라기보다는 당신 속에 내재하시는 그리스도의 역사와 당신을 통해 나타나는 그리스도의 사랑의 결과라고 말할 수 있습니다

증거는 삶 속에서 순교하는 것입니다.

당신의 변화된 삶으로 전도하는 것을 왜 순교라는 개념으로 설명하는지 이해하십니까? 왜냐하면 이것은 쉬운 일이 아니기 때문입니다. 날마다 당신 속에 있는 옛 속성을 죽여야 되기 때문입니다. 그래서 우리가 증거자가 되려면 옛 속성에 대하여 날마다 죽는 매일의 순교자가 되어야 합니다. 매일 죽는 순교자가 될 때 비로소 우리는 진정한 증거자가 될 것입니다. 복음을 위하여 한 번 순교하는 것도 어렵지만, 매일 당신의 생활 속에서 당신의 옛 속성을 죽임으로써 오직 그리스도가 나타나도록 하는 순교는 더욱 어렵습니다. 이제 증거자가 되라는 예수님의 명령에 순종하기 원한다면, 매일 순교하는 생활을 해야 합니다. 그래서 변화된 당신의 생활이 예수 그리스도가 만왕의 왕이심을 증거하여야 할 것입니다. 물론 이것은 힘듭니다. 그래서 순교입니다. 이것을 알았던 사도 바울도 나는 "날마다 죽노라"고 고백하였습니다. 말로 증거하는 것도 중요하지만 우리의 생활을 통해 증거하는 것은 더욱 중요합니다. 왜냐하면 우리의 변화된 생활로 증거하는 것이야말로 가장 효과적인 전도이기 때문입니다.

말씀 묵상

오늘 말씀을 통해 새롭게 배우거나 깨달은 것은 무엇입니까?

말씀 적용

깨달은 것을 당신의 삶 속에서 어떻게 구체적으로 적용하겠습니까?

증거자(=매일 순교자)가 되기 위해 해야 할 일은 무엇인지 그 목록을 열 가지 정도 적은 후 간절히 기도하십시오.

셋째 날: 간증으로 전도하십시오.

표현하는 믿음이 아름답습니다.

당신은 이제 증인이란 말의 의미를 확실히 이해했을 것입니다. 증인이란 "증거를 제시하는 사람"입니다. 당신은 그리스도에 대한 증거를 가지고 있습니다. 물론 이 증거는 사람에 따라 많기도 하고 적기도 할 것입니다. 그러나 분명한 것은 당신은 그리스도에 대해 증거를 가지고 있다는 것입니다. 왜냐하면 당신 속에 그리스도가 내재해 계시기 때문입니다. 이제 그런 것들이 당신에게 어떤 의미가 있는지 사람들에게 말로 나타낼 필요가 있습니다. 표현하지 않는 믿음은 진정한 믿음이 아니기 때문입니다. 마가복음 8:38을 찾아서 읽어보십시오.

"누구든지 이 음란하고 죄 많은 세대에서 나와 (   )을 부끄러워하면 인자도 아버지의 영광으로 거룩한 천사들과 함께 올 때에 그 사람을 부끄러워하리라"

누구든지 이 음란하고 죄 많은 세대에서 나와 내 말을 부끄러워하면 인자도 아버지의 영광으로 거룩한 천사들과 함께 올 때에 그 사람을 부끄러워하리라
(마가복음 8:38)

만왕의 왕이신 하나님이 나의 아버지가 되셨다는 것을 확신하는 사람은 당당하게 하나님을 증거할 것입니다. 예수님을 믿는 것은 부끄러운 일이 아니라 엄청난 자랑거리이기 때문입니다. 그래서 사도 바울은 "내가 복음을 부끄러워하지 아니하노니 이 복음은 모든 믿는 자에게 구원을 주시는 하나님의 능력이 됨이라 먼저는 유대인에게요 그리고 헬라인에게로다"(로마서 1:16)라고 고백했습니다. 이제 당신도 하나님의 능력을 전하는 증거자의 삶을 사십시오.

변화된 삶으로 증거하는 것이 효과적이라고 해도, 당신은 말로도 증거해야만 합니다. 어떤 사람은 이렇게 말할지도 모릅니다. "나는

나는 유대인으로 길리기아 다소에서 났고 이 성에서 자라 가말리엘의 문하에서 우리 조상들의 율법의 엄한 교훈을 받았고 오늘 너희 모든 사람처럼 하나님께 대하여 열심이 있는 자라 내가 이 도를 박해하여 사람을 죽이기까지 하고 남녀를 결박하여 옥에 넘겼노니 이에 대제사장과 모든 장로들이 내 증인이라 또 내가 그들에게서 다메섹 형제들에게 가는 공문을 받아 가지고 거기 있는 자들도 결박하여 예루살렘으로 끌어다가 형벌 받게 하려고 가더니 가는 중 다메섹에 가까이 갔을 때에 오정쯤 되어 홀연히 하늘로부터 큰 빛이 나를 둘러 비치매 내가 땅에 엎드러져 들으니 소리 있어 이르되 사울아 사울아 네가 왜 나를 박해하느냐 하시거늘 내가 대답하되 주님 누구시니이까 하니 이르시되 나는 네가 박해하는 나사렛 예수라 하시더라 나와 함께 있는 사람들이 빛은 보면서도 나에게 말씀하시는 이의 소리는 듣지 못하더라 내가 이르되 주님 무엇을 하리이까 주께서 이르시되 일어나 다메섹으로 들어가라 네가 해야 할 모든 것을 거기서 누가 이르리라 하시거늘 나는 그 빛의 광채로 말미암아 볼 수 없게 되었으므로 나와 함께 있는 사람들의 손에 끌려 다메섹에 들어갔노라 율법에 따라 경건한 사람으로 거기 사는 모든 유대인들에게 칭찬을 듣는 아나니아라 하는 이가 내게 와 곁에 서서 말하되 형제 사울아 다시 보라 하거늘 즉시 그를 쳐다보았노라 그가 또 이르되 우리 조상들의 하나님이 너를 택하여 너로 하여금 자기 뜻을 알게 하시며 그 의인을 보게 하시고 그 입에서 나오는 음성을 듣게 하셨으니 네가 그를 위하여 모든 사람 앞에서 네가 보고 들은 것에 증인이 되리라

(사도행전 22:3-15)

아직 그리스도인의 생활과 그리스도에 대해 조금밖에 알고 있지 못하기 때문에 성경을 더 배워 전도를 잘할 수 있을 때까지 기다려야만 합니다." 또는 "나는 아직 그리스도인다운 삶을 살지 못하는데 어떻게 불신자들에게 그리스도를 증거할 수 있습니까?"라고 말할지도 모릅니다. 그러나 절대로 그렇지 않습니다. 당신은 이미 사망에서 생명으로 옮겨졌고, 그리스도가 이미 당신 안에 내재하고 계십니다. 기억하십시오. 증인이란 증거를 제시하는 사람입니다. 당신은 당신 안에 살아계신 그리스도에 대한 충분한 증거를 가지고 있습니다. 비록 당신이 당신의 변화된 생활로 충분히 증거할 수 없다 해도 당신의 말로는 증거할 수 있습니다. 또한 무슨 말을 해야 할지 잘 모른다면 방법이 있는데 그것은 바로 당신 자신의 간증을 통하여 증거하는 것입니다. 사도 바울은 자신의 간증으로 증거하는 법을 알고 있었습니다. 그리고 그는 기회가 있을 때마다 간증을 했습니다. 오늘날 많은 사람들이 전도하기를 부끄러워하고 있습니다. 왜 그렇습니까? 당신 속에 내재해 계신 그리스도에게 무슨 말 못할 커다란 흠이라도 있습니까? 그분은 만왕의 왕입니다. 당신을 영원히 죽을 수밖에 없는 운명 가운데서 구원하여 주신 분입니다.

하루는 어느 집에 갔습니다. 그분은 그리 높지 않은 지위의 공무원이었습니다. 그런데 그 집에는 아주 커다란 사진이 들어있는 액자가 거실에 걸려 있었습니다. 대통령하고 찍은 사진이었습니다. 그것이 뭐 그리 대단한 것은 아닌데도 그는 그 사진을 자랑하기 위해 걸어놓았습니다. 아마 우리라도 그렇게 했을 것입니다. 그런데 당신은 만왕의 왕이시고, 우주의 통치자이신 그리스도와 함께 살고 있습니다. 어쩌다 우연히 사진 한번 같이 찍은 것이 아닙니다. 당신 안에 영원히 내재해 계십니다. 이 엄청나고 위대한 사건을 당신은 숨기고 있는 것입니다.

이제 당신은 당신에게 벌어진 이 위대한 사건을 다른 사람들에게

단지 간증함으로써 전도할 수 있습니다. 여기에는 어떤 전문적인 지식이 필요하지 않습니다. 설교처럼 할 필요도 없습니다. 아름다운 어떤 말로 꾸밀 필요도 없습니다. 단지 당신에게 일어났던 일을 말하는 것입니다. 그러면 당신은 간증으로 증거하기 위하여 어떻게 당신의 간증을 준비할 수 있습니까? 먼저 사도 바울의 예를 살펴봅시다. 사도 바울은 사도행전 22:3-15과 사도행전 26:9-20에서 자신의 간증을 하고 있습니다. 한번 찾아서 읽어보십시오. 그리고 사도 바울은 간증을 어떻게 준비했는지 주의 깊게 살펴보십시오. 아마도 당신은 이 두 번의 간증 속에서 1) 바울이 그리스도를 따르기 전의 태도와 생활에 대해서, 2) 그리고 어떻게 그리스도인이 되었는지 그 경위에 대해서, 3) 또한 그리스도인이 된 이후의 변화된 마음과 생활에 대해서 말하고 있는 것을 발견했을 것입니다. 이제 당신도 이와 비슷한 내용으로 당신의 간증을 만들 수가 있습니다. 그러나 모든 사람마다 간증은 다를 것입니다. 아무도 당신의 간증을 복사해서 그대로 사용할 수 없습니다. 간증은 오직 당신의 것입니다. 그러므로 이제 당신은 사도 바울처럼 당신의 간증을 통해서 증거할 수 있습니다. 이것은 몇 시간 계속되어질 필요가 없습니다. 아주 간단해야 합니다. 7-10분 정도 이야기할 수 있으면 충분합니다.

이제 당신은 지난번에 당신이 적은 전도 대상자를 위해서 계속 기도하십시오. 그리고 주님이 그들과 대화를 나눌 수 있도록 기회를 주실 때 자연스럽게 당신의 간증으로 증거하십시오. 성령님이 그들의 마음을 감동시켜 주실 것입니다. 기회가 있을 때마다 당신의 간증을 통하여 전도하십시오. 바울의 고백처럼 복음은 구원을 주시는 하나님의 능력이기 때문입니다. 초대 교인들은 어떻게 전도했습니까? 디모데후서 4:2을 읽어보십시오.

"너는 말씀을 전파하라 (　　)를 얻든지 (　　) 얻든지 항상 힘쓰라 범사에 오래 참음과 가르침으로 경책하며 경계하며 권하라"

나도 나사렛 예수의 이름을 대적하여 많은 일을 행하여야 될 줄 스스로 생각하고 예루살렘에서 이런 일을 행하여 대제사장들에게서 권한을 받아 가지고 많은 성도를 옥에 가두며 또 죽일 때에 내가 찬성 투표를 하였고 또 모든 회당에서 여러 번 형벌하여 강제로 모독하는 말을 하게 하고 그들에 대하여 심히 격분하여 외국 성에까지 가서 박해하였고 그 일로 대제사장들의 권한과 위임을 받고 다메섹으로 갔나이다 왕이여 정오가 되어 길에서 보니 하늘로부터 해보다 더 밝은 빛이 나와 내 동행들을 둘러 비추는지라 우리가 다 땅에 엎드러지매 내가 소리를 들으니 히브리 말로 이르되 사울아 사울아 네가 어찌하여 나를 박해하느냐 가시채를 뒷발질하기가 네게 고생이니라 내가 대답하되 주님 누구시니이까 주께서 이르시되 나는 네가 박해하는 예수라 일어나 너의 발로 서라 내가 네게 나타난 것은 곧 네가 나를 본 일과 장차 내가 네게 나타날 일에 너로 종과 증인을 삼으려 함이니 이스라엘과 이방인들에게서 내가 너를 구원하여 그들에게 보내어 그 눈을 뜨게 하여 어둠에서 빛으로, 사탄의 권세에서 하나님께로 돌아오게 하고 죄 사함과 나를 믿어 거룩하게 된 무리 가운데서 기업을 얻게 하리라 하더이다 아그립바 왕이여 그러므로 하늘에서 보이신 것을 내가 거스르지 아니하고 먼저 다메섹과 예루살렘에 있는 사람과 유대 온 땅과 이방인에게까지 회개하고 하나님께로 돌아와서 회개에 합당한 일을 하라 전하므로

(사도행전 26:9-20)

너는 말씀을 전파하라 때를 얻든지 못 얻든지 항상 힘쓰라 범사에 오래 참음과 가르침으로 경책하며 경계하며 권하라
(디모데후서 4:2)

그들이 날마다 성전에 있든지 집에 있든지 예수는 그리스도라고 가르치기와 전도하기를 그치지 아니하니라 (사도행전 5:42)

너희 마음에 그리스도를 주로 삼아 거룩하게 하고 너희 속에 있는 소망에 관한 이유를 묻는 자에게는 대답할 것을 항상 준비하되 온유와 두려움으로 하고
(베드로전서 3:15)

때를 얻든지 못 얻든지, 어디서든지, 누구에게든지 기회가 주어지면 전도를 했습니다. 초대교인들은 전도야말로 하나님이 우리를 새로운 피조물로 만드신 중요한 목적 중의 하나라는 사실을 깨달았기 때문입니다. 사도행전 5:42을 읽고 당신의 말로 다시 써보십시오.

____

____

베드로전서 3:15을 읽고 당신의 말로 다시 써보십시오.

____

____

이제 당신은 할 수 있는 한 모든 사람이 하나님 나라 안으로 들어오도록 초청해야 합니다. 이것을 위해 하나님은 당신을 구원하셨습니다. 당신의 직장과 당신의 가정과 당신 삶의 가장 큰 목적은 이것을 위해서 새롭게 조정되어야만 합니다.

말씀 묵상

오늘 말씀을 통해 새롭게 배우거나 깨달은 것은 무엇입니까?

말씀 적용

깨달은 것을 어떻게 당신의 삶 속에서 구체적으로 적용하겠습니까?

당신이 다른 사람에게 전도하지 못했던 이유는 무엇인지 써보십시오.

넷째 날: 오 주님이 나를 살리셨네!

중요한 일을 중요하게 취급하십시오.

셋째 날에 당신은 당신의 간증을 통해서 전도할 수 있다는 것을 배웠습니다. 그러나 사람들은 늘 급한 일로 쫓기며 살고 있습니다. 많은 사람들이 전도할 시간이 없다고 말합니다. 그러나 중요한 일을 중요하게 취급하십시오. 전도는 당신이 먼저 추구해야 할 가장 값어치 있는 일입니다. 오늘은 간증으로 전도하기 위해서 간증문을 만들어 보십시오. 당신 자신의 간증문을 만들기 위하여 거창하게 생각할 필요가 없습니다. 당신 자신에게 일어났던 일을 솔직하게 적어보십시오. 특별히 간증문을 작성하는 데 있어서 그리스도인이 된 경위에서는 당신이 구원을 확신하게 된 성경구절을 한 개 내지 두 개 정도 넣는 것이 필요합니다. 그러면 오늘은 기도한 후 바로 당신 자신의 간증문을 작성해 보십시오. 바울의 예를 참고하시고, 아래에 당신의 구원을 확실하게 하는 성경구절들도 참고하십시오.

"우리가 아직 죄인 되었을 때에 그리스도께서 우리를 위하여 죽으심으로 하나님께서 우리에 대한 자기의 사랑을 확증하셨느니라"(로마서 5:8)

"예수께서 이르시되 내가 곧 길이요 진리요 생명이니 나로 말미암지 않고는 아버지께로 올 자가 없느니라"(요한복음 14:6)

"하나님이 세상을 이처럼 사랑하사 독생자를 주셨으니 이는 그를 믿는 자마다 멸망하지 않고 영생을 얻게 하려 하심이라"(요한복음 3:16)

"내가 진실로 진실로 너희에게 이르노니 내 말을 듣고 또 나 보내신 이를 믿는 자는 영생을 얻었고 심판에 이르지 아니하나니 사망에서 영생으로 옮

겼느니라"(요한복음 5:24)

"영접하는 자 곧 그 이름을 믿는 자들에게는 하나님의 자녀가 되는 권세를 주셨으니 이는 혈통으로나 육정으로나 사람의 뜻으로 나지 아니하고 오직 하나님께로부터 난 자들이니라"(요한복음 1:12-13)

"너희는 그 은혜에 의하여 믿음으로 말미암아 구원을 받았으니 이것은 너희에게서 난 것이 아니요 하나님의 선물이라 행위에서 난 것이 아니니 이는 누구든지 자랑하지 못하게 함이라 우리는 그가 만드신 바라 그리스도 예수 안에서 선한 일을 위하여 지으심을 받은 자니 이 일은 하나님이 전에 예비하사 우리로 그 가운데서 행하게 하려 하심이라"(에베소서 2:8-10)

"볼지어다 내가 문 밖에 서서 두드리노니 누구든지 내 음성을 듣고 문을 열면 내가 그에게로 들어가 그와 더불어 먹고 그는 나와 더불어 먹으리라"(요한계시록 3:20)

"우리를 구원하시되 우리가 행한 바 의로운 행위로 말미암지 아니하시고 오직 그의 긍휼하심을 따라 중생의 씻음과 성령의 새롭게 하심으로 하셨나니"(디도서 3:5)

"우리는 다 양 같아서 그릇 행하여 각기 제 길로 갔거늘 여호와께서는 우리 모두의 죄악을 그에게 담당시키셨도다"(이사야 53:6)

간증문

이름:

1. 당신이 예수님을 믿기 전의 태도와 생활(어떤 생각과 어떤 모습으로 살았는지)에 대해서 쓰십시오.

2. 당신이 그리스도를 당신의 구주로 영접하게 된 경위(언제, 어디서, 어떻게 등과 당신의 구원을 증거할 수 있는 성경 한두 구절을 포함해서)를 쓰십시오.

3. 당신이 예수님을 믿은 뒤 변화된 생활(당신이 예수님을 믿은 후 얻은 것들과 변화된 모습, 생각 등 달라진 것들)에 대하여 쓰십시오.

※ 간증문은 옆의 여백이나 다른 종이에 쓰십시오.

말씀 묵상

오늘 말씀을 통해 새롭게 배우거나 깨달은 것은 무엇입니까?

말씀 적용

깨달은 것을 당신의 삶 속에서 어떻게 구체적으로 적용하겠습니까?

다섯째 날: 최후의 명령과 새로운 시작

지상 최대의 명령

예수께서 나아와 말씀하여 이르시되 하늘과 땅의 모든 권세를 내게 주셨으니 그러므로 너희는 가서 모든 민족을 제자로 삼아 아버지와 아들과 성령의 이름으로 침(세)례를 베풀고 내가 너희에게 분부한 모든 것을 가르쳐 지키게 하라 볼지어다 내가 세상 끝날까지 너희와 항상 함께 있으리라 하시니라
(마태복음 28:18-20)

오직 성령이 너희에게 임하시면 너희가 권능을 받고 예루살렘과 온 유대와 사마리아와 땅 끝까지 이르러 내 증인이 되리라 하시니라 (사도행전 1:8)

예수님이 승천하실 때 제자들에게 남기셨던 말씀 중 하나는 마태복음 28:18-20입니다. 이것은 사도행전 1:8과 같은 최후의 명령입니다. 그래서 사람들은 마태복음 28:18-20을 가리켜 지상 최대의 명령이라고 부릅니다. 왜냐하면 예수님이 승천하시면서 남긴 최후의 명령이기 때문입니다. 예수님은 지상 사역의 최후로 이 말씀을 남기셨지만, 우리에게는 새로운 시작을 알리는 위대한 말씀입니다. 먼저 마태복음 28:18-20을 다시 한 번 암송해 봅시다. 만일 암송을 못한다면 찾아서 읽으십시오. 마태복음 28:18-20에는 세 가지의 위대한 말씀이 들어 있습니다. 그것은 위대한 선언, 위대한 명령, 위대한 약속입니다. 이 세 가지를 찾아서 써보십시오.

1. 위대한 선언(18절):

____

2. 위대한 약속(20절):

____

3. 위대한 명령(19절):

____

아마도 당신은 예수님이 "하늘과 땅의 모든 권세를 가졌다"고 선언하신 것을 발견하였을 것입니다. 또한 예수님이 "세상 끝날까지 너희와 항상 함께 있겠다"고 약속하신 것을 발견하였을 것입니다. 그리고 마지막으로 그분은 당신에게 "가서 제자로 삼아 침(세)례를 베풀

고 가르쳐 지키게 하라"고 명령하셨다는 것을 알게 되었을 것입니다. 그분은 당신에게 마지막으로 위대한 세 가지 말씀을 남기셨습니다. 그러므로 당신은 항상 이 세 가지를 기억해야만 합니다.

가서 제자를 삼으십시오.

우리에게 하신 위대한 명령 "가서 제자를 삼으라"는 의미는 무엇입니까? 제자를 삼으라는 이 말을 단지 성경공부를 하는 것이나, 훈련을 받는 것으로 생각하는 사람이 많습니다. 그러나 제자라는 말은 "배우기 위해 따르는 자"라는 의미입니다. 넓게 말해서 제자란 그리스도를 영접하고 그리스도를 따르는 모든 자들입니다. 사도행전 2:41에서도 베드로의 설교를 듣고 회개하여 예수님을 따르며 믿기로 작정한 제자의 수가 삼천 명이나 더하더라고 말합니다.

그 말을 받은 사람들은 침(세)례를 받으매 이 날에 신도의 수가 삼천이나 더하더라
(사도행전 2:41)

제자란 예수님을 믿기로 작정한 모든 자들입니다. 물론 성경을 보면 제자라는 말은 예수님의 12제자를 가리키기도 했고, 일부 헌신된 사람들을 가리키기도 했습니다. 하지만 예수님이 "가서 제자 삼으라"고 말씀하신 것은 그리스도를 알지 못하는 모든 사람들이 그리스도를 따르는 자들이 되도록 "전도하라! 하나님의 나라를 확장하라!"는 뜻입니다. 그러나 예수님의 명령은 제자 삼으라는 것에서 멈추지 않습니다. 오늘날 많은 사람이 전도하는 것을 단지 교회에다 데려다만 놓는 것으로 생각하고 있습니다. 그러나 예수님은 분명히 제자를 삼고, 또 가르치라고 했습니다. 다시 말하면, 그를 하나님 나라로 초청만 하지 말고 그의 삶에서도 하나님 나라가 이루어지고 확장되도록 가르치라는 말입니다. 예수님을 구주로 영접하도록 전도해서 그가 하나님께 순종하는 생활을 하도록 가르쳐서 지키게 하라는 말입니다.

하나님 나라의 사람들은 다 탁월합니다.

그런 의미에서 우리가 전도를 한다, 증거자가 된다, 제자를 삼는다는 것은 전도자뿐 아니라 가르치는 자도 되어야 한다는 것을 말합니다. 제자 삼는 것뿐만 아니라 말씀 안에 거하는 참 제자가 되도록(요한복음 8:31) 가르치는 것까지 우리가 해야 할 일입니다. 히브리서 5:12에서도 "때가 오래되었으므로 너희가 마땅히 선생이 되었을 터인데……"라고 말합니다. 그러므로 우리는 예수님의 명령에 순종하여 가르치는 자가 되기 위해서 먼저 배우는 자가 되어야 합니다. 이제 당신은 제자 훈련을 통해 준비되면 또 다른 사람을 전도해서 그 사람이 다른 사람을 가르칠 수 있을 때까지 가르치고 돌봐야 합니다. 그리스도인들은 어떤 의미에서 모두가 복음의 선생이 되어야 합니다. 그리고 이것은 어떤 특별한 사람에게만 주신 사명이 아니라 우리 모두에게 말씀하신 것임을 기억해야만 합니다. 이것이 예수님이 남기신 최후의 명령입니다. 이제 우리는 이 지상 최대의 명령을 우리의 인생 속에서 다시 새롭게 시작해야만 합니다. 디모데후서 2:2을 찾아서 당신의 말로 써보십시오.

그러므로 예수께서 자기를 믿은 유대인들에게 이르시되 너희가 내 말에 거하면 참으로 내 제자가 되고 (요한복음 8:31)

또 네가 많은 증인 앞에서 내게 들은 바를 충성된 사람들에게 부탁하라 그들이 또 다른 사람들을 가르칠 수 있으리라 (디모데후서 2:2)

아마도 당신은 다른 사람들을 가르쳐야 된다고 적었을 것입니다. 당신은 가르치는 자가 되어야 합니다. 다시 말해 하나님의 사역자가 되어야 한다는 말입니다. 당신은 유람선에 타고 있는 손님이 아니라 군함에 타고 있는 병사인 것을 명심해야 합니다. 그러므로 당신은 먼저 배우는 자가 되어야 합니다. 전도하는 것도 배우고, 가르치는 것도 배워야 합니다. 왜냐하면 당신은 하나님께 부름 받은 사역자이기 때문입니다. 배우지 않고는 사역자가 될 수 없습니다. 그래서 사도행전 18:11에 보면 바울은 항상 가르치는 사역에 중점을 두는 것을 볼 수 있습니다. 디모데후서 2:15을 찾아서 당신 자신의 말로 써보십시오.

일 년 육 개월을 머물며 그들 가운데서 하나님의 말씀을 가르치니라 (사도행전 18:11)

너는 진리의 말씀을 옳게 분별하며 부끄러울 것이 없는 일꾼으로 인정된 자로 자신을 하나님 앞에 드리기를 힘쓰라 (디모데후서 2:15)

부끄럽지 않는 그리스도인이 되십시오.

당신은 하나님의 일꾼(디아코노스)입니다. 사역자라는 말입니다. 이제 당신은 하나님 앞에 부끄러울 것이 없는 일꾼으로 서야 합니다. 당신이 인정을 하든, 안 하든 하나님은 당신을 일꾼이라고 하셨습니다. 이것은 당신이 교회를 오래 다녔든, 얼마 안 되었든 관계가 없습니다. 누구든지 예수님을 믿는 자는 사역자로 성장해야 합니다. 천국은 먼저 된 자가 나중 되고, 나중 된 자가 먼저 될 수도 있다고 했습니다. 하나님은 누구든지 준비된 자를 쓰시겠다는 것입니다. 그러므로 만일 당신이 준비만 된다면 하나님께 귀하게 쓰임 받는 그릇이 될 것입니다(디모데후서 2:20-21). 이제 당신은 무엇보다도 먼저 사역자로서 전도하는 생활을 시작하여야 합니다. 당신은 디모데후서 4:2을 다시 한 번 기억해야만 합니다.

큰 집에는 금 그릇과 은 그릇뿐 아니라 나무 그릇과 질그릇도 있어 귀하게 쓰는 것도 있고 천하게 쓰는 것도 있나니 그러므로 누구든지 이런 것에서 자기를 깨끗하게 하면 귀히 쓰는 그릇이 되어 거룩하고 주인의 쓰심에 합당하며 모든 선한 일에 준비함이 되리라 (디모데후서 2:20-21)

"너는 말씀을 전파하라 때를 얻든지 못 얻든지 항상 힘쓰라 범사에 오래 참음과 가르침으로 경책하며 경계하며 권하라"

말씀 묵상

오늘 말씀을 통해 새롭게 배우거나 깨달은 것은 무엇입니까?

말씀 적용

깨달은 것을 당신의 삶 속에서 어떻게 구체적으로 적용하겠습니까?

12단원 천하무적의 전사들

12 단원 암송구절: 베드로전서 2:9, 마태복음 6:33

천하무적의 전사들

그러나 너희는 택하신 족속이요 왕 같은 제사장들이요 거룩한 나라요 그의 소유가 된 백성이니 이는 너희를 어두운 데서 불러 내어 그의 기이한 빛에 들어가게 하신 이의 아름다운 덕을 선포하게 하려 하심이라
(베드로전서 2:9)

그런즉 너희는 먼저 그의 나라와 그의 의를 구하라 그리하면 이 모든 것을 너희에게 더하시리라
(마태복음 6:33)

첫째 날: 왕 같은 제사장

하나님께는 계획이 있었습니다.

아마도 당신은 「믿음의 삶」을 하는 동안 많은 것을 배웠고, 또 새롭게 깨달았으며, 이전에 알고 있었던 것들을 당신 자신의 생활 속에 적용시키는 훈련을 하였을 것입니다. 그러나 무엇보다도 이 양육훈련의 최종 목적 중 하나는 당신이 하나님의 사역자로서 행복한 삶을 살도록 돕는 것입니다. 지난주 배웠던 것처럼 하나님이 당신을 새로운 피조물로 만드신 계획 속에는 아직 하나님을 알지 못하는 세상 사람들을 하나님과 화목하게 하는 하나님 나라의 대사로서의 삶을 살도록 하게 하는 것도 포함되어 있습니다. 당신이 침(세)례를 받는 순간 당신은 이미 왕 같은 제사장이 되었으며 하나님의 사역자요, 일꾼이 되었습니다. 베드로전서 2:9에 이 사실을 아주 잘 설명해 놓았습니다.

"그러나 너희는 택하신 족속이요 왕 같은 제사장들이요 거룩한 나라요 그

의 소유가 된 백성이니 이는 너희를 어두운 데서 불러내어 그의 기이한 빛에 들어가게 하신 이의 아름다운 덕을 선포하게 하려 하심이라"

당신은 "왕 같은 제사장"입니다. 이 얼마나 위대하고 놀라운 선언입니까? 바로 이것이 당신을 구원하신 하나님의 목적입니다. 그래서 요한계시록 1:6에 보면 "그의 아버지 하나님을 위하여 우리를 나라와 제사장으로 삼으신 그에게 영광과 능력이 세세토록 있기를 원하노라"고 말하고 있습니다. 그리스도인은 누구나 하나님 안에서 왕 같은 제사장이 되었습니다. 그렇기 때문에 우리는 왕 같은 제사장 같이 살아야 하고, 왕 같은 제사장으로서의 사명을 감당해야만 합니다. 이것은 하나님의 계획입니다.

당신은 평신도 목회자입니다.

오늘날 많은 사람들이 "저는 평신도에 불과한데요?"라고 말합니다. 그러나 성경 어디에도 평신도라는 말은 나와 있지 않습니다. 만일 당신이 스스로를 그렇게 생각한다면, 당신을 왕 같은 제사장으로서, 또한 하나님의 사역자로서 구원하신 하나님을 멸시하고 경멸하는 것입니다. 예수님 안에는 계급이 없습니다. 목사는 높고 평신도는 낮은 것이 아닙니다. 목사는 교회 안에서 성도를 가르치고, 돌보고, 섬기도록 특별히 선택받은 직분을 가진 사역자요, 일반성도(평신도)는 자신에게 주신 은사를 따라 다른 성도를 섬기고 교회 밖(자신의 일터)에서 하나님을 섬기는 사역자인 것입니다. 목사가 다른 성도보다 존경을 받고 권위가 있는 것은 그 기능과 역할 때문이지, 목사라는 타이틀이나, 존재 자체가 평신도와 다르기 때문이 아닙니다. 하나님 안에서는 모두가 똑같은 사역자입니다. 다만 다른 것은 목사는 다른 성도를 가르치며, 돌보며, 인도하도록 하나님께 특별히 선택받았다는 것입니다. 그렇기 때문에 목사는 특별한 권위가 있고 존경을 받는 것입니다. 그래서 사도 바울은 목사는 가르치는 자이기에 다른 성도보다 배나 더 존경하며, 그의 가르침에 순종하고 모든 좋은 것을 나누라고 권면합니다. 그러나 하나님이 볼 때 목사는 교회 안에서 섬기는 목회자이며 일반성도는 교회 밖에서 섬기는 목회자입니다.

제가 이렇게 말하는 의미는 모든 목사가 일반신자의 수준으로 내려와야 한다는 말이 아니라, 모든 신자가 목사의 수준으로 올라가야 한다는 말입니다. 목사도 똑같으니 별볼일없다가 아니라 오히려 자기에게 주어진 은사를 따라 맡은 자리, 있어야 할 자리에서 최선으로 겸손하게 하나님을 섬기라는 것입니다. 이것이 예수님이 가르치신 것입니다.

따라서 당신이 왕 같은 제사장으로서의 사명을 감당하지 못한다면 당신은 하나님이 구원하신 목적대로 살지 못하는 것이 됩니다. 고린도전서 7:17을 읽어보십시오.

"오직 주께서 각 사람에게 나눠 주신 대로 하나님이 각 사람을 부르신 그대로 행하라 내가 모든 교회에서 이와 같이 명하노라"

그러면 왕 같은 제사장 된 당신에게 향하신 하나님의 목적은 무엇입니까?

1. 먼저 왕 같은 제사장답게 살아야 합니다.

이 말은 하나님이 부르신 자답게 거룩하고, 의롭게 살아야 한다는 말입니다. 또한 하나님의 자녀답게 살아가야 한다는 말입니다. 이전에 살았던 대로 옛 속성을 위해서 살지 말고 새 속성을 위해서 살아야 한다는 말입니다(베드로전서 1:16, 로마서 7:19, 로마서 6:4, 고린도후서 7:1, 데살로니가전서 2:12). 이 말은 결국 하나님의 영광을 위해서 이와 같이 너희도 너희 자신을 죄에 대하여는 죽은 자요 그리스도 예수 안에서 하나님께 대하여는 살아 있는 자로 여길지어다 그러므로 너희는 죄가 너희 죽을 몸을 지배하지 못하게 하여 몸의 사욕에 순종하지 말고 또한 너희 지체를 불의의 무기로 죄에게 내주지 말고 오직 너희 자신을 죽은 자 가운데서 다시 살아난 자 같이 하나님께 드리며 너희 지체를 의의 무기로 하나님께 드리라
(로마서 6:11-13)

너희 몸은 너희가 하나님께로부터 받은 바 너희 가운데 계신 성령의 전인 줄을 알지 못하느냐 너희는 너희 자신의 것이 아니라 값으로 산 것이 되었으니 그런즉 너희 몸으로 하나님께 영광을 돌리라 (고린도전서 6:19-20)

그러므로 너희는 가서 모든 민족을 제자로 삼아 아버지와 아들과 성령의 이름으로 침(세)례를 베풀고 내가 너희에게 분부한 모든 것을 가르쳐 지키게 하라 볼지어다 내가 세상 끝날까지 너희와 항상 함께 있으리라 하시니라
(마태복음 28:19-20)

말씀하시되 나를 따라오라 내가 너희를 사람을 낚는 어부가 되게 하리라 하시니 (마태복음 4:19)

항상 우리를 그리스도 안에서 이기게 하시고 우리로 말미암아 각처에서 그리스도를 아는 냄새를 나타내시는 하나님께 감사하노라 우리는 구원 받는 자들에게나 망하는 자들에게나 하나님 앞에서 그리스도의 향기니 이 사람에게는 사망으로부터 사망에 이르는 냄새요 저 사람에게는 생명으로부터 생명에 이르는 냄새라 누가 이 일을 감당하리요
(고린도후서 2:14-16)

살라는 말입니다(고린도전서 10:31). 로마서 6:11-13과 고린도전서 6:19-20을 읽고 당신의 결심을 써보십시오.

____

____

2. 하나님의 나라를 확장하는 사역자가 되어야 합니다.

먼저 우리 자신의 삶 속에서 하나님 나라가 확장되도록 순종하는 삶을 살 뿐만 아니라, 다른 사람들도 하나님 나라 안으로 들어오도록 제자 삼는 생활을 해야 합니다(마태복음 5:48, 데살로니가후서 1:5, 마가복음 1:38, 디모데후서 4:2). 마태복음 28:19-20과 마태복음 4:19을 읽고 당신의 결심을 써보십시오.

____

____

3. 소금과 빛과 향기의 역할을 감당해야 합니다.

왕 같은 제사장은 교회 안에서만 일하는 것이 아니라, 세상에서도 일해야 합니다. 우리가 세상에서 빛과 소금과 향기의 역할을 감당할 때 세상 사람들은 우리를 통해 그리스도를 알게 됩니다(마태복음 5:13-16, 고린도전서 10:23-24). 고린도후서 2:14-16을 읽고 당신의 결심을 써보십시오.

____

____

4. 서로 섬기는 사명을 감당해야 합니다.

왕 같은 제사장으로 삼으신 것은 우리가 한 교회를 이루며, 한 몸 안에 있는 다른 지체들과 교제하며 섬기고, 봉사하도록 하기 위해서

입니다(히브리서 10:24-25, 베드로전서 4:10). 마가복음 10:44-45과 요한일서 3:18을 읽어보고 당신의 결심을 써보십시오.

___

___

기억하십시오! 당신을 왕 같은 제사장으로, 사역자로 삼으신 하나님의 뜻은 당신이 선택할 수 있는 것이 아니라, 하나님이 당신을 구원하신 계획이며 목적입니다. 하나님의 사역자로 하나님 나라를 위해서 일하는 것이 당신의 행복을 보장합니다.

너희 중에 누구든지 으뜸이 되고자 하는 자는 모든 사람의 종이 되어야 하리라 인자가 온 것은 섬김을 받으려 함이 아니라 도리어 섬기려 하고 자기 목숨을 많은 사람의 대속물로 주려 함이니라 (마가복음 10:44-45)

자녀들아 우리가 말과 혀로만 사랑하지 말고 행함과 진실함으로 하자 (요한일서 3:18)

말씀 묵상

오늘 말씀을 공부하고 새롭게 깨닫거나 은혜받은 것을 말하십시오.

말씀 적용

당신이 깨달은 것을 삶 속에서 어떻게 적용하겠습니까?

둘째 날: 하나님께 순종하는 사역자가 되십시오.

당신은 하나님의 사역자입니다.

사역에 대해서 이야기하면 "나는 교회 다닌 지 얼마 안 되니까 안 돼. 나는 믿음이 약하니까 안 돼. 나는 평신도니까 안 돼"라고 말합니다. 그러나 더 이상 핑계를 대지 마십시오! 하나님은 당신을 왕 같은 제사장으로 삼으셨습니다. 당신은 하나님의 사역자입니다. 목사나 전도사만이 사역자가 아닙니다. 당신도 사역자입니다. 다만 당신은 여러 가지 핑계와 변명으로 사역을 하지 않고 있으며, 스스로를 합리화하고 있을 뿐입니다. 하나님은 분명히 우리에게 명령하셨습니다. 디모데후서 2:15을 찾아서 읽어보십시오. 하나님은 뭐라고 말씀하십니까?

"너는 진리의 말씀을 옳게 분별하며 부끄러울 것이 없는 ( )으로 인정된 자로 자신을 하나님 앞에 ( ) 힘쓰라"

너는 진리의 말씀을 옳게 분별하며 부끄러울 것이 없는 일꾼으로 인정된 자로 자신을 하나님 앞에 드리기를 힘쓰라
(디모데후서 2:15)

당신은 하나님의 일꾼입니다. 여기서 일꾼이란 말은 헬라어 "디아코노스"로 "사역자, 섬기는 자, 봉사자, 일꾼"의 뜻입니다. 하나님의 일은 선택된 소수의 사람들만이 하는 것이 아닙니다. 구원받고 침(세)례 받은 모든 그리스도인을 향하신 하나님의 뜻입니다. 하나님은 당신의 삶이 하나님을 섬기는 것을 목적으로 살아가기를 원하고 계십니다. 기억하십시오. 예수님을 믿는다는 것은 이제 내 주장과 계획대로 살지 않고 하나님을 섬기는 자로 살아가겠다는 것입니다. 하나님을 섬기는 자가 사역자입니다.

귀한 그릇이 되십시오.

디모데후서 2:20-21을 읽고 당신 자신의 말로 다시 적어보십시오.

큰 집에는 금 그릇과 은 그릇뿐 아니라 나무 그릇과 질그릇도 있어 귀하게 쓰는 것도 있고 천하게 쓰는 것도 있나니 그러므로 누구든지 이런 것에서 자기를 깨끗하게 하면 귀히 쓰는 그릇이 되어 거룩하고 주인의 쓰심에 합당하여 모든 선한 일에 준비함이 되리라 (디모데후서 2:20-21)

순종하여 귀하게 쓰이든지, 불순종하여 천하게 쓰이든지 모두가 하나님께 쓰임 받는 그릇이라는 것을 기억하십시오.

제가 중학교 다닐 때 저희 집에서 커다란 개(도사견)를 한 마리 키웠습니다. 조그맣던 강아지가 점점 자라서 굉장히 커다란 개가 되었습니다(원래 도사견은 매우 큰 개의 일종임). 그래서 밥을 줄 새로운 큰 그릇이 필요했습니다. 저는 부엌에서 개밥그릇으로 쓸 그릇을 찾다가 마침내 더럽고 오래된 냄비 하나를 골라서 개밥그릇으로 쓰기로 결정했습니다. 옛날에는 국도 끓이고 사람이 사용하던 그릇이었지만 오랫동안 쓰지 않고, 더러워졌기에 개밥그릇으로 사용하기로 했던 것입니다.

구원받은 모든 신자는 하나님을 섬기기 위해 준비된 귀한 그릇과도 같습니다. 모두가 사역자라는 말입니다. 만일 우리가 사역자로 준비되면 금 그릇같이 귀하게 쓰일 것입니다. 그러나 여러 가지 핑계와 변명으로 자신을 준비하지 않으면 쓰이긴 쓰이되 귀하게 쓰이지는 못할 것입니다. 기억하십시오. 쓰이지 않는 그릇은 없습니다. 어떻게 쓰이느냐가 다를 뿐입니다.

이제 당신은 지금까지 배운 말씀들을 당신의 생활 속에서 적용하고 훈련하여서 하나님께 귀하게 쓰임 받는 사역자가 되든지 아니면 천하게 쓰임 받는 사역자가 되든지 둘 중에 하나만 결정할 수 있습니다. 사역자가 되느냐 안 되느냐는 당신이 결정할 수 있는 것이 아니라 이미 하나님이 당신을 구원하실 때 계획해 놓으신 것입니다. 단지 당신에게는 하나님의 그 계획 속에 동참을 하느냐 안 하느냐, 순종하느냐 안 하느냐의 결단만 남아 있는 것입니다. 그러나 진정으로 하나님을 사랑하고 하나님을 당신의 구주로 모셔 들였다면 아마도 당신은 하나님을 섬기는 사역자로 결단했을 것입니다. 당신이 하나님께 순종해서 사역자로서의 삶을 산다면 하나님 안에서 당신은 진정으로 행복하고 의미 있는 삶을 살게 될 것입니다. 빌립보서 2:13을 찾아 읽어보십시오.

"너희 안에서 행하시는 이는 하나님이시니 자기의 기쁘신 (　　　)을 위하여 너희에게 (　　　)을 두고 행하게 하시나니"

너희 안에서 행하시는 이는 하나님이시니 자기의 기쁘신 뜻을 위하여 너희에게 소원을 두고 행하게 하시나니 (빌립보서 2:13)

하나님은 당신에게 소원을 두시고 계십니다. 이 소원은 당신이 하나님을 섬기는 사역자로서의 삶을 사는 것입니다. 고린도후서 1:18-20을 읽어보십시오.

"하나님은 미쁘시니라 우리가 너희에게 한 말은 예 하고 아니라 함이 없노라……너희 가운데 전파된 하나님의 아들 예수 그리스도는 예 하고 아니라 함이 되지 아니하셨으니 그에게는 예만 되었느니라 하나님의 약속은 얼마든지 그리스도 안에 예가 되니 그런즉 그로 말미암아 우리가 아멘 하여 하나님께 영광을 돌리게 되느니라"

그리스도인에게 'NO'는 없습니다.

예수님 안에서는 '예' 하는 순종만 있습니다. 왜냐하면 순종하는 것이 믿음이고 믿음 안에 행복이 있기 때문입니다. 인간의 불행은 하나님의 뜻에 불순종하고 자기를 주장하며 자기를 섬기며 사는 인생으로부터 시작되었습니다. 순종이 축복입니다. 순종이 믿음입니다.

어느 회사에 다음과 같은 표어가 붙어 있었습니다. Rule #1 "Boss is always right." Rule #2 "If wrong then look at rule number one." 이 뜻은 첫 번째 법칙 "내 상사는 항상 옳다." 두번 째 법칙 "만일 내 상사가 틀렸다고 생각이 든다면 첫번 째 법칙을 보라"는 것입니다. 이것은 무엇을 말합니까? 철저한 순종을 말하는 것입니다. 사실 회사에서 상사가 항상 옳을 수는 없습니다. 요즘 같은 시대는 더욱더 그렇습니다. 그러나 하나님은 항상 옳으십니다. 비록 내가 판단하기에 잘못된 것 같아도, 그분은 나를 통해 모든 것이 합력하여 선을 이루도록 인도하십니다(로마서 8:28). 그래서 우리는 어떤 환경이든지 기뻐하고, 감사하고, 찬양할 수가 있습니다. 왜냐하면 그분은 나에게 가장 좋은 것을 주기 원하시는 분이기 때문입니다. 하나님은 선하시고 의로우시며 이 세상에서 당신을 하나뿐인 것처럼 사랑하시는 분임을 믿는다면, 당신을 구원하시고 당신이 하나님을 섬기는 사역자로 살아가기를 원하는 그분의 말씀에 기꺼이 순종해야 할 것입니다. 왜냐하면 순종하는 것이 바로 믿음이기 때문입니다. 고린도전서 4:1-2과 로마서 13:11을 읽고 느낀 점과 결심을 써보십시오.

우리가 알거니와 하나님을 사랑하는 자 곧 그의 뜻대로 부르심을 입은 자들에게는 모든 것이 합력하여 선을 이루느니라
(로마서 8:28)

사람이 마땅히 우리를 그리스도의 일꾼이요 하나님의 비밀을 맡은 자로 여길지어다 그리고 맡은 자들에게 구할 것은 충성이니라
(고린도전서 4:1-2)

또한 너희가 이 시기를 알거니와 자다가 깰 때가 벌써 되었으니 이는 이제 우리의 구원이 처음 믿을 때보다 가까웠음이라
(로마서 13:11)

말씀 묵상

오늘 말씀을 통해 새롭게 깨단거나 은혜받은 것은 무엇입니까?

말씀 적용

깨달은 것을 당신의 삶 속에서 어떻게 적용하겠습니까?

당신이 깨달은 그것이 사명일 수 있습니다.
당신의 사명은 무엇입니까?

- (　　　　　) 가 사명이다.
- (　　　　　) 가 사명이다.
- (　　　　　) 가 사명이다.
- (　　　　　) 가 사명이다.
- (　　　　　) 가 사명이다.
- (　　　　　) 가 사명이다.

그 외에도 사명이 있으면 적어보십시오.

셋째 날: 성령의 검으로 무장하십시오.

강한 용사의 삶을 사십시오.

아마도 당신은 이번 주 교재를 하면서 많은 갈등을 했을지도 모릅니다. 하나님을 믿는 것이 힘들다는 생각이 들었을지도 모르겠습니다. 그러나 걱정하지 마십시오. 예수님을 믿는 것은 부담이 아니라 행복입니다. 당신이 하나씩 순종해 나간다면 언젠가 당신의 조그만 순종이 모아져 하나님께 인정받는 귀한 사역자로 성장하게 될 것입니다. 그리고 그런 삶이 진정한 행복임을 깨닫게 될 것입니다. 그러기 위해서는 무엇보다도 진리의 말씀을 옳게 분별하는 것이 중요합니다. 왜냐하면 우리는 세상의 방식대로 살아가는 자가 아니라 영적인 방식으로 살아가는 자들이기 때문입니다. 아마도 사탄은 당신이 하나님께 순종하지 못하도록 끊임없이 공격할 것입니다. 베드로전서 5:8-9을 찾아서 읽으십시오.

근신하라 깨어라 너희 대적 마귀가 우는 사자 같이 두루 다니며 삼킬 자를 찾나니 너희는 믿음을 굳건하게 하여 그를 대적하라 이는 세상에 있는 너희 형제들도 동일한 고난을 당하는 줄을 앎이라 (베드로전서 5:8-9)

"근신하라 깨어라 너희 대적 (   )가 (   ) 같이 두루 다니며 삼킬 자를 찾나니 너희는 믿음을 굳건하게 하여 그를 대적하라"

사탄은 당신이 순종하는 생활을 하지 못하도록 계속적으로 당신을 유혹하고, 시험하고, 대적할 것입니다. 그렇기 때문에 당신은 사탄을 물리칠 수 있는 성령의 검으로 무장을 하여야 합니다. 에베소서 6:10-18을 읽고 성령의 검이 무엇을 의미하는지 찾아서 써보십시오.

끝으로 너희가 주 안에서와 그 힘의 능력으로 강건하여지고 마귀의 간계를 능히 대적하기 위하여 하나님의 전신 갑주를 입으라 우리의 씨름은 혈과 육을 상대하는 것이 아니요 통치자들과 권세들과 이 어둠의 세상 주관자들과 하늘에 있는 악의 영들을 상대함이라 그러므로 하나님의 전신 갑주를 취하라 이는 악한 날에 너희가 능히 대적하고 모든 일을 행한 후에 서기 위함이라 그런즉 서서 진리로 너희 허리 띠를 띠고 의의 호심경을 붙이고 평안의 복음이 준비한 것으로 신을 신고 모든 것 위에 믿음의 방패를 가지고 이로써 능히 악한 자의 모든 불화살을 소멸하고 구원의 투구와 성령의 검 곧 하나님의 말씀을 가지라 모든 기도와 간구를 하되 항상 성령 안에서 기도하고 이를 위하여 깨어 구하기를 항상 힘쓰며 여러 성도를 위하여 구하라 (에베소서 6:10-18)

____

방금 당신이 읽은 성경구절은 당신을 영적인 군사로 표현합니다. 군사란 싸우는 자입니다. 사실 성도들은 사탄과 싸우는 자입니다. 그러므로 우리가 사탄과의 싸움에서 승리하려면 무엇보다도 공격용 무기인 성령의 검을 가져야만 합니다. 아무리 방어를 잘하더라도 공격할 것이 없으면 결국 지고 맙니다. 바로 말씀이 공격용 무기입니다. 예수님도 광야에서 시험을 받으실 때 기록된 하나님의 말씀으로 물리치셨습니다(누가복음 4:1-13). 그러므로 우리가 말씀을 묵상하고 암송하는 것은 대단히 중요합니다. 그래서 오늘은 그동안 외운 모든 암송구절을 다시 한 번 복습하고 암송하겠습니다. 당신이 외운 암송구절 중에서 당신에게 강한 힘과 도전을 주는 말씀 하나를 선택해서 왜 그것을 선택하게 되었는지 그 이유를 구체적으로 써보십시오.

암송구절: ____________________

____

선택한 이유: ____________________

____

____

※암송구절 총 복습

요한복음 15:5, 요한복음 10:10
고린도후서 5:17, 빌립보서 1:6
골로새서 2:6-7, 고린도전서 2:14
디모데후서 3:16-17, 베드로후서 1:20-21
갈라디아서 2:20, 갈라디아서 5:16
로마서 6:11, 로마서 6:12-13
로마서 12:4-5, 히브리서 10:24-25
베드로전서 4:10, 에베소서 4:12
역대상 29:11, 시편 121:1-2
에베소서 5:17-18, 갈라디아서 5:22-23

예수께서 성령의 충만함을 입어 요단 강에서 돌아오사 광야에서 사십 일 동안 성령에게 이끌리시며 마귀에게 시험을 받으시더라 이 모든 날에 아무 것도 잡수시지 아니하시니 날 수가 다하매 주리신지라 마귀가 이르되 네가 만일 하나님의 아들이어든 이 돌들에게 명하여 떡이 되게 하라 예수께서 대답하시되 기록된 바 사람이 떡으로만 살 것이 아니라 하였느니라 마귀가 또 예수를 이끌고 올라가서 순식간에 천하 만국을 보이며 이르되 이 모든 권위와 그 영광을 내가 네게 주리라 이것은 내게 넘겨 준 것이므로 내가 원하는 자에게 주노라 그러므로 네가 만일 내게 절하면 다 네 것이 되리라 예수께서 대답하여 이르시되 기록된 바 주 너의 하나님께 경배하고 다만 그를 섬기라 하였느니라 또 이끌고 예루살렘으로 가서 성전 꼭대기에 세우고 이르되 네가 만일 하나님의 아들이어든 여기서 뛰어내리라 기록되었으되 하나님이 너를 위하여 그 사자들을 명하사 너를 지키게 하시리라 하였고 또한 그들이 손으로 너를 받들어 네 발이 돌에 부딪치지 않게 하시리라 하였느니라 예수께서 대답하여 이르시되 주 너의 하나님을 시험하지 말라 하였느니라 마귀가 모든 시험을 다 한 후에 얼마 동안 떠나니라

(누가복음 4:1-13)

요한복음 15:7, 주기도문

마태복음 28:19-20, 사도행전 1:8

베드로전서 2:9, 마태복음 6:33

말씀 묵상

오늘 말씀을 통해 새롭게 깨닫거나 은혜받은 것은 무엇입니까?

말씀 적용

깨달은 것을 당신의 삶 속에서 어떻게 적용하겠습니까?

넷째 날: 새로운 삶의 시작

새롭게 시작하십시오.

이제 당신은 이 교재의 실질적인 모든 공부를 오늘로 마치게 될 것입니다. 그동안 참으로 수고 많이 했습니다. 그러나 이 공부를 마치면서 기억해야 될 사실이 있습니다. 그것은 훈련이 끝난 것은 완성이 아니라 단지 시작에 불과하다는 것입니다. 마치 구원이 완성이 아니라 시작인 것과 같습니다. 당신은 이 교재 전체를 통하여 갈라디아서 2:20을 꼭 기억해야 합니다. 정말로 이제는 내가 사는 것이 아니라 주를 위해 사는 새로운 삶의 시작이 구원인 것을 알아야 합니다. 고린도후서 5:17을 묵상해 보십시오.

내가 그리스도와 함께 십자가에 못 박혔나니 그런즉 이제는 내가 사는 것이 아니요 오직 내 안에 그리스도께서 사시는 것이라 이제 내가 육체 가운데 사는 것은 나를 사랑하사 나를 위하여 자기 자신을 버리신 하나님의 아들을 믿는 믿음 안에서 사는 것이라 (갈라디아서 2:20)

"그런즉 누구든지 그리스도 안에 있으면 새로운 피조물이라 이전 것은 지나갔으니 보라 새 것이 되었도다"

익숙한 당신의 과거와 이별을 고하십시오.

이제 당신이 가야 할 이 새로운 길은 풍성한 삶의 길입니다(요한복음 10:10, 에베소서 3:19-20). 그것은 당신에게 보장된 길입니다. 비록 당신이 현실의 눈으로 볼 때 고통스럽다 할지라도 그 길은 결국 당신을 생명과 풍성한 삶으로 인도할 것입니다. 우리를 구원한 하나님의 약속이기 때문입니다. 이제 과거의 삶과 이별을 고하십시오. 지금까지 가지고 있었던 익숙한 생각과 습관과 태도 등 그리스도인이 되기 전에 가지고 있었던 익숙한 삶과 철저하고 과감하게 이별하십시오. 그리고 하나님의 사역자로서의 새로운 삶을 시작하십시오. 이것이 당신 인생의 목적입니다. 에베소서 4:22을 읽어보십시오.

도둑이 오는 것은 도둑질하고 죽이고 멸망시키려는 것뿐이요 내가 온 것은 양으로 생명을 얻게 하고 더 풍성히 얻게 하려는 것이라 (요한복음 10:10)

그 너비와 길이와 높이와 깊이가 어떠함을 깨달아 하나님의 모든 충만하신 것으로 너희에게 충만하게 하시기를 구하노라 우리 가운데서 역사하시는 능력대로 우리가 구하거나 생각하는 모든 것에 더 넘치도록 능히 하실 이에게 (에베소서 3:19-20)

"너희는 유혹의 욕심을 따라 썩어져 가는 구습을 따르는 옛 사람을 벗어 버리고 오직 너희의 심령이 새롭게 되어 하나님을 따라 의와 진리의 거룩함으로 지으심을 받은 새 사람을 입으라"

지금까지 공부한 모든 성경구절, 암송구절, 설명들이 당신을 좀 더 확실한 새로운 길로 걸어갈 수 있도록 도와줄 것입니다. 믿음은 아는 데 있는 것이 아니라, 행함에 있습니다. 야고보서 1:22을 찾아서 읽어보십시오.

너희는 말씀을 행하는 자가 되고 듣기만 하여 자신을 속이는 자가 되지 말라 (야고보서 1:22)

"너희는 말씀을 ( ) 자가 되고 듣기만 하여 자신을 ( ) 자가 되지 말라"

믿음은 이론이 아니라 삶입니다.

그리스도인의 삶은 지식이 아닙니다. 믿음이란 이론이 아니라 우리의 삶이기 때문입니다. 행함 있는 믿음이 비로소 온전한 믿음이 되는 것입니다. 믿음의 조상인 아브라함은 그가 백 세에 낳은 아들 이삭까지도 바치려고 행한 그 믿음으로 인정받게 되었습니다. 오늘날은 믿음의 말이 필요한 때가 아니라 믿음의 행동이 필요한 때입니다. 아무리 열심히 훈련했고, 암송했고, 교재를 읽었어도 당신이 깨닫고 믿는 그 믿음이 행동으로 나타나지 않는다면 그것은 온전한 것이 아닙니다. 야고보서 2:26을 찾아서 읽어보십시오.

영혼 없는 몸이 죽은 것 같이 행함이 없는 믿음은 죽은 것이니라 (야고보서 2:26)

"( ) 없는 몸이 죽은 것같이 ( )이 없는 믿음은 죽은 것이니라"

행함이 없는 믿음은 죽은 것입니다. 이제 저는 당신이 훈련하며 애쓴 모든 수고가 살아 있는 것이 되기를 바랍니다. 물론 한꺼번에 다 할 수는 없습니다. 조그만 일에서부터 순종해야 할 것입니다. 그리고 순종하는 때가 많아져야 할 것입니다. 이렇게 할 때 당신의 믿음은 성장하는 것입니다. 그리고 믿음이 성장할수록 당신의 왕이신 그리스도가 주시는 풍성한 삶을 더욱더 많이 경험하게 될 것입니다. 그러므로 당신은 하나님과의 좋은 관계를 위해서 앞으로도 계속해서 하나님과 교제하는 생활(R. T.)을 지속적으로 해야만 합니다. 베드로후서 2:20-22을 찾아서 읽고 당신이 느낀 점을 말해 보십시오.

만일 그들이 우리 주 되신 구주 예수 그리스도를 앎으로 세상의 더러움을 피한 후에 다시 그 중에 얽매이고 지면 그 나중 형편이 처음보다 더 심하리니 의의 도를 안 후에 받은 거룩한 명령을 저버리는 것보다 알지 못하는 것이 도리어 그들에게 나으니라 참된 속담에 이르기를 개가 그 토하였던 것에 돌아가고 돼지가 씻었다가 더러운 구덩이에 도로 누웠다 하는 말이 그들에게 응하였도다 (베드로후서 2:20-22)

이제 당신은 무엇보다도 하나님의 말씀에 순종하는 생활을 시작해야 합니다. 물론 여러 가지 바쁜 일들이 당신을 그렇게 하지 못하도록 제한할 것입니다. 그럴 때마다 당신은 마태복음 6:33을 기억해야 합니다. 급한 일보다 중요한 일을 먼저 행하는 지혜로운 자가 되십시오.

"너희는 먼저 그의 나라와 그의 의를 구하라 그리하면 이 모든 것을 너희에게 더하시리라"

먼저 그의 나라와 그의 의를 구할 때 하나님은 우리에게 모든 것을 더하시리라고 약속하셨습니다. 그러므로 우리는 요한일서 2:15-17 "이 세상이나 세상에 있는 것들을 사랑하지 말라 누구든지 세상을 사랑하면 아버지의 사랑이 그 안에 있지 아니하니 이는 세상에 있는 모든 것이 육신의 정욕과 안목의 정욕과 이생의 자랑이니 다 아버지께로부터 온 것이 아니요 세상으로부터 온 것이라 이 세상도, 그 정욕도 지나가되 오직 하나님의 뜻을 행하는 자는 영원히 거하느니라"는 말씀을 항상 기억하며 하나님께 순종하는 사역자가 될 수 있도록 매일 결단하십시오. 당신의 인생 속에서 하나님의 사역자로서의 새로운 출발을 결심하십시오. 참으로 값지고 귀한 삶이 될 것입니다. 하나님은 당신의 이런 모습을 기대하고 계십니다. 하나님 안에서 행복한 사역자로서의 삶을 사십시오.

말씀 묵상

오늘 말씀을 통해 새롭게 깨닫거나 은혜받은 것은 무엇입니까?

말씀 적용

깨달은 것을 당신의 삶 속에서 어떻게 적용하겠습니까?

다섯째 날: 믿음의 삶을 되돌아보기

당신이 12주 동안 배운 모든 것을 한번 정리해 보는 마음으로 써보십시오(책을 보면서 해도 괜찮습니다).

1. 각 단원에서 당신이 가장 중요하다고 생각되는 것이나, 강조한다고 생각되는 것을 두 가지씩만 간단히 쓰십시오.

1단원 : ____________________

____

2단원 : ____________________

____

3단원 : ____________________

____

4단원 : ____________________

____

5단원 : ____________________

____

6단원 : ____________________

____

7단원 : ____________________

____

8단원 : ______________________________

____

9단원 : ______________________________

____

10단원 : ______________________________

____

11단원 : ______________________________

____

12단원 : ______________________________

____

2. 당신이 「믿음의 삶」을 하면서 받은 은혜를 간단히 쓰십시오. 만일 없다면 당신이 이 훈련을 하면서 느낀 점을 쓰십시오.

____

____

____

____

____

____

____

____

____

믿음의 삶을 마치는 이들에게

「믿음의 삶」 과정을 마친 것을 진심으로 축하합니다. 어떤 분은 이 과정을 통하여 많은 것을 배웠을 것입니다. 반면에 처음에 기대했던 것에 못 미쳐 실망한 분도 있을 것입니다. 오늘날 많은 사람이 좋은 교재를 찾지만 사람을 변화시킬 수 있는 완벽한 교재란 세상에 존재하지 않습니다. 이 교재 역시 완전한 것은 아닙니다. 왜냐하면 사람의 변화는 말씀과 성령님의 능력으로 이루어지기 때문입니다. 어떤 교재든지 성령님이 역사하시는 통로로 사용될 뿐입니다. 그러므로 누가 어떤 교재로 가르치는가보다 더 중요한 것은 배우는 사람의 자세입니다. 누가복음 8:15에 보면 "좋은 땅에 있다는 것은 착하고 좋은 마음으로 말씀을 듣고 지키어 인내로 결실하는 자니라"고 말씀합니다. 이처럼 배우는 사람이 좋은 땅이 되어야 합니다. 지식은 사람을 깨닫게 합니다. 그러나 지식이 삶이 되어야 변화가 일어납니다. 앎이 삶이 되어야 합니다. 순종하지 않는 사람의 지식은 오히려 그 사람을 교만하게 만들어 하나님과의 올바른 관계를 가로막습니다.

「믿음의 삶」에서 배운 대로 살겠다는 결심을 하십시오. 그럴 때 하나님 자녀로서의 축복과 권세를 누리게 될 것입니다. 하나님 사역자로 섬기는 특권을 사용하십시오. 세상을 따라 변질되지 말고 세상을 변화시키는 그리스도인의 영향력을 나타내십시오. 하지만 게리 해멀의 말처럼 신대륙을 찾는 데 예전의 지도를 사용할 수는 없는 법입니다. 지금 당신이 있는 삶의 자리에 그대로 머물러 있으면서 당신이 되고 싶은 사람이 될 수는 없습니다. 오직 하나님의 말씀 안에서 말씀을 따라 말씀대로 살기를 추구하십시오. 믿음의 삶을 살기로 결심하십시오. 그러면 말씀의 능력이 당신의 삶을 더욱 풍성하게 만들어줄 것입니다.

믿음의 삶을 살도록 돕는 이 교재는 미국 남침례교단에서 만든 Survival Kit for New Christians를 기본 구조로 하였습니다. 하지만 지난 20년 동안 목회 현장 속에서 직접 가르치면서 깨달은 내용으로 새롭게 구성하였습니다. 그동안 「믿음의 삶」을 공부한 많은 성도의 가치관이 변화되었습니다. 「믿음의 삶」을 통해 많은 성도가 왕 같은 제사장으로서의 자기 정체성을 발견하였습니다. 또한 교회 공동체를 통한 하나님 나라 확장을 위해 헌신하게 되었습니다. 그러나 이 모든 신앙의 진보는 전적으로 하나님의 은혜임을 고백합니다. 모쪼록 「믿음의 삶」을 공부한 여러분이 온전한 그리스도인으로 계속해서 성장하고 성숙하기를 기대합니다.

"우리는 단순히 우리 자신을 변화시킴으로써 우리 주위 사람들의 태도와 우리 인생 전체를 변화시킬 수 있다." - 루돌프 드레이커스

2007년 안희묵 목사

요단 사역정신

"그러므로 너희는 가서 모든 민족을 제자로 삼아 아버지와 아들과 성령의 이름으로
침(세)례를 베풀고 내가 너희에게 분부한 모든 것을 가르쳐 지키게 하라
볼지어다 내가 세상 끝날까지 너희와 항상 함께 있으리라 하시니라"

1. For God and Church
   하나님의 영광과 그의 몸 된 교회의 영적 성장과 성숙을 위한 도서를 엄선하여 출판한다.
2. Prayer-focused Ministry
   기획 • 편집 • 제작 • 보급의 전 과정을 기도 가운데 진행한다.
3. Path to Church Growth
   건강한 교회를 세우는 축복의 통로로 섬긴다.
4. Good Stewardship and Professionalism
   선한 청지기와 프로정신으로 문서 사역에 임한다.
5. Creating a Culture of Christianity by Developing Contents
   각종 문화 컨텐츠를 개발함으로 기독교 문화 창달에 기여한다.